SKY 직행 학생부,
탐구력을
잡아라

일러두기

입시 자료 활용 여부를 떠나 학교생활기록부에 기재된 기록 하나하나는 소중한 가치를 지닌다. 기재 사례를 제시한 의도는 입학사정관의 관점에서 학교생활기록부를 어떻게 평가할 수 있는지를 명확하게 안내하기 위해서이다. 이 책에 제시된 기재 사례는 모범답안은 아니다. 실제로 선발하는 대학마다, 모집단위마다, 개별 사정관마다 학교생활기록부를 평가하는 관점의 차이는 있을 수 있다. 만약 누가 읽어도 똑같은 점수로 평가받는 게 학생부종합전형이라면 굳이 많이 비용과 시간을 들여 운영할 필요가 없다. 이 책의 지향점은 희망 직업 혹은 진학 희망 학과에 대한 단편적인 제시가 아니라 '개인별 진로와 성향에 따른 맞춤형 활동과 기재'이다.

SKY 직행 학생부, 탐구력을 잡아라

★★★★★★★
학부모와
선생님을 위한
학생부종합전형
완벽 대비
★★★★★★★

진동섭·이석록·배선우 지음

포르체

입시의 문턱을 넘어

미래 사회의 교육

앞으로 펼쳐질 미래는 급격한 기술 발전으로 인해 사회 전반에 걸쳐 획기적인 변화가 예고된다. 교육 분야 역시 시대적 상황을 반영하여 새로운 방향으로 변화를 모색할 수밖에 없다. 이런 변화의 흐름에 맞추어 학교 현장에서도 선택 중심 교육과정, 창의적체험활동 편성, 자유학기제의 도입, 진로교육의 강화 등 다양한 정책적 노력을 펼치고 있다. 그러나 이러한 노력에도 불구하고 현실적인 여건과 제약으로 인해 학생의 흥미와 적성에 맞는 교육을 충분히 할 수 없었던 사실도 부인하기 어렵다. 현행 학교 교육이 미래 사회가 요구하는 인재 양성은 접어둔 채, 획일화된 교육 패러다임 속에서 한 줄 세우기식 평가 체계를 유지해 오고 있는 것이 오늘날의 현실이다. 그런데 학령인구 감소가 불러올 위기가 우리 교육의 관행을 타파하고, 근본적인 체질 개선을 할 수 있는 계기가 될 수도 있다. 이제 상대평가의 시대는 가고 학생 한 명 한 명이 소중한 시대가 다가오고 있다. 양에서 질로, 서열화에서 성장으로, 경쟁에서 협력으로, 결과에서 과정 중심으로 교육의 패러다임 변화가 필요한 시점이다.

고교학점제의 도입

　급변하는 교육 환경과 다가오는 미래 사회에 효율적으로 대비하기 위해 학교 현장에서 고교학점제 도입이 추진되고 있다. 고교학점제의 도입은 고등학교 교육과정에 근본적인 변화를 예고하고 있다. 고교학점제는 학생의 진로와 적성에 따른 선택형 교육과정을 통해 성취기준에 도달한 누적 학점이 일정 기준에 도달하면 졸업을 인정하는 제도이다. 적극적인 과목 선택과 그에 따른 책임도 부과함으로써 학습 동기를 부여하고 자기주도적 학습자로의 성장을 견인하는 데 목적이 있다. 고등학교에 학점제를 도입한 취지는 학생의 교과 선택권을 보장하고 개인별 특성을 충실히 반영하는 교육을 실시하려는 것이다.

　고교학점제의 핵심이라 할 수 있는 학생의 과목 선택권 강화와 그에 따른 교육과정의 다양화, 수업·평가 체제의 변화는 대입전형에도 큰 영향을 미칠 것으로 보인다. 교육과정, 수업·평가, 학사 운영, 대입전형 등에 있어서 긍정적인 변화가 예상된다. 학생의 과목 선택권을 보장하기 위해서는 교과 성적의 유·불리를 고려하지 않고 개별 진로 희망과 적성에 따라 교과목 선택을 할 수 있도록 해야 한다. 이러한 고교학점제의 취지와 방향성을 고려한다면, 교과 성적의 평가 방식은 성취기준의 도달 정도에 따른 절대평가가 적절하다.

　최대한 자신의 진로와 적성을 고려하여 자유롭게 과목을 선택할 수 있도록 제도적 뒷받침이 마련되어야 하며, 이를 위해서는 상대적으로 누가 더 잘했는지를 평가하기보다 학생이 무엇을 어느 정도 성취하였는지를 평가하는 '성취평가제'가 확대될 필요가 있다. 결국 고교학점제 도입의 궁극적 목표는 수업과 평가의 혁신에 있다.

2022 개정 교육과정의 적용

　고교학점제를 제도적으로 뒷받침하기 위한 2022 개정 교육과정은 미래 사회가 요구하는 역량 함양이 가능한 교육과정, 학습자의 삶과 성장을 지원하는 교육과정, 지역·학교 교육과정 자율성 확대 및 책임교육 구현, 디지털·AI 교육 환경에 맞는 교수·학습 및 평가 체제 구축을 중점으로 제시한다.

이 고교학점제와 2022 개정 교육과정으로 인해 학교 현장에서 학사 운영 체제의 변화가 예상된다. 2022 개정 교육과정으로 총 이수 학점이 192학점(교과 174학점, 창의적체험활동 18학점)이 된다. 과목별 기본 학점을 축소하고 이수 학점 증감 폭을 조정하여 다양한 선택과목 개설 및 교육과정 편성의 유연성을 확보하고자 하였다. 선택형 교육과정 운영 및 진로·적성 적합도에 따른 학생의 학습 기회 확대를 위해 공동교육과정 및 학교 밖 교육도 운영된다.

현재 학교 현장에서는 학생이 무엇을 어느 정도 성취하였는지 평가하는 성취평가제와 비교 집단 내의 상대적인 서열을 비교하는 석차 등급제가 병행되고 있다. 고교학점제, 2022 개정 교육과정 등 미래교육 정책 추진에 따라 학교 수업의 다양화, 개별화, 공교육을 통한 자기 주도적 진로 설계 등 역량교육을 지원하기 위한 '미래형 평가·대입제도 개편'이 추진된다.

2028학년도 대입 개편안

이러한 교육 환경과 제도적 장치들의 변화에 발맞추어 2028학년도 대입제도 개편안이 발표되었다. 2028 대입 개편안은 대입제도의 중요한 가치인 공정과 안정을 중심으로 2025년부터 고교학점제로 공부하는 학생들이 미래를 대비할 수 있게 수능 시험과 고교 내신을 개선하는 방안을 담고 있다.

현재의 수능 선택과목 체계는 학생의 진로에 맞는 선택을 지원하기보다는 점수를 얻기 유리한 특정 과목으로의 쏠림 현상을 유발하고 있고, 과목 선택에 따라 같은 원점수일지라도 실제 수능 성적표에 기재되는 표준점수는 달라질 수 있어 학생들이 전략적으로 수능 과목을 선택하고 있다.

시안에서는 1학년 공통과목은 9등급 상대평가를 하고 고등학교 2, 3학년의 선택과목은 5등급 성취평가(절대평가)를 하도록 했었다. 기존에 예고한 내용이 실제로 적용되면 고2·3 내신에 성적 부풀리기가 나타나 내신 성적을 기반으로 하는 대입전형을 안정적으로 운영하기가 어려워질 수 있고, 이로 인해 고1 내신이 대입에 더 중요해지는 혼란한 현상이 발생할 수 있다. 수능과 고교 내신을 둘러싼 여러 가지 문제점들을 감안해 개편안을 마련한 것이다.

2028학년도 수능의 국어, 수학, 사회·과학탐구, 직업탐구 영역은 모두 선택과목제가 폐지되고 통합형으로 치르게 된다. 모든 학생들을 동일한 내용과 기준으로 평가하는 것이다. 통합형 과목체계를 통해 어떤 과목을 선택했는지에 따른 유불리 문제를 근본적으로 해소할 계획이다. 특히, 수능 사회·과학탐구에서 응시자 모두 '통합사회', '통합과학'을 보도록 해 융합적인 학습을 유도한다는 계획이다. 개별 과목의 지식을 묻는 암기 위주 평가에서 벗어나 사회·과학의 기본·핵심 내용을 바탕으로 논리적 사고역량을 키우는 융합평가로 개선하고, 변별력은 유지한다는 방침이다.

2025년부터 고교 내신평가는 고1·2·3학년, 전 과목에 동일한 평가 체제를 적용하여 2021년 고교학점제 계획에서 예고된 대로 학년별 평가 방식이 달라졌을 때의 혼란과 불공정을 방지하고자 한다. 2025년부터는 모든 학년과 과목에 일관되게 학생의 성취 수준에 따른 5등급 절대평가(A~E)를 시행하면서, 절대평가가 안정적으로 시행될 수 있게 상대평가 등급(1~5등급)을 함께 기재한다. 다만, 고등학교 융합선택과목 중 사회·과학 교과(9개 과목)는 상대평가 석차 등급을 기재하지 않는다. 이를 통해 대입 안정성을 확보하면서도 고교학점제 취지에 맞게 학생 선택권을 확대한다.

자기 주도적으로 깊게 사고하고 탐구하는 활동을 하라

2022 개정 교육과정은 교과 내 '핵심 아이디어'를 기반으로 교과 지식을 더욱 깊이 있게 탐구하도록 하고 있다. 이런 핵심 아이디어 중심의 교과 교육과정은 학생들이 ① 새로운 지식을 기존의 지식 혹은 타 교과의 지식과 연결하여 이해하거나, ② 특정 지식의 기본 원리를 파악하여 이를 일반화하거나, ③ 개별 지식을 다양한 맥락과 상황 속에 적용하여 사회적 개인적 문제를 해결할 수 있도록 하는 데 중점을 둔다. 이러한 '깊이 있는 학습'은 학생이 자기 주도적으로 사고하고 탐구하는 활동을 하는 것을 의미한다. 이러한 깊이 있는 학습을 위해서는 학업 설계에서 자기 주도적 탐구학습을 습관화하는 것이 필요하다. 그러기 위해 학생이 직접 체험하고 탐구·적용하는 교수·학습활동을 적극적으로 모색해야 한다. 학생은 교과에서 배운 내용을 앞서 언급한 '깊이 있는 학습'의 취지에 맞게 학업을 수행하려는 적극적 마음가짐을 가져야 한다. 또한 수업 시간에 지식, 개념, 원리를 단순히 암기만 할 것이 아니라 자신의 것으로 소화해 의미 있는 지식으로 만들어야 한다. 이러한 지식, 개념, 원리를 활용해 구체적 사물이나 현상을 설명하거나 분석하고 평가할 줄 알며, 문제 해결의 대안까지 제시할 수 있어야 한다.

교육 변화, 어떻게 대비할 것인가

1장은 입학사정관 출신인 3명의 저자가 학생부종합전형의 주요 이슈에 대해 나눈 대담으로 구성되어 있다. 대입전형 전반에 대한 이해에서부터 학생부종합전형의 차별화 전략과 진로에 따른 진학 로드맵 구성에 이르기까지 고입, 대입을 아울러 인재 선발 과정 전반에서 지원자가 갖게 되는 궁금증을 해소할 수 있는 파트다.

2장은 학생부종합전형 평가지표에 대해 세부적으로 살펴보고, 탐구력의 중요성에 대해 본격적으로 살펴보는 부분이다. 크게 탐구력의 개요, 학생부종합전형 평가 사례, 탐구력의 중요성, 탐구력 함양 방법으로 구성되어 있다.

3장은 학생부종합전형을 '어떻게' 대비할 것인가에 대한 답을 찾을 수 있는 부분이다. 세부능력 및 특기사항의 평가가 이루어지는 방법을 입학사정관의 관점에서 상세하게 설명하고 이해를 돕고자 대학, 교육청 등에서 발간한 다양한 자료를 활용하여 종합적으로 안내할 수 있는 내용으로 구성했다. 또한 고교학점제가 전면 도입됨에 따라 어떠한 교육과정 선택이 더욱 의미 있게 평가될 수 있는지 일부 계열의 사례를 들어 과목 선택안을 제시하였다. 학생부종합전형은 교육과정 선택만으로 끝나지 않는다. 더욱 중요한 것은 기록이다. 세부능력 및 특기사항을 차별화할 수 있는 방안에 대해 전직 입학사정관 3명의 노하우를 녹여냈다.

3장이 교과 영역에서의 차별화 방안을 주로 다루었다면 4장은 창의적체험활동 영역과 행동특성 및 종합의견 부분에서 어떻게 하면 인상적인 학교생활기록부를 만들 수 있는지에 대한 가이드를 담았다. 비교과 영역이 실제 평가 과정에서 어떤 지표에서 주로 평가되고, 어떤 활동이 보다 의미 있게 평가되는지 사례를 통하여 제시하였다.

마지막 에필로그는 변모를 거듭하는 대입제도 속에서 예측 가능성을 높이고 흔들림 없이 굳건히 자신의 장점을 발휘할 수 있는 방법을 요약적으로 제시하고 앞으로의 대입의 향방에 대한 전망을 보여 준다.

대학은 결국 어떤 학생을 원하는가

대학이 원하는 학생은 고등학교에서의 의미 있는 학습 경험을 발판 삼아 대학에 와서 공부를 잘 해낼 수 있는 학생이다. 그리고 이 학생을 선발하면 학교와 지역사회에서 그 학생이 합격한 건 참 잘됐다고 축하받을 수 있는 학생을 선발하려고 한다. 앞은 학업이고 뒤는 태도라고 하겠다. 그런데 학업은 교과 지식, 개념, 원리를 잘 알고(잘 아는지는 '개념 원리는 설명할 수 있는지' 또는 '평가를 잘 받았는지'를 통해 알 수 있다.) 개념 원리를 적용해서 지적 호기심을 넓히는 탐구활동을 하고, 발표하고 성찰하는 과정으로 이루어진다.

결국 기본을 갖춘 뒤에는 탐구활동을 해야 하는 것이다. 이 책에서는 주로 탐구활동에 대한 이야기를 하고 있으니, 대학이 원하는 탐구란 무엇인지, 어떻게 하면 되는지를 알고 싶은 분이 이 책을 읽으면 도움이 된다. 공부의 근간이 탐구에 있으므로 공부하는 법, 대학이 학생을 선발하는 방식을 알고 싶은 분께 추천한다.

입학사정관으로 재직하는 동안 수많은 학교의 선생님과 학생들을 만나며 학생부종합전형을 '제대로' 알고 대비하는 방법을 알려 주고 싶은 마음이 간절했다. 많은 학생이 주어진 과제를 성실히 수행하고 최선을 다해 학교생활에 임하지만, 뚜렷한 방향성 없이 막연히 노력하는 것만으로는 원하는 결과를 얻지 못하는 경우가 많았다. 왜 이런 결과가 발생하는 걸까?

식물을 키운다고 가정해 보자. 예쁜 산세베리아를 선물 받아서 베란다에 두었다. '충분한 햇빛과 물을 주어 키우면 되겠지.'하고 막연히 생각한다. 매일 아침 베란다에서 물을 흠뻑 주고, 날이 추우면 바람이 들어올세라 창문을 꼭 닫고 실내로 옮겨놓고 열심히 키운다. 하지만 어느 날부터 산세베리아는 시들기 시작한다. 무엇이 문제였을까? 내가 키우고자 하는 식물의 특성을 파악하지 못했고, 그 특성에 따른 가드닝 방식을 적용하지 못했기 때문이다.

고입과 대입 준비도 마찬가지다. 이따금 학교 방문 컨설팅에서 만났던 친구들로부터 메일이 온다. "선생님, 바쁘실 텐데 주변에 물어볼 만한 곳이 없어서 여쭈어 보아요."로 시작하는 메일에는 어떤 고등학교에 진학하는 게 자신에게 유리할지, 진학 후에는 학교생활기록부 방향을 어떻게 잡아야 할지, 면접을 어떻게 준비하면 좋을지에 대한 이야기 등 아주 다양한 고민이 쏟아진다.

출발점부터 불리하다고 생각하는 순간, 아이들이 갖게 되는 박탈감은 이루 말할 수 없다. 학교만 열심히 다니면 될 줄 알았는데, 애초에 접근 방식이 잘못되었다는 것을 너무 늦게 알아차렸을 때 시간을 돌리고 싶었던 순간들이 어른들에게도 있지 않은가? 이러한 안타까움에 조금이나마 고입부터 대입까지 입시전략을 수립하고, 혼자서도 충실하게 탐구력과 응용력을 강화할 수 있는 방안에 대한 모든 정보를 종합하여 이 책에 담았다. 이 책을 통해 학생들은 3가지 단계별 목표를 달성할 수 있다. 첫째, 자신만의 역량과 강점을 진단하고, 둘째, 진로 방향을 명확히 설정하며, 셋째, 학교생활기록부 서류평가에서 우위를 점할 수 있는 전략을 수립할 수 있을 것이다.

처음 사정관으로서 지방 곳곳의 설명회를 다니며 PPT의 시작을 늘 아래의 문구로 시작하고는 했다.

"심산궁곡(深山窮谷) 졈낫가티 맹그쇼셔"

감히 정철의 〈사미인곡〉에 비하겠느냐마는, 어두운 골짜기를 비추는 미약한 달빛이라도 되고 싶은 마음을 담아냈다. 이 책이 고입과 대입 준비에 대한 막막한 마음을 해소하는 약수가 되고, 나아가 학생들이 꿈꾸었던 대학에 합격할 수 있는 마중물이 되기를 기원한다.

목차

1장
주요 대학 전 입학사정관이 말하는
학생부종합전형 10문 10답

2장

탐구력이 대입을 결정한다

3장

교과 영역의 평가 원리와 차별화 전략

4장

비교과영역, 전략적으로
경쟁 우위를 선점하라!

주요 대학
전 입학사정관이 말하는
학생부종합전형
10문 10답

대입전형의 구조와 학생부종합전형으로 인한 학교생활의 변화

2028 대입 개편안이 확정되어 전직 입학사정관이 모여서 대입을 이야기하는 자리를 가지게 되었습니다. 전 서울대, 고려대, 한국외국어대에서 입학사정관을 했던 경험으로 입시와 학생부종합전형(이하 학종)에 대해 이야기해 보겠습니다. 별도 사회자를 두지 않고 3명(진동섭, 이석록, 배선우. 이하 진, 이, 배)이 환담하는 방식으로 이야기해 보겠습니다.

진　배 선생님께서 대입전형의 전반적 구조와 학종의 효과를 이야기해 주세요.

배　기본적으로 대입제도는 4년 전에 예고해야 합니다. 학생이 중학교 2학년을 마치는 해의 2월 말까지 수능이 달라지거나, 수시와 정시를 통합하는 등 대입제도가 달라지면 4년 전에 예고해야 하는 제도입니다. 2028 대입제도는 2024년 2월 말까지 예고하면 되는데, 정부가 2023년 12월에 확정안을 발표했습니다. 대입제도는 매년 달라지는 것은 아니어서 해마다 발표하지는 않습니다.

　　실제로 대입전형의 세부 내용은 '대입전형기본사항'으로, 한국대학교육협의회(이하 대교협)가 고등학교 1학년 8월 말까지 발표합니다. 기본사항에서는 전형 일정 등과 대학이 대입전형을 만들 때 필요한 사항을 제시해 놓습니다. 각 대학은 기본사항을 기준으로 대입전형시행계획을 만들어, 고등학교 2학년 4월 말에 각 대학 홈페이지에 발표합니다. 5월 1일이 되면 대교협에서 보도자료를 내서 전반적인 상황을 알립니다. 이날 이후에는 자신이 원하는 대학이 전형 요소별, 모집 단위별로 몇 명을 뽑는지, 수시에는 수능 최저가 있는지, 정시 수능의 영역별 반영 방법은 무엇인지 등을 자세히 알 수 있습니다. 3학년 4월 말에는 '수시 모집요강', 8월 말에는 '정시 모집요강'을 각 대학이 발표합니다. 모집요강은 시행계획 때 발표한 내용을 바꿀 수 없도록 규정하였습니다.

대입전형은 4+2의 구조로 운영됩니다. 수시에서는 4가지 유형의 전형을, 정시에서는 2가지 유형의 전형을 운영하여야 한다는 규정입니다. 현재 표준 대입전형 체계는 학생부위주전형, 논술위주전형, 실기/실적위주전형, 수능위주전형으로 분류하고 있으며 학생부위주전형은 다시 정량평가 중심의 학생부교과전형, 정성평가 중심의 학생부종합전형으로 구분됩니다. 세부적인 전형 방법은 전형 취지, 모집 단위 특성을 고려하여 대학이 자율적으로 설정합니다. 그러므로 학생부교과전형이라 하더라도 수능 최저 학력 기준 적용 여부, 면접고사 실시 여부가 대학마다 다릅니다. 이렇게 전형 요소가 다르거나 반영비율이 다른 전형을 대학이 수시에는 4가지, 정시에는 2가지를 만들 수 있습니다.

학생부교과전형은 교과 성적을 활용하는 전형입니다. 대학별로 반영되는 교과와 산출되는 방식은 각기 다릅니다. 특히 수능 최저 학력 기준이 있는 전형이라면 최저 충족 여부가 합격에 미치는 영향이 큽니다. 또한 일부 대학은 서류 정성평가를 추가로 실시하기도 합니다.

학생부종합전형은 고등학교가 미래인재 육성에 부합하는 수업을 운영해서 역량을 갖춘 인재로 기르면 그 인재를 고등학교가 제공하는 기록을 바탕으로 선발하는 제도입니다. 고등학교가 대학에 제공하는 기록은 '학교생활기록부'죠. 학교생활기록부 평가는 정성적으로 합니다. 입학사정관 전형이라는 이름으로 현재의 학생부종합전형이 운영된 시절에는 교사 추천서, 학교 프로파일, 자기소개서 등이 더 있었습니다. 지금은 이런 서류들이 없어져서 학교생활기록부가 더 중요해졌습니다.

표1 학교생활기록부 주요항목 내 비교과 영역 개선 현황			
반영 여부	구분	글자 수	비고
반영	교과활동	500자	– 영재, 발명교육 대입 미반영 – 방과후학교활동 내용 미기재
	종합의견	500자	– 추천서 역할을 하는 영역
	자율·자치활동	500자	– 2028학년도 신입생 이후 – 자율활동에서 자율·자치활동으로 변경
	동아리활동	500자	– 연간 500자 (소논문 기재 금지) – 자율동아리 대입 미반영/고입 반영 – 청소년단체활동 미기재
	진로활동	700자	– 진로희망분야는 미반영
미반영	1) 수상경력 2) 독서활동 3) 개인 봉사활동 실적 * 단, 학교교육계획에 따라 교사가 지도한 실적은 대입 반영 4) 봉사활동 영역 2028학년도 신입생 이후 삭제		

또한 교육부의 '2022학년도 대학입학제도 개편방안 및 고교교육 혁신 방향(2018.08.17)'에 따라 학교생활기록부 내의 비교과 영역 중 과도한 경쟁을 유발하는 요소가 미반영 혹은 미기재로 하도록 정비되었습니다.

학생부종합전형은 대학이 고등학교의 교육과정 운영과 평가 상황이나 방식을 고려하여 선발하므로 고등학교의 변화를 촉진하는 효과가 있습니다. 수능 문제 풀이 수업에서 개념과 원리를 이해한 뒤, 개념을 적용해서 탐구하고 발표하는 학생 참여 수업이 이루어지도록 입시가 뒷받침하는 거죠.

2021 대입부터 정시가 확대되자 선생님이 수업 중에 발표 좀 해 보라고 하니까, 학생이 "저는 정시인데요."라고 대답하더라는 이야기는 입시가 고등학교 교실에 어떤 영향을 미치는지 단적으로 보여 주는 일화입니다.

학생부종합전형에서 가장 중요하게 평가하는 요소는 무엇인가요?

배　다음은 학생부종합전형의 평가 요소에 대하여 이야기해 보겠습니다. 대학마다 평가 결과가 다른 이유에 대해 궁금해하는 분들이 많으신 것 같아요.

진　서울대학교에 관한 이야기부터 해 보겠습니다. 서울대학교는 학업역량, 학업태도, 학업 외 소양을 평가한다고 밝히고 있습니다. 이 중 가장 비중이 큰 항목은 아무래도 학업역량입니다. 대학은 학문 후속 세대를 양성하는 곳이므로 학문을 할 수 있는 소양이 있어야 하겠죠. 그 다음이 학업태도인데 적극적으로 스스로 공부하고 싶어 하는지를 평가한다고 보면 됩니다. 학업 외 소양은 협력은 잘 되는지, 소통에 문제는 없는지, 상대방을 배려할 줄 아는지 등을 평가합니다. 이런 덕목은 분리되어 있는 것이 아니고 종합적으로 판단한다는 건데요, 인성 측면이 좋으면서 스스로 공부를 하려고 하고 공부 기본이 잘 갖추어진 학생이라고 정리할 수 있습니다.

　　서울대학교는 학교에서 평가하는 기준이 국가 교육과정에서 내세우는 '추구하는 인간상'과 다르지 않다고 말하고 있습니다. 국가 교육과정에서 추구하는 인간상은 '자기주도적인 사람, 창의적인 사람, 교양 있는 사람, 더불어 사는 사람'인데, 자기주도적인 사람은 학업태도, 창의적인 사람은 학업역량, 교양 있는 사람, 더불어 사는 사람은 학업 외 소양과 연결됩니다.

　　간혹 공부를 좀 못해도 학업 외 소양이 뛰어나면 합격할 수 있는 지 질문하시는데, 대학은 학문이 기본이므로 대학 공부를 해내기에 부족하다면 선발되기는 어려울 겁니다. 대부분 1단계를 통과하는 학생은 3가지 측면을 조화롭게 갖춘 학생들이므로 학업역량이 떨어지면 경쟁력이 없습니다. 다른 대학은 어떤가요?

배　　우수한 인재를 설명하는 키워드는 정말 다양합니다. 그중 대학생에게 요구되는 핵심역량으로는 전공 분야에 대한 지식, 학습능력, 창의성, 논리적 사고력, 대인관계능력, 리더십, 가치관 형성 및 태도 등[*]이 있습니다. 이 7가지 핵심역량은 고려대학교의 학생부종합전형에서 평가하고자 하는 학업역량, 자기계발역량, 공동체역량의 3가지 평가지표와도 밀접하게 연결되어 있습니다.

　　학업역량은 대학 교육을 충실히 이수하는 데 필요한 수학 능력을 의미합니다. 학업역량을 평가하기 위해 입학사정관은 학업성취도를 통해 학생의 기초 지식 함양 노력과 교과 수업에 쏟은 열정을 가늠하고, 학업 수행과정에서의 진취적인 학습 노력을 통해 학업 의지를 평가합니다. 서울대학교가 진로역량이나 전공적합성이 아닌 학업역량과 학업태도 등의 보편적인 학습능력에 중점을 둔다면 고려대학교는 학업역량뿐 아니라 관심 분야에서 스스로 성장할 수 있는 능력을 평가합니다. 학교생활기록부의 전 영역을 확인하며 지원 계열과 관련한 탐색 노력과 지원 모집 단위에서 학습할 수 있는 학업적 기반을 닦았는지를 평가하고, 주어진 문제에 대해 깊고 폭넓게 탐구할 수 있는 역량을 파악하고자 합니다. 공동체역량은 공동체의 구성원으로서 필요한 바람직한 사고와 행동에 해당하는 영역입니다. 규칙을 준수하는 것뿐 아니라 타

---

[*]　　김동일, 오헌석, 송영숙, 고은영, 박상민, 정은혜 (2009). 대학 교수가 바라본 고등교육에서의 대학생 핵심역량: 서울대학교 사례를 중심으로. 아시아교육연구, 10(2), 195-214.

인을 위하여 나누고 배려하는 태도와 행동, 공동체의 목표 달성을 위해 구성원들의 상호 작용을 이끌어가는 리더십으로 고려대학교에서 원하는 인성을 갖추었는지를 평가합니다.

평가 요소 중 '문제해결능력'에 해당하는 평가역량은 계열적합전형과 학업우수전형에서는 반영되지 않고 특기자전형에서만 반영되고 있는 요소이나 고려대학교에서 중요시하는 역량 중 하나라고 볼 수 있습니다. 문제해결능력은 크게 지적 호기심과 과제집중력으로 이뤄집니다. 지적 호기심은 관심 분야에 대해 탐구하고자 하는 노력이며, 과제집중력은 관심 과제에 집중할 수 있는 능력을 의미합니다. 특기자전형으로 지원할 의사가 없다 하더라도 학교생활기록부의 곳곳에 집요한 탐구력과 과제집착력이 표현되면 학업역량과 자기계발역량 모두에서 긍정적으로 평가될 수 있습니다.

학업역량, 자기계발역량, 공동체역량을 평가하기 위해 입학사정관은 학교생활기록부의 전 영역을 활용합니다. 내신 등급만 보고 학업역량을, 동아리명만 보고 자기계발역량을, 출결과 학교봉사 참여도만 보고 공동체역량을 평가하는 것이 아니며 하나의 평가지표에 활용하는 영역이 일부 몇 가지 영역으로 국한되어 있지 않습니다. 그러므로 학교생활기록부의 전 영역에서 우수성이 드러나도록 학교생활에 충실하게 임하는 것이 가장 중요합니다.

진 　 각 대학이 중시하는 평가 요소는 고등학교 교육과정에서 제시한 인간상과 관련이 있습니다. 고등학교 교육을 통해 길러진 인재를 대학이 선발하는데, 고등학교의 인재상과 대학의 인재상이 다르다면 학종의 취지에 맞지 않는 거죠.

2028 대입개편안에 대비하기 위한
'학종 학습법'이란 어떤 것인가요?

진　우선 왜 학종 학습법부터 이야기하는지 알아보아야 합니다. 바뀌는 성적 산출 방안에 따르면 교과 성적이 상대평가 5등급으로 산출되므로 교과전형이 어렵습니다. 그리고 수능에서도 과목별 과학과 미적분 Ⅱ가 시험 과목이 아니다 보니 현재 서울대학교가 정시에 교과평가를 하고 있는 것처럼 정시도 많은 대학이 교과평가를 하게 될 수 있습니다. 이렇게 보면 수시 60, 정시 40% 선발하는 중에 논술 전형과 특기자 전형을 제외한 모든 전형에서 최상위 대학은 학종 평가 방식을 도입하게 될 것으로 예상됩니다. 그러므로 학종의 추구하는 학습법에 따라 학습해야 대입에 성공할 수 있게 되는 거죠. 구체적인 학습법은 이 선생님이 말씀해 주세요.

이　학생부종합전형에서 학업역량은 학생이 대학에 입학하여 학업을 수행할 수 있는 기초 수학 능력이 있는가를 평가하는 것입니다. 학업역량에서는 학업성취도, 학업태도, 탐구력 등을 종합적으로 정성평가합니다. 학업성취도라고 해서 내신 등급만을 정량적으로 평가하는 것이 아닙니다. 교과 성적은 학생이 속한 집단의 영향을 받기 때문에 과목별 석차 등급 외에도 원점수, 평균 수강자 수 및 성취도, 성취도별 분포 비율 등을 고려하여 학생의 역량을 종합적으로 평가합니다.

　석차 등급은 상대평가의 결과이기 때문에 집단 내 상대적 위치에 따라 등급이 부여됩니다. 원점수가 낮아도 전체 평균이 낮아 등급이 좋을 수도 있고, 원점수는 높으나 전체 평균이 높아 등급이 좋지 않을 수도 있습니다. 전체 평균이 높다는 것은 시험의 난이도가 낮아 생길 수 있고, 학생들의 학력 수준이 높아 생길 수 있는 결과입니다. 전체 학생 수가 적으면 내신 등급 받기가 어려울 수 있으므로 학생 수의 규모도 평가 시 고려합니다. 이런 경우 등급이 낮더라도 세부능력 및 특기사항에 학생이 수업 시간에 보여 준 학습 태도와 노력이 우수하게 나타난다면 이러한 내용을 종합적으로 고려하여 학업역량을 평가합니다.

결국 학종학습법은 교과 내용을 단순 이해하는 차원을 넘어 호기심을 자극하여 나의 역량을 한층 도약시킬 수 있는 기회라고 생각해야 합니다. 즉, 교과학습을 토대로 더 알고 싶은 분야의 서적을 찾아서 읽고, 탐구활동, 모둠 수행 과제, 토론활동, 글쓰기 등 여러분의 지적호기심을 자극하고 다양한 소양과 학업을 기르기 위한 교과활동에 적극적으로 참여하는 학습 방법입니다.

진로 관련 평가를 잘 받기 위해 구체적으로 어떤 활동을 해야 하나요?

배   진로에 적합한 과목을 선택하는 것이 중요하다고 하셨는데, 과목 선택 이외에도 어떤 활동이 진로활동에 도움이 될까요?

이   '진로'는 학생부종합전형 그리고 고교학점제에서 가장 중요한 개념 중 하나입니다. 진로(進路)의 사전적 의미는 '앞으로 나아갈 길'입니다. 하지만 이 앞으로 나아갈 길을 해석하는 방향은 살짝 달라 보이기도 합니다. 어떤 학생들은 더 알고 싶은 분야나 그 내용을 공부하는 것을 진로활동으로 인식합니다. 또 다른 학생들은 특정 직업을 얻기 위한 노력을 진로활동으로 생각합니다.

　　　학생부종합전형을 준비하는 데 위의 2가지 인식 방향 중 어느쪽이 더 도움이 될까요? 고등학교 1학년 때부터 특정 직업을 목표로 활동하며 준비하는 경우가 있습니다. 학교생활기록부 동아리활동, 진로활동 그리고 세부능력 및 특기사항에 직업 관련 기록이 많은 사례인데, 이런 경우 3학년이 되어 지원학과를 선택할 때 어려움을 겪을 수 있습니다. 수업 시간에 배우는 내용이 특정 직업과 연결되는 경우는 많지 않기 때문입니다. 또한 희망 직업이 바뀌었다면 그 어려움은 더 커지게 됩니다.

　　　대학에 입학하면 학과와 관련한 내용을 공부하며 졸업 후 진출 분야나 직업을 결정하게 됩니다. 진출 분야나 직업을 결정하는 시점에서 보면 대부분 학과의 진출 분야는 매우 다양하며, 특정 직업과 그 학과의 공부가 직접적으로 연관되는 경우는 오히려 적습니다. 고등학교에서 배우는 과목과 내용도 특정한 직업이 아닌, 기본 이론이나 원리, 법칙 등을 익히고 적용하는 것입니다.

진로와 관련하여 어떤 활동을 해야 할지 모르겠다는 것은 본인이 희망하는 진로에 대한 고민과 이해가 아직 부족하다는 뜻입니다. 따라서 이러한 학생들은 무작정 활동 실적을 쌓기 위해 뛰어들기보다 자신의 진로에 대해 깊이 고민하고 이해하는 기회를 먼저 가져보길 권하고 싶습니다. 예를 들어, 진로 관련 독서를 하는 것도 좋고, 본인이 지원하려는 학과의 홈페이지를 찾아서 조사해 보는 것도 좋습니다. 그래도 이해가 되지 않는다면 진로 선생님 혹은 공통된 진로 관심사를 가진 선배나 친구들에게 도움을 청하는 것도 좋은 방법입니다. 진로 관련 활동에 있어 입학사정관은 활동의 결과보다는 진로를 찾아가는 과정에 관심을 갖고 평가합니다.

학생부종합전형에서는 지원한 모집단위와 일치하는 활동을 많이 한 학생을 선발하는 것이 아니라 고교생활을 통해 해당 학과에서 공부할 준비가 된 학생을 찾습니다. 그렇기에 여러 평가 요소 중 진로역량을 통해 고교에서 이수한 여러 교과에서 보이는 노력과 성취, 고교활동을 통한 진로탐색 경험 등을 평가하고자 하는 것입니다. 따라서 해당 모집단위와 관련한 고교 교과에서 기초적인 역량을 발전시키기 위해 노력한 점이나 관심이 더 중요합니다. 교과, 창의적체험활동 등 학교활동에서 발전시킨 역량이 관심 있는 학과에서 어떻게 활용될 수 있을지 고민해 보세요. 또 관심 있는 학과가 많거나 아직 고민 중이라면, 다양한 활동과 경험 진로를 탐색하는 과정 및 노력을 쌓아나가는 모습을 보여 주세요.

진   앞으로는 대학이 학생을 전공 단위로 선발하는 방식에서 무전공으로 선발하는 방식으로 바꿔가게 됩니다. 무전공 선발을 늘리는 가장 큰 이유는 정부가 무전공 선발을 많이 하는 대학에 인센티브를 주기 때문입니다. 서울대도 자유전공학부 선발 인원을 늘리겠다고 했습니다만, 자유전공학부에 지원하는 학생은 진로를 고민하지 않아도 될까요?

진로란 그 학생이 어떤 분야에 관심이 있어서 깊이 공부하고 있는지와 관련이 있습니다. 한국사를 공부하기 위해 한문과 중국어, 일본어를 공부했다면 기본을 잘 닦고 있는 학생입니다. 경제학 분야를 공부하고 싶은 학생은 수학을 깊이 공부했겠죠? 수학을 깊이 있게 공부하다 수학이나 공학 분야로 전공을 바꿀 수도 있지만 현재는 수학을 깊이 공부해서 경제학을 하고 싶은 학생이라면 진로를 고민한 학생이라고 하겠습니다.

수학을 못 하는데 경제학을 하겠다는 학생, 물리학에 관심이 없으면서 로봇공학을 하겠다는 학생은 진로를 고민하지 않은 거죠. 결국 진로란 자신이 관심 있고 잘하는 과목으로 할 수 있는 분야의 공부가 무엇인지를 알아보는 것이 1번 선택이고요, 관심 분야가 매력 있어서 그 공부를 열심히 하다 보니 좋아지고 깊어지는 것이 2번인데, 둘 다 바람직하지만 2번처럼 되기는 어렵죠.

'좋은' 학교생활기록부란
어떤 것일까요?

진　학종에 관심이 있는 학생, 학부모는 학교생활기록부를 관리해야 한다는 말을 많이 합니다. 다만 학교생활기록부는 선생님이 기재하니까 학생이 관리할 수는 없지요. 학교생활기록부 기재 내용이 충실하게 나오려면 어떻게 공부하고 활동해야 할까요? 이 선생님이 먼저 좋은 학교생활기록부에 관해 이야기해 주세요.

이　실제 학교생활기록부를 읽다 보면 활동 내용을 미화하거나 부풀린 사례를 볼 수 있습니다. 이럴 경우 입학사정관은 기록되어 있는 행간의 의미나 다른 자료들과의 상호 연관 관계 속에서 진위 여부를 확인하게 됩니다. 예를 들면 학업과 관련된 역량을 평가할 때 교과 세부능력 및 특기사항의 기록이 의심스러우면 교과 성적, 창체활동, 행동특성 및 종합 의견 등의 다른 여러 요소를 종합적으로 검토하고 요소들 간의 논리적 인과 관계를 확인한 다음 진위 여부를 판단하게 됩니다.

또한 학교생활기록부는 담임 선생님뿐 아니라 여러 교과 선생님들이 함께 기록하므로, 특정 기록 자체가 불일치하는 경우에 학교생활기록부의 다른 항목에 드러난 여러 기록들을 참조해서 종합적으로 평가합니다. 학교생활기록부 기록의 진위 여부는 여러 자료를 종합적으로 검토해서 판단하고 의심의 여지가 있는 경우에는 면접의 과정에서 다시 한 번 확인하는 절차를 거친다고 할 수 있습니다.

배　우수한 학교생활기록부라는 것은 제한된 글자 수를 가득 채운 학교생활기록부도 아니고 선생님께 좋은 평가를 받아 칭찬 일색인 학교생활기록부도 아닙니다. 사정관의 입장에서 우수한 학교생활기록부란, 각 대학에서 평가지표로써 활용하고 있는 학업역량, 진로역량, 공동체역량 등의 평가지표에 해당하는 근거가 풍부하고 다양하게 제시된 경우입니다. 대입제도 공정성 강화 방안에 따라 2021학년도 대입부터는 서류평가에서 고교 정보 블라인드가 적용되었습니다. 고교 블라인드 전에는 고교 프로파일과 학교 운영 현황 자료를 통해 어떤 학교에서 취득한 내신 등급이라는 점을 인지한 채로 학교생활기록부를 평가했기 때문에 주어진 여건에서 최선을 다해 성장하고자 노력하였다면 더욱 의미 있게 평가될 수 있었습니다.

　　블라인드 서류평가 이후에는 학교의 교육여건을 세세하게 파악하기는 어렵기 때문에 어떤 교육과정을 이수하고 학생이 선택한 교과목에서 어떤 과정을 거쳐 성장해 왔는지가 더욱 중요해졌습니다. 그러므로 학생이 어떤 노력을 기울여 성장해 왔는지에 대한 학생만의 특별한 서사가 구체적으로 잘 기재된 학교생활기록부가 좋은 학교생활기록부라고 할 수 있습니다.

진　다시 강조하지만, 좋은 학교생활기록부의 기본은 학생이 선생님의 지도를 받으면서 학습활동을 잘하는 데서 비롯됩니다. 선생님은 성취기준을 근거로 지도를 하실 텐데, 최상위 대학 기준으로 보면 평균 수준의 공부보다 훨씬 깊은 수준의 공부를 한 학생이 합격 대상자일 테니까 학생이 스스로 깊고 넓게 공부해야 합니다.

　　그러니까 최상위 대학이 목표인 학생이라면 교과 지식과 개념 및 원리를 확실히 알고, 이것을 어디에 적용할 수 있고 어디에는 적용이 안 되는지를 확인하면서 탐구활동을 하고 리포트를 잘 쓰고 발표를 잘 하고 때로는 토론활동도 잘 해내는 데까지 도달해야 합니다.

　　그러나 나중에 탐구를 이야기하는 대목에서 말하겠지만 고등학교 수준의 탐구는 지적 호기심을 발휘하는 수준이므로 대학에서 하는 연구와는 다릅니다. 서울대학교라도 고등학생이 연구하기를 바라는 것은 아닌 거죠.

고교학점제에 어떻게
대비해야 할까요?

배   2028 대입에 해당하는 학생 학부모는 고교학점제에 대하여 궁금해하고 또 불안해하기도 합니다. 고교학점제에 대비하는 법을 말해 볼까요?

이   희망 진로에 따라 다양한 과목을 선택하여 이수하는 것이 고교학점제의 큰 특징입니다. 고등학교에서 선택하고 공부한 내용과 대학에 진학해서 공부하고 싶은 분야와 내용이 긴밀하게 연결된다면, 학생부종합전형에 큰 도움이 될 수 있는 것입니다.

　　학생부종합전형에서는 학교에서 이룬 학생의 모든 성장 경험 자체를 가치 있게 평가합니다. 학교 교육과정을 통해 이수한 교과목명이나 동아리의 명칭이 학생의 성장 가능성을 단순히 설명해 줄 수는 없습니다. 비록 지원 전공과 무관해 보일지라도 정규 교과에서 배운 내용과 다양한 활동 등을 통해 고교 3년 동안 관심사를 주도적으로 확장하고 배움을 심화해 본 경험이 있다면 모든 활동은 의미 있는 경험이 될 수 있습니다.

　　창의적체험활동에서는 학생의 흥미와 관심 분야가 무엇인지, 그것을 위해 어떤 활동에 참여하고 탐색한 경험이 있는지를 확인합니다. 수업 시간에 배운 지식을 수업 시간에만 머무르지 않고 창체활동을 통해 깊이 있고 다양하게 탐색하거나 여러 분야를 융합하여 탐색하려는 지적 관심이 드러나 있다면 학업역량이나 진로역량을 평가할 수 있을 것입니다. 주어진 환경 내에서 다양한 경험을 통해 쌓은 역량과 경험은 대학에서 학업을 수행해 나가기 위한 탄탄한 기반이 될 것입니다.

이때 진로선택과목, 융합선택과목, 전문교과를 맹목적으로 많이 이수하는 것이 무조건 좋은 평가를 받는 것은 아닙니다. 진로선택과목은 학생의 적성과 진로에 따른 자율적 선택권을 보장하기 위해 개설된 과목으로, 이수 정도와 성취도를 정량적으로 평가하지 않습니다. 무조건 다양한 과목을 선택하는 것을 긍정적으로 보기보다 해당 과목이 학생 자신의 목표에 따른 선택이었는지, 실제 어떠한 내용을 배웠는지, 전공과 관련된 과목 이수인지, 세부능력 및 특기사항에 기재된 부분은 어떠한지 등을 살펴봅니다. 학생부종합전형에서는 다양한 활동을 종합적으로 평가하기에 교육과정 안에서 희망 진로에 따라 과목을 선택하고 이수한다면, 좋은 평가로 이어질 수 있습니다.

2022 개정 교육과정에 따라 선택 가능한 교과목들이 늘어났지만 학교별로 교육환경이 다르므로 직접 개설하여 운영할 수 있는 교과도 다를 수밖에 없습니다. 따라서 입학사정관은 지원자 소속 고교의 교육과정을 참조하여 평가하며, 학생이 주어진 환경 속에서 얼마나 성실히 학업에 임했는지를 중요하게 평가합니다. 또한 진로·융합 선택교과나 전문교과를 평가할 때도 선수 교과목인 공통, 일반선택의 성적을 참조하기 때문에 무조건 전문교과를 많이 이수했다고 좋은 평가를 받는 것은 아닙니다.

공동교육과정과 소인수과목도 마찬가지입니다. 이수 여부에 따라 합격과 불합격이 정해지지는 않지만 진로역량에서 수강한 과목의 이수 단위나 세부능력 및 특기사항이 자연스럽게 다른 학생보다 풍부해질 가능성이 있습니다. 또한, 공동교육과정의 전공 관련 과목 및 소인수과목의 이수 여부는 학생부종합전형 평가 요소인 진로역량에서 긍정적 평가를 받을 수 있습니다. 그리고 수업의 과정 중에서 전공과 관련된 수험생의 개별적 특성이 드러나는 노력들이 확인된다면 좋은 평가로 이어질 수 있습니다.

　　학생이 스스로 과목을 선택하여 이수했다는 것은 학생의 학업적 흥미와 관심도를 어느 정도 보여줍니다. 소인수과목, 공동교육과정 등을 이수한 경우, 교과목의 단순 이수여부와 교과 성적만을 정량적으로 평가하기보다는 학생이 이수한 과목의 내용, 수준, 이수과목의 경향성 등을 확인하여 정성평가를 진행합니다. 석차 등급뿐 아니라 수강자 수, 원점수, 평균, 세부능력 및 특기사항의 의미를 해석하여 평가합니다.

　　예를 들어, 학생이 자신의 관심 분야에 대한 탐색으로 과목을 이수한 경우 전공에 대한 관심과 이해 측면에서 진로역량으로 평가할 수 있으며, 수준 높은 심화과목이나 전문교과를 이수한 경우 학업태도, 탐구력 관점에서 학업역량으로 평가할 수 있습니다. 개별 학교에서 개설하기 어려운 과목을 공동교육과정 등으로 이수한 경우에도 과목을 선택하여 듣게 된 동기나 자기주도적인 탐색과정 등을 확인하여 평가할 수 있습니다.

진　고교학점제를 대입과 연관해서 생각해 보면 이수해야 할 과목은 2015 개정 교육과정 상황과 크게 다르지 않습니다.

　　고교학점제가 되면 학생이 원하는 텃밭 가꾸기, 보컬 트레이닝, 네일아트 같은 과목을 수강할 수 있다고 하지만, 상위권 대학에 지망하는 학생이라면 전체 29학점 곱하기 6개 학기 174학점 중에서 국어, 수학, 영어, 한국사를 절반인 87학점까지 하게 되고, 체육 10학점, 음악과 미술 또는 연극 등 예술 10학점, 기술·가정/정보/제2외국어/한문/교양 16학점을 신청하고 나면 이미 123학점을 신청했으므로 51학점이 남습니다. 이 중 1학년 때 통합사회, 통합과학과 과학탐구실험 16학점을 이수해야 하므로 35학점이 남는데, 이 학점으로 2, 3학년 때 사회나 과학 과목을 들어봐야 4학점짜리 8과목 정도 듣는 양이므로 다양한 과목을 선택한다는 말이 해당이 안 되죠.

　　단지 사회·과학의 선택과목 중 8과목을 어떤 과목으로 선택해야 하는지는 고민을 해야 합니다. 대체로 일반선택과목이 기본이고 진로선택과목과 융합선택과목을 몇 과목 선택하게 되는데, 대학에서 제공하는 정보를 잘 확인해야 합니다. 기본 없이 융합으로 가면 기본이 없는 상태라는 평가를 받을 수 있습니다.

2028 대입제도, 특목·자사고에 진학하는 것이 정말 유리한가요?

배　2028 대입제도에서 내신을 5단계 상대평가한다고 발표하자 특목고나 자사고가 더 유리하지 않을까 하는 말이 나옵니다. 진 선생님은 어떻게 보세요?

진　최상위권 대학을 학종으로 진학한다고 하면 각 학교마다 특징이 있어 유불리를 일괄해서 말할 수는 없습니다. 영재학교와 과학고는 수학/과학 과목 학점이 많고 상대적으로 국어, 사회, 영어 과목 학점이 적으므로 국어 영어를 잘해 놓지 않은 학생이라면 유리할 것이 없을 겁니다. 게다가 이 유형의 학교는 기숙사 생활을 하므로 단체 생활에 잘 적응하는 학생이 아니라면 고교생활에서 어려움을 겪게 됩니다.

　　　외고와 국제고는 수학을 상대적으로 적게 배우고 하루에 절반을 외국어 수업을 하게 되니까 외국어를 좋아하는 학생이라면 학교생활이 즐겁겠죠. 그런데 의대 가려고 외고 간다는 말은 맞지 않습니다. 종합전형으로 진학하려면 당연히 말이 안 되고요, 정시로 진학할 때도 교과평가를 한다면 불리하죠.

　　　자사고나 비평준 일반고는 수능에 강점이 있는 학교와 학종에 강점이 있는 학교가 갈라지는데, 학생의 취향대로 선택을 하면 되죠. 단지 수능형 학교도 교과평가를 대비하여 학종을 준비하는 수업으로 전환을 하지 않을까요?

이 　먼저 학교 규모에 따른 유불리를 말씀드리면, 학교 규모가 작을 경우 상대적으로 과목별 수강자 수가 적어 교과 등급 산출에서 불리하다고 느낄 수 있습니다. 하지만 학생부종합전형에서는 교과학습 발달상황의 정량적인 등급을 점수화하는 것은 아닙니다. 고교마다 환경이 모두 다르기에 평가과정에서 지원자가 이수한 교육과정의 특성을 학교생활기록부를 기반으로 해석을 합니다. 실제로 교과학습 발달상황을 보며 과목별 수강자 수, 원점수와 표준편차, 등급별 예상 가능 인원 등을 고려하여 종합적으로 평가하고 있습니다. 입학사정관은 과목별 수강자 수의 변화만으로 지원자의 학업역량과 상관없이 석차등급이 변할 수 있다는 점을 충분히 인지하고 있습니다.

따라서 학교생활기록부를 통해 지원자의 역량이 충분히 보인다면 긍정적인 평가를 받을 수 있습니다. 단순히 석차등급이 낮다는 이유만으로 지원을 망설이지 마세요!

배 　2028학년도 대입개편에 따라 2028학번으로 대학을 진학하는 09년생은 통합 수능과 내신 5등급제, 2022 개정 교육과정, 2025년 고교학점제 전면 적용이라는 큰 변화를 한번에 맞이하게 됩니다. 이에 특목고, 전국단위 자사고, 광역 자사고 진학의 유불리에 대한 논쟁이 더욱 가열되고 있습니다.

희망 모집 단위에서 필요로 하는 기초 학력과 권장과목 이수 여부 충족, 다양한 교과연계 활동과 맞춤형 기록이 가능한 학교가 학생부종합전형 진학에 유리한 것은 사실입니다. 하지만 이는 고교 유형을 막론하고 적용됩니다. 학생부종합전형에 유리한 학교를 선별하는 기준은 크게 3가지입니다.

- 학생이 선택한 교육과정이 내실 있게 운영되고 있는가?
- 교과활동과 비교과활동에서 학생이 선택한 주제와 연계된 맞춤형 활동이 가능한가?

- 활발한 토의·토론 프로그램이 운영되고 독서와 글쓰기활동 등이 장려되는가?

다시 말해서, 맞춤형 교육과정 운영의 측면에서 학생의 과목 선택권이 존중받고 진로 맞춤형 과목이 내실 있게 운영되는 것은 학업역량과 진로역량에 크게 영향을 미칩니다. 일부 학과의 경우 특목고에서 운영하고 있는 커리큘럼의 전공 적합도가 상당히 높아 일반고 대비 특목·자사고 출신 학생의 지원 대비 합격률이 높게 나타나기도 합니다. 이는 전형별 입시 결과에서도 쉽게 파악할 수 있습니다. 어문계열의 경우 인문사회계열에 비해 등급 커트라인이 0.5등급에서 1.5등급 정도 낮게 나타나는 경우가 있는데 이는 외국어고가 외국어 계열 교과 이수 단위 간 차이가 크고, 교과연계활동에서도 깊이 있는 활동을 나타내는 경향이 우세하기 때문입니다.

하지만 철학, 사학, 종교학 등의 인문과학계열이나 교육계열은 특목·자사고라고 해서 특별히 더 유리한 것은 아닙니다. 오히려 국, 영, 수, 사 기본교과를 충실하게 이수하고 자신이 소속된 학교의 환경을 최대한 활용하며 진로탐색을 적극적으로 수행한다면, 특목·자사고 지원자에 비해 높은 내신 등급과 원점수를 획득함으로써 학업역량 평가 시 유리한 점수를 얻을 수 있습니다.

고교학점제가 전면 적용된다면 학교별 교육과정의 편차는 점진적으로 줄어들 것입니다. 고교별 커리큘럼이 동일해진다 하더라도 여전히 학교생활기록부 기재 내용상의 차이는 존재할 것입니다. 또한 학교생활기록부의 교과학습 발달상황과 관련하여 2024학년도 학교생활기록부 기재 요령부터는 '학교는 지필평가 기출문제를 공개하되, 공개 범위와 방법은 학업성적관리위원회를 통해 학교장이 정함'*이라고 명시되었기 때문에 입학사정관은 학생의 등급과 원점수를 수치만으로 평가하

---

* <학교생활기록 작성 및 관리지침>(교육부훈령 제477호) 해설 및 기재요령 p.123

는 것이 아니라 시험지를 확인하여 변별력과 난이도를 가늠하여 평가에 반영하고자 노력할 것입니다. 그러므로 어떤 학교에 진학하든 학교에서의 학업적 성장과정과 비교과 차원에서의 적극적인 진로탐색 노력이 체계적이고 구체적으로 잘 기록될 수 있도록 학교생활에 최선을 다한다면 학생부종합전형에서 우위를 점할 수 있는 결정적 기준이 될 수 있습니다.

의예과나 최상위 대학의 공학계열 진학을
희망한다면 어떻게 학교생활을 하면 좋을까요?

배　이전에 비해 의대나 첨단과학 분야 인재를 더 많이 선발하고 지원합니다. 이런 계열에 진학하기를 원하는 학생은 어떻게 학교생활을 하면 좋을까요?

진　공부로 말하면 의대와 공대에서 공통적으로 바탕이 되는 과목은 국어와 영어죠. 즉 문해력이 공통 바탕이 됩니다. 독해력도 떨어지고 보고서도 못 쓸 것 같은 학생은 대학이 선호하지 않겠죠? 영어도 마찬가지고요. 다음은 수학인데, 수학은 보통교과의 가장 위계가 높은 미적분Ⅱ까지 깊이 있게 공부해야 하죠. 의대 가면 미적분Ⅱ가 필요하지 않은데 왜 해야 하는지 묻지만, 경쟁이 심하니까 미적분Ⅱ는 변별용 과목인 거죠. 미적분Ⅱ가 공대에는 필수겠죠?

　　다음은 화학 분야입니다. 의대와 공대 모두 화학은 필수 과목이죠. 화학은 당연히 선택해야 하고요, 물질과 에너지, 화학 반응의 세계는 진로 분야에 따라 선택하게 됩니다. 물리학은 의대는 별로 필요로 하지 않는 과목이고 공대는 필수인 과목인데, 요즘은 의공학을 이해하기 위해 의대에서도 물리학 분야를 잘 공부한 학생이 매력적으로 보이나 봅니다. 의대와 공대에서 역학과 에너지, 전자기와 양자도 대학에서 제공하는 정보를 보고 선택할 과목을 정해야 하겠죠. 생명과학은 의대라면 1순위, 공대라면 2순위가 될 겁니다. 화생공 분야도 1순위는 물리학과 화학을 원하고요, 2순위로 생명과학을 원합니다.

학종으로 의대나 최상위 공대를 원한다면 모든 과목에 최선을 다해야 합니다. 기술·가정 과목은 불필요하니까 포기한다면 대학은 좋은 평가를 하지 않습니다. 그뿐 아니라 창의적체험활동의 전 영역에서 최선을 다하고 배려와 협력하는 태도를 몸에 배게 해야 합니다. 좋은 태도를 머리로만 이해하고 있으면 특히 의대의 경우 면접에서 걸러집니다. 그 밖에도 관심 분야에 대한 이해, 넓고 깊은 독서 등도 챙겨야 합니다. 특히 독서는 전공분야에 국한하지 말고 넓고 깊게 해야 합니다.

학교생활을 어떻게 해야 할지 방법을 더 들자면, 공부하고 싶은 마음을 유지하는 것이 좋습니다. 진로 방향을 정하고 그 분야에서 최고가 되기 위해 공부를 하고 싶은 마음이 있는 학생이라야 학문 후속 세대에 속하게 되지 않을까요?

의대 이야기를 첨언하자면, 의대생을 2,000명 늘리면 대학 가기 쉬울까요? 서울대 수시로 선발하는 인원만큼 늘어나니까 쉬워진다고 할 수도 있습니다. 그러나 1점에 500명 내지 1,000명이 동점자라고 하면 수능 점수로 기껏 2~3점 낮아지므로 1문항 정도 쉬워지는 거죠. 별로 쉬워지지 않는다는 말입니다.

그런데 의대 정원을 늘리면서 지역인재 전형을 60%까지 늘리는데 지역인재 전형은 대부분 학교생활기록부 위주 전형이므로 많은 학생이 학교생활기록부 위주 전형으로 대학에 진학하게 된다는 점은 유의해야 합니다. 수능 전형은 늘어나는 인원이 적어 수능 잘 봐서 의대 간다는 생각을 해서 성공할 수 있는 수험생은 소수에 불과할 겁니다.

또한 의대는 생명과학과 화학이 기본인 분야라서 물리학과 화학이 기본인 분야와는 차이가 있으므로 애초에 물리학 분야에 관심이 있는 학생이라면 일부 학생이 공대에서 의대로 진로를 전환하는 덕을 봐서 원하는 대학에 진학할 수도 있겠습니다. 그러나 대학 가기 쉬워진다고 공부를 그만큼 소홀히 하면 합격은 멀리 달아나 버릴 겁니다.

추후 로스쿨 진학을 생각하고 있습니다.
어떤 진학 로드맵을 추천하시나요?

배 로스쿨 진학을 희망하는 학생들은 어떻게 진로 계획을 세우면 좋을지 이 선생님이 말씀해 주세요.

이 법학전문대학원은 폭넓은 인문 교양 지식과 깊이 있는 법학지식을 함께 습득함으로써 사회의 다양한 법 현상에 적응할 수 있는 응용력과 창의성을 갖추고, 우리 사회가 요구하는 국제적인 감각과 전문적인 지식을 갖춘 법조인을 양성함으로써 국민에 대한 법률서비스의 질과 국가경쟁력을 높이기 위한 목적으로 도입되게 되었습니다.

로스쿨 제도의 취지 자체가 다양한 배경을 가진 사회인들을 법조인으로 양성하는 것이기 때문에 굳이 법학과에 진학할 필요는 없습니다. 실제 로스쿨에 입학하는 학생들의 학부 전공을 살펴보면 경영, 경제 등 학과뿐 아니라 인문대학, 공과대학 등 다양한 분포를 지니고 있음을 알 수 있습니다. 로스쿨 입학을 위해서는 법학적성시험(LEET, 리트) 준비도 매우 중요합니다. LEET 준비는 특정 전공에 국한되지 않으며, 다양한 분야의 지식과 사고력을 요구합니다.

로스쿨 도입 초창기에는 사회 경력, 봉사 활동, 학부 전공, 나이 등의 정성적 평가 요소가 중요했지만 2017년 이후 공정성을 강화하기 위해 학점과 LEET 점수 등 정량적 평가 요소의 비중이 높아졌습니다. LEET는 언어 이해, 추리 논증, 논술 등 3가지 영역으로 구성되는데,

표2 로스쿨 진학 로드맵 예시						
학습				필수단계		진로
다양한 학부 전공과목 이수	기본 법학과목 공법 민사 형사	실무 기초과목 기초 법학과목 전문 법학과목 엑스턴쉽 워크숍 인접과목 임상교육 역할학습	→	변호사 자격시험 지역별 실무연수	→	법원 검찰 법률서비스 (국내·외) 공공기관 (국내·외)

언어 이해는 수능 비문학과 비슷하고, 추리 논증은 사고력 퀴즈에 가깝습니다. 리트는 얼마나 독해력과 사고력을 잘 쌓아 왔느냐를 총체적으로 측정하는 시험이므로 다양한 분야의 좋은 책들을 읽어야 합니다.

교양서를 읽는 것도 좋지만, LEET 시험에 나오는 제시문들은 보통 전공서 수준이므로 흔히 말하는 '고전'을 읽는 게 좋습니다. 복잡한 사실관계와 법률관계를 빠르게 분석해서 이해하고, 해결책을 찾아내는 것이 법조인의 중요한 역량 중 하나입니다. 훌륭한 변호사가 되기 위해서는 다양한 분야의 고전들을 읽어서 독해력과 사고력을 길러야 합니다. 그리고 '내가 무엇을 위해 법조인이 되고자 하는지?'에 대한 진지한 고민을 빼놓지 말아야 합니다. 단순히 돈을 많이 벌고 싶어서, 사회적으로 높은 지위에 오르고 싶어서라면, 별로 가성비 좋은 방법이 아닐 것입니다. 즉, 왜 법조인이 되어야 하는지에 대한 명확한 목표 의식이 있어야 합니다.

주력전형은
언제 정하면 좋을까요?

진 이야기를 마무리할 시간이 되었습니다. 마지막으로 수시와 정시의 지원 카드를 어느 시점에 정하는 것이 이상적일지 이야기해 보고자 합니다.

배 중학교 때 A만 받았던 친구들이 고등학교 진학 후 중간고사를 치르자마자 좌절하는 경우가 있습니다. 자신이 노력한 만큼 성적이 나오지 않았기 때문이겠지요? 성적에 만족하지 못했을 때, 학생들의 행동은 일반적으로 2가지로 나타납니다.

긍정적인 대응 전략은 다음 시험 대비를 위해 이번 시험의 패인을 분석하고 자신의 학습법을 돌아보는 기회로 삼는 것입니다. 낙담하지 않고 긍정적인 마인드를 유지하며 비교과와 교과에 두루 충실한 모습으로 낮은 성적을 극복하기 위해 노력하는 것입니다.

부정적인 대응 전략은 1학년 1학기 내신 등급이 자신이 희망하는 대학의 지난 입시 결과를 충족시키지 못할 거라는 섣부른 결론을 내리고 논술과 정시에 올인하겠다는 계획을 세우는 것입니다.

1학년이라는 시기는, 2년 반 뒤의 원서 접수 배치를 고려하기에는 다소 이릅니다. 어떤 대학에 무슨 전형으로 지원할지를 계획하는 것은 좋지만, 성적을 이유로 학생부종합전형이나 교과 전형을 빨리 포기하고 학교생활에 소홀했다가 막상 원서접수 시기가 되어 뼈아픈 후회를 하는 경우를 많이 보았습니다.

　　그래서 저는 한 번의 성적에 좌절하기보다는 원인을 진단하고 실패에서 교훈을 얻고자 노력하고 자신의 약점이라고 생각하는 과목이나 단원을 돌파하기 위한 모습을 보여 주라고 격려해 주고 싶어요. 극복과 도전의 노력이 학생부에 기재된다면 입학사정관들은 학생의 총체적인 노력을 평가하려고 하지 단 한 번의 시험으로 여러분을 평가하려고 하지는 않는답니다.

진　　맞습니다. 수시 전형 대비를 지나치게 일찍 포기하는 것은 좋지 않습니다. 학교에서 배우는 모든 과목이 배경지식으로 쌓여야 수능도 잘 볼 수 있습니다. 그리고 수능 범위가 국어, 수학, 영어는 2학년 때 배우는 과목이고 사회와 과학은 1학년 과목이므로 정시로 대학을 가겠다고 하더라도 학교 공부를 충실히 해 주어야 합니다. 또한 지금은 서울대만 정시에 교과평가를 하고 있지만, 2028 수능에서 수학에서는 미적분Ⅱ가 빠지고, 과학에서는 공통과목인 통합과학이, 사회에서도 통합사회만이 시험 범위이므로 학교 공부를 등한시하면 정시에서도 원하는 대학에 갈 수 없게 될 수도 있습니다.

탐구력이
대입을 결정한다

학생부종합전형 평가 매뉴얼로 살펴보는
탐구력의 중요성

학생부종합전형이란

지금까지 우리나라 고등학교는 언제나 입시에 대비하는 방식으로 수업을 해 왔다. 수능이 가장 영향력 있는 시대의 교실은 수능 문제를 해설하는 수업이 대부분이었다. 그러나 미래 사회를 대비하는 교육은 수능 문제만 푸는 방식이어서는 안 된다는 반성이 시작되었다. 진로에 맞는 과목을 미래에 적합한 방식으로 학습하도록 학교에 선한 영향력을 미치려면 교실 수업 상황을 반영하는 입시를 만들어야 했다. 여기서 2004년에 발표하고 2008학년도 대입부터 적용된 입학사정관제 전형이 탄생하였다.

그러다 2015학년도 대입부터는 학생부종합전형으로 이름을 바꾸었는데, 교외 수상, 교외 체험활동, 모의고사 성적, 공인 어학성적 등을 학교생활기록부에 기재하지 않거나 대학에 제공하지 않게 되면서 학교생활기록부를 평가하는 전형으로 정착되었다. 최근에는 추천서, 자기소개서가 평가 서류에서 배제되어 학교생활기록부가 유일무이한 서류로 자리 잡았다.

학생부종합전형은 수능이나 교과전형과는 달리 점수만을 기준으로 선발하는 전형이 아니다. 점수 위주의 학생 선발 방식에서는 매우 작은 점수 차에 의해 합격과 불합격이 결정된다. 이 같은 방식은 간단하고 편리한 선발 방법이지만 창의적 인재를 필요로 하는 대학과 사회의 요구에 부응하는 적절한 방식인지는 의문이 든다. 과거 산업 사회가 요구했던 인재의 모습이 정해진 답을 빠르게 찾는 능력을 지닌 학생이었다면 미래 사회는 새로운 지식을 창출하는 역량을 지닌 인재를 필요로 하고 있다.

대학에서는 학생들이 지닌 학업능력과 향후 대학에서 더욱 성장할 수 있는 잠재력과 가능성을 면밀히 평가하기 위해 점수의 단순 합산을 넘어서는 평가 방법을 고민하게 되었다. 그 결과 학교생활기록부 내용을 토대로 하는 '종합적이고 다면적인 평가'를 도입하게 되었다. 이는 단지 교과성취도와 학교에서 수행한 교육 활동의 결과만을 평가하는 것이 아니라 그 동기와 과정까지 다면적이고 종합적으로 평가하는 방식이다.

특히 하루 시간의 대부분을 보내는 학교에서 이루어지는 교육 활동과 노력을 중점적으로 평가하기 때문에 학교 교육의 틀에서 성장하는 내용에 평가의 주안점을 두게 된다. 학생부종합전형에서는 교과 성적을 기반으로 학교생활에 충실한 학생을 선발하고자 하며, 아울러 교내활동에 자발적으로 참여하고 해당 전공에 관심과 소질이 있는 학생을 선발하고자 한다.

결국 학생부종합전형은 수치로 계산된 성적만을 반영하지 않고, 학교생활기록부를 바탕으로 학업능력뿐만 아니라 학업에 대한 태도와 의지, 진로에 대한 관심과 노력, 자기주도적 활동과 경험, 도전 정신, 발전 가능성 등을 종합적으로 평가하는 학교 교육 기반의 전형 방식이다.

포인트 **학생부종합전형**
학업능력뿐 아니라 학업에 대한 노력, 의지나 열정, 적극성, 도전 정신,
발전 가능성 등을 종합적으로 평가하는 학교교육 기반의 전형 방식

학교생활기록부는 어떤 가치를 지닐까

학교생활기록부는 학생의 성장과 학습과정을 상시 관찰·평가한 누가 기록물로서, 학교생활을 얼마나 충실하게 했는지에 대한 지원자의 구체적인 특징을 찾아볼 수 있는 핵심 전형 자료이다. 학교생활기록부에는 교과 수업에 얼마나 적극적으로 참여하고 학업을 위해 주도적으로 노력했는지, 지적 호기심과 관심을 충족하고자 어떤 학습과 활동을 했는지, 자신의 진로를 탐색하고 이를 구체화하기 위해 어떤 경험을 했는지 등이 구체적으로 기록되어 있기 때문에 학생을 이해하고 평가하는 소중한 보물 창고다.

학교생활기록부 각각의 항목은 지원자 고교생활의 독자적인 의미를 지니고 있기 때문에 더 중요하거나 덜 중요한 항목은 없다. 학교생활기록부에는 교사가 작성한 학생의 활동에 대한 객관적 사실과 성장과정에 대한 정성적 평가가 기술되어 있다. 즉, 학교생활기록부는 '사실의 기록 + 주관적 평가의 기록'이라고 할 수 있다. 학생부종합전형에서는 이 학교생활기록부에 드러난 모든 항목을 종합해 평가한다.

학생부종합전형 평가 방식

학생부종합전형에서 어떻게 평가하는지 구체적으로 이해하기 위해서는 평가의 기준과 내용에 해당하는 평가 요소를 이해해야 한다. 그런데 평가 요소에 등장하는 단어들을 살펴보면 머리가 아프다.

하지만 다시 생각해 보자. 대학에서 제시하고 있는 평가 요소를 완벽하게 갖춘 고등학생이 얼마나 될까? 그러면 대학에서는 이렇게 완벽한 학생 모습을 표현하는 평가 요소를 제시하는 이유가 무엇일까? 대학에서 제시하는 평가 요소는 이러한 학생이 입학하면 좋겠다는 이상적 모습에 가깝다. 그러나 현실적으로 모든 면에 완벽한 이상적인 학생은 없으니, 어느 한두 평가 요소에서 비교적 장점을 보인다면 충분히 대학에서 원하는 학생이라 할 수 있다. 학생부종합전형에서는 이미 완성된 인재를 선발하려는 것이 아니라, 장차 훌륭한 인재로 성장할 가능성을 지닌 학생들을 선발하려는 의도를 가진 전형이다.

학생부종합전형은 다양한 전형 자료에 기반을 두고 종합적, 정성적으로 평가해서 다면적 역량을 갖춘 인재를 선발하는 전형이다. 정성평가가 무엇일까? 구체적으로 어떻게 평가하는 것일까? 정성평가란 평가 자료를 토대로 입학사정관이 자료 속에 담긴 의미를 찾아내어 질적으로 해석하는 평가 방법을 말한다. 예를 들어 100m 달리기를 한다고 할 때 누가 조금이라도 빨리 결승점을 통과했는가를 따져 서열을 정하는 평가 방식은 정량평가다. 정성평가는 각 구간마다 개인의 속도의 변화를 감안해 누가 가장 열심히 달렸는가를 질적으로 따져보는 평가 방식이다.

점수 위주의 정량적 평가 방식에서는 미미한 점수 차에 의해 합격과 불합격이 결정된다. 이 같은 방식은 효율성을 지닐지는 몰라도 과연 미래 사회에서 필요로 하는 인재 선발 방식인지는 여전히 의문이다. 종합적, 정성적 평가 방식의 가장 큰 의의는 점수를 단순 합산하는 방식으로는 평가할 수 없는 학생들의 학업능력과 잠재력, 발전 가능성 등을 더욱 면밀하게 평가할 수 있다는 점이다.

학생부종합전형 평가 요소 및 평가항목

학생부종합전형은 기존의 정량적 평가의 한계를 넘어 다양한 전형 자료에 기반을 둔 종합적 평가로 다면적 역량을 갖춘 인재를 선발한다. 종합적이고 정성적 평가를 하다 보니 학생부종합전형은 평가 기준이 대학별로 다를 수 있다. **13**은 서울대학교의 학생부종합전형 평가 방식이다.

이 내용으로부터 평가 요소가 학교생활기록부의 어떤 항목들을 토대로 이루어지는가는 이해할 수 있지만, 여전히 어떻게 평가하는지 가늠하기는 쉽지 않다. 그래도 개략적으로 살펴보면 학업역량과 학업태

표3 서울대학교 학생부종합전형 평가 방식

구분	평가 항목	평가 내용	평가 기준	평가 영역
학업역량	폭넓은 지식을 깊이 있게 갖추고 활용할 수 있는 학생인가?	주어진 여건에서 교과 및 학업 관련 활동의 성취 수준과 논리적 사고력, 과제수행 능력 등	‣ 교과 및 학업 활동 내용에서 우수한 학업 역량이 고르게 나타나는가? ‣ 단순 암기 수준 이상의 깊이 있는 이해를 바탕으로 한 지식을 갖추었는가? ‣ 의미 있는 학습경험은 무엇이었는가? ‣ 자신의 성취를 점검하고 더 필요한 공부가 무엇인가 고민한 경험이 있는가? ‣ 습득한 지식을 적절히 활용한 경험이 있는가? ‣ 노력을 통해 성장한 모습은 어떠한가?	- 교과 이수 현황 - 교과성취도(정성평가) - 세부능력 및 특기사항(교과별 학습활동 및 과제 수행 내용) - 창의적체험활동(학업 관련 동아리활동, 탐구활동 등) - 행동특성 및 종합의견
학업태도	스스로 알고자 하며 적극적으로 배우고자 하는 학생인가?	자기주도적 학습 경험에서 나타나는 지적 호기심과 탐구 의지, 깊이 있는 배움에 대한 열의, 학업 수행 과정에서의 적극성 및 진취성, 진로탐색 의지 등	‣ 열심히 공부한 이유는 무엇인가? ‣ 지식을 쌓기 위한 과정은 어떠하였는가? ‣ 적극적이며 지속적으로 노력하였는가? ‣ 학교생활 전반에 적극적으로 참여하였는가? ‣ 스스로 알고자 하는 호기심과 도전적 태도가 나타나는가? ‣ 자기주도적으로 학습하였는가?	- 교과 이수 현황(위계에 따른 과목 선택 노력) - 세부능력 및 특기사항(수업 참여도 및 태도) - 창의적체험활동(동아리활동, 학내 활동 등 참여도 및 노력) - 행동특성 및 종합의견
학업 외 소양	바른 인성과 공동체 의식을 지니고 나눔을 실천할 수 있는 학생인가?	학교생활을 통해 드러난 개인의 품성뿐만 아니라 리더십, 공동체 의식, 책임감, 사회구성원으로서의 기여 가능성	‣ 바른 인성을 갖추려 노력하였는가? ‣ 학교생활을 통해 리더십을 발휘한 경험이 있는가? ‣ 공동체 의식을 지니고 있는가? ‣ 폭넓은 시야를 갖추기 위해 노력한 경험이 있는가? ‣ 학교생활에서 겪은 어려움은 무엇이며 이를 극복한 경험이 있는가? ‣ 사회적 약자를 배려하고 도움을 주고자 하는 마음이 있는가?	- 창의적체험활동(동아리 및 자율활동에서 드러난 리더십, 책임감, 공동체의식, 배려심 등) - 행동특성 및 종합의견 - 출결 상황

도는 학업 관련 사항이라는 점은 파악된다. 학업에서는 교과와 창의적 체험활동에서 볼 수 있는 '이 학생이 공부를 잘할 학생인가'에 대한 답을 찾으려고 한다는 점을 알 수 있다.

몇 가지 부가적 설명이 있으면 좋을 부분도 있다. 학업 관련 동

2장 탐구력이 대입을 결정한다

아리활동을 하면 더 좋은 평가를 받을 수 있을까? 서울대는 매년 제공하고 있는 '학생부종합전형 안내' 자료집에서 농구부라는 동아리활동을 했다 해서 불리한 것은 아니라고 언급하고 있다. 학업 외적인 부분이라 하더라도 지원자의 개인적 특성을 드러낸다면 우수성을 판단하는 근거로 활용할 수 있다고 덧붙였다.

또한 2024학년도 이전에 안내되었던 '심화 과목 이수 여부'는 '위계에 따른 과목 선택 노력'으로 수정되었다. 서울대학교뿐만이 아니더라도 각 대학에서 안내하고 있는 모집단위별 핵심 권장과목은 최대한 이수하는 것이 좋다. 학업 외 소양은 '동아리 및 자율·자치활동에서 드러난 리더십, 책임감, 공동체의식, 배려심'이라고 한 것으로 보아, 주로 창의적체험활동 상황에서 학생의 인성을 본다고 파악된다. 출결에서는 학생의 성실성 등을 본다.

2021년 건국대, 경희대, 연세대, 중앙대, 한국외대가 공동으로 진행한 '학생부종합전형 공통 평가 요소 및 항목 개선 연구'안은 학생부종합전형 공통 평가 요소 및 항목 구조를 표4 와 같이 개선했으며 전국의 여러 대학으로 확산돼 학생부종합전형 표준화에 기여하고 있다.

학생부종합전형 서류 평가에서 가장 많이 활용되는 평가 요소는 공동연구에서 제시한 '학업역량', '진로역량', '공동체역량' 등이다.

표4 새로운 학생부종합전형 공통 평가 요소 및 평가 항목

구분	평가 항목	평가 내용	평가 기준
학업역량	학업성취도	고교 교육과정에서 이수한 교과의 성취 수준이나 학업 발전의 정도	– 대학 수학에 필요한 기본 교과목(예: 국어, 수학, 영어, 사회/과학 등)의 교과 성적은 적절한가? 그 외 교과목(예: 예술, 체육, 기술가정/정보, 제2외국어/한문, 교양 등)의 교과 성적은 어느 정도인가? 유난히 소홀한 과목이 있는가? – 학기별/학년별 성적의 추이는 어떠한가?
	학업 태도	학업을 수행하고 학습해 나가려는 의지와 노력	– 성취동기와 목표 의식을 가지고 자발적으로 학습하려는 의지가 있는가? – 새로운 지식을 획득하기 위해 자기주도적으로 노력하고 있는가? – 교과 수업에 적극적으로 참여해 수업 내용을 이해하려는 태도와 열정이 있는가?
	탐구력	지적 호기심을 바탕으로 사물과 현상에 대해 탐구하고, 문제를 해결하려는 노력	– 교과와 각종 탐구활동 등을 통해 지식을 확장하려고 노력하고 있는가? – 교과와 각종 탐구활동에서 구체적인 성과를 보이고 있는가? – 교내활동에서 학문에 대한 열의와 지적 관심이 드러나고 있는가?
진로역량	전공(계열) 관련 교과 이수 노력	고교 교육과정에서 전공(계열)에 필요한 과목을 선택하여 이수한 정도	– 전공(계열)과 관련된 과목을 적절하게 선택하고, 이수한 과목은 얼마나 되는가? – 전공(계열)과 관련된 과목을 이수하기 위하여 추가적인 노력을 하였는가? (예: 공동교육과정, 온라인수업, 소인수과목 등) – 선택과목(일반/진로)은 교과목 학습단계(위계)에 따라 이수하였는가?
	전공(계열) 관련 교과성취도	고교 교육과정에서 전공(계열)에 필요한 과목을 수강하고 취득한 학업 성취 수준	– 전공(계열)과 관련된 과목의 석차 등급/성취도, 원점수, 평균, 표준편차, 이수 단위, 수강자 수, 성취도 별 분포 비율 등을 종합적으로 고려한 성취 수준은 적절한가? – 전공(계열)과 관련된 동일 교과 내 일반선택과목 대비 진로선택과목의 성취 수준은 어떠한가?
	진로탐색 활동과 경험	자신의 진로를 탐색하는 과정에서 이루어진 활동이나 경험 및 노력 정도	– 자신의 관심 분야나 흥미와 관련한 다양한 활동에 참여하여 노력한 경험이 있는가? – 교과활동이나 창의적체험활동에서 전공(계열)에 대한 관심을 가지고 탐색한 경험이 있는가?
공동체 역량	협업과 소통능력	공동체의 목표를 달성하기 위해 협력하며, 구성원들과 합리적인 의사소통을 할 수 있는 능력	– 단체 활동 과정에서 서로 돕고 함께 행동하는 모습이 보이는가? – 구성원들과 협력을 통하여 공동의 과제를 수행하고 완성한 경험이 있는가? – 타인의 의견에 공감하고 수용하는 태도를 보이며, 자신의 정보와 생각을 잘 전달하는가?
	나눔과 배려	상대방을 존중하고 이해하여 원만한 관계를 형성하며, 타인을 위하여 기꺼이 나누어 주고자 하는 태도와 행동	– 학교생활 속에서 나눔을 실천하고 생활화한 경험이 있는가? – 타인을 위하여 양보하거나 배려를 실천한 구체적인 경험이 있는가? – 상대를 이해하고 존중하는 노력을 기울이고 있는가?
	성실성과 규칙준수	책임감을 바탕으로 자신의 의무를 다하고, 공동체의 기본 윤리와 원칙을 준수하는 태도	– 교내활동에서 자신이 맡은 역할에 최선을 다하려고 노력한 경험이 있는가? – 자신이 속한 공동체가 정한 규칙과 규정을 준수하고 있는가?
	리더십	공동체의 목표 달성을 위해 구성원들의 상호작용을 이끌어가는 능력	– 공동체의 목표를 달성하기 위해 계획하고 실행을 주도한 경험이 있는가? – 구성원들의 인정과 신뢰를 바탕으로 참여를 이끌어내고 조율한 경험이 있는가?

(출처: 2021년 건국대·경희대·연세대·중앙대·한국외대 공동연구)

2장 탐구력이 대입을 결정한다

학생부종합전형 평가 요소 1:
학업역량

학생부종합전형의 주요 평가 요소 중 하나인 학업역량은 '대학 교육을 충실히 이수하는 데 필요한 수학능력'이라고 할 수 있다. 지원자가 3년간의 고교생활을 하는 동안 대학에서 학업을 충실히 수행할 수 있는 학업역량을 충분히 갖추었는지 종합적으로 평가한다.

학생부종합전형은 교과전형 혹은 비교과전형이 아니다. 학교의 수업, 시험, 과제, 발표, 동아리 등 모든 것은 연계되어 있다. 일반적으로 학업역량은 이러한 학교생활을 통해 드러나는 종합적인 학업능력, 자발적인 학습 의지와 태도, 각종 탐구활동, 발표, 실험 실습 등을 통한 탐구력 등을 의미하는 평가항목이다.

입학사정관은 학업역량을 평가하기 위해 학교생활기록부의 교과학습발달상황과 세부능력 및 특기사항을 중심으로 살펴보지만, 창의적 체험활동 상황(학업 관련 활동), 행동특성 및 종합의견 등을 통해서도 학업역량을 판단하는 데 필요한 평가의 정보를 얻는다. 학업역량은 학업성취도, 학업태도, 탐구력 등의 하위 평가항목을 중심으로 평가한다.

학업성취도
학교생활에 대한 방대한 정보를 담고 있는 학교생활기록부에서 입학사정관은 어떤 요소부터 살펴볼까? 대개 학교 교육과정에서 이수한 교과의 성취 수준이나 학업 발전의 정도를 가늠할 수 있는 교과 성적이 어느 정도인지를 우선적으로 판단한다. 교과 성적은 학업능력을 판단할 수 있는 가장 중요한 자료다.

학업 성취수준을 파악하기 위해 먼저 교과학습발달상황에 드러난 전체 교과, 주요 교과, 진로연계 교과의 성적이 상대적으로 어느 정도인지 살핀다. 기본적으로 석차등급을 바탕으로 평가하지만 단순히 숫자 자체로만 반영하지는 않는다. 서로 다른 교육 환경과 교육과정에서 얻은 성취를 단순히 수치상으로 비교할 경우, 교과성취도는 지원자의 학업능력 수준을 판단하기 위한 정확한 정보가 될 수 없기 때문이다. 이런 점을 염두에 두고 원점수와 과목 평균, 수강자 수, 이수 단위 등을 종합적으로 고려하여 해당 교과 수강자들 사이에서 학생의 수준과 내신 등급 수치가 지닌 의미를 질적으로 해석한다. 그리고 수강자 수를 통해 교과에 대한 선택권이 자유로운지, 등급을 받기 어려운 환경인지도 파악하고, 이를 통해 진로탐색 노력 및 성취 노력 등을 평가한다. 아울러 성적 변화 추이도 점검하여 발전 가능성도 파악하게 된다.

특히 세부능력 및 특기사항을 통해 수업에서 학습한 내용이 무엇이며, 수업에 얼마나 충실히 참여하고 지적 호기심을 가지고 내용을 이해하려는 노력이 있었는지, 수업 시간에 배운 개념이나 지식을 확장하려는 노력을 했는지 등을 평가한다. 심화 및 고급 과목을 이수하였기 때문에 우수하다고 평가하는 것이 아니라, 세부능력 및 특기사항을 통해 과목에서 배운 내용과 수준을 확인한다. 수업 시간에 개념을 조사하고 이해한 것으로 그쳤는지, 더 나아가 자료를 찾아 분석하려는 노력이 있었는지를 평가한다.

결국 교과 성적에 대한 정성평가란 석차등급뿐 아니라 원점수, 과목평균, 표준편차, 석차등급, 수강자 수, 이수 단위 등을 종합적으로 분석하여 이루어지는 것을 의미한다.

학업성취도

고교 교육과정에서 이수한 교과의 성취수준이나 학업 발전의 정도

- 대학 수학에 필요한 기본 교과목(예: 국어, 수학, 영어, 사회/과학 등)의 교과 성적은 우수한가?
- 그 외 교과목의 교과 성적은 어느 정도인가?
- 유난히 소홀한 과목이 있는가?
- 학기별/학년별 성적의 추이는 어떠한가?

다음의 **표5**와 **표6**을 통해 학업역량의 실제 수준을 가늠해 보자.

표5 2022 개정교육과정 보통교과 교과학습 발달상황 예시

학기	교과	과목	학점	원점수/과목평균	성취도 (수강자 수)	성취도별 분포비율	석차 등급
1	국어	문학	4	95/80.6	A(44)	A(79.0) B(15.0) C(6.0) D(0.0) E(0.0)	2
	수학	수학I	4	98/75.6	A(44)	A(40.0) B(25.0) C(19.0) D(9.0) E(7.0)	1
	영어	영어I	4	94/76.8	A(45)	A(42.0) B(27.0) C(19.0) D(6.0) E(6.0)	2
	사회	세계사	4	97/88.2	A(14)	A(81.0) B(15.0) C(4.0) D(0.0) E(0.0)	1
	과학	물리학	4	97/77.9	A(24)	A(61.7) B(13.5) C(4.8) D(0.0) E(0.0)	1
	과학	화학	4	97/70.5	A(22)	A(61.7) B(13.5) C(14.8) D(5.0) E(5.0)	2
	과학	생명과학	4	95/78.6	A(29)	A(46.0) B(25.0) C(19.0) D(6.5) E(3.5)	2
	기가	인공지능기초	2	95/91.9	A(20)	A(81.0) B(15.0) C(4.0) D(0.0) E(0.0)	1
2	국어	독서와 작문	4	99/86.7	A(33)	A(80.5) B(14.0) C(5.0) D(0.5) E(0.0)	1
	수학	미적분I	4	96/78	A(44)	A(53.7) B(21.5) C(14.2) D(11.0) E(10.9)	1
	수학	수학과제탐구	4	99/85	A(22)	A(65.5) B(20.5) C(12.0) D(1.0) E(0.8)	1
	과학	화학 반응의 세계	2	87/85.6	B(21)	A(45.0) B(20.0) C(25.0) D(5.5) E(4.5)	2
	과학	세포와 물질대사	3	92/85.7	A(28)	A(53.0) B(40.0) C(3.0) D(2.5) E(1.5)	1
	과학	역학과 에너지	3	87/85.6	B(16)	A(51.7) B(21.5) C(14.8) D(7.4) E(4.6)	2
	체·예	체육	2	–	A	–	–

표6 2022 개정교육과정 융합선택과목 교과학습 발달상황 예시

학기	교과	과목	학점	원점수/과목평균	성취도 (수강자 수)	성취도별 분포비율	석차 등급
1	과학	융합과학탐구	2	95/91.9	A(20)	A(83.2) B(13.5) C(3.3) D(0.0) E(0.0)	–
2	사회	윤리문제 탐구	4	87/90.2	B(15)	A(60.5) B(21.5) C(9.8) D(4.0) E(4.0)	–
	과학	기후변화와 환경생태	2	96/88.8	A(20)	A(51.7) B(31.5) C(6.8) D(5.5) E(4.5)	–

실제 서류평가를 할 때 내신 등급뿐 아니라 원점수, 과목 평균, 수강자 수, 성취도별 분포비율 등을 종합적으로 고려한다. 이 학생의 경우, 먼저 내신 등급 숫자가 눈에 들어온다. '주요 교과에서 1~2등급이 주류를 이루고 있구나. 최상위권 대학에 지원할 수 있겠군.' 이런 생각이 퍼뜩 떠오른다. 그런데 꼼꼼히 읽어 보니, 먼저 수강자가 44명 정도밖에 되지 않는 소규모 학교이다 보니 우수한 등급을 받기가 쉽지 않았을 것이고, 주요 교과의 등급은 대부분 1, 2등급이고 원점수를 보니 95점 내외로 매우 높다. 심지어 물리학은 97점인데 2등급이다.

또한 성취도별 분포 비율로 미루어 보건대 비슷한 실력의 우수한 집단에서 이루어진 성적이라는 점을 확인할 수 있다. 그만큼 내신 성적을 받기가 어려웠다는 점을 알 수 있다. 이런 점을 고려하면 석차 등급이 1, 2등급이고 원점수와 평균 점수가 높은 점, 소규모 학교의 여건 등을 기반으로 학업성취도가 상대적으로 높은 수준임을 알 수 있다. 아울러 진로선택과목에서도 전공과 관련 심화 교과를 적극적으로 이수하며 해당 과목을 통해 배우고 성취한 학업성취도가 우수함을 확인할 수 있다.

물론 실제 평가 장면에서는 학업성취도와 교과활동에 대한 기록으로서 세부능력 및 특기사항을 종합적으로 살펴보면서 학업역량의 수준을 가늠한다. 학습활동의 구체적인 내용, 수업 참여도, 성취 수준, 성장사례 등 교과활동 전반에 걸친 과정과 결과를 평가에 반영한다.

학업 태도

학업역량 평가에서는 '자기주도적으로 학업을 수행하고 학습하는 자발적인 의지와 학업 태도'를 반영한다. 즉, 학생들의 자기주도적 학습 경험에서 나타나는 지적 호기심, 탐구 의지, 학업에 대한 적극성 및 진취성, 과목 선택의 적극성, 진로탐색 의지 등을 고려하여 평가한다. 이와 같은 특성은 교과학습뿐 아니라 관심 분야에 대한 적극적인 독서활동, 글쓰기, 탐구활동, 실험 수업 등 다양한 학습 경험에서 드러난다. 입학사정관은 교과학습 발달상황, 창의적체험활동 상황, 행동특성 및 종합의견을 통해 학생이 어떤 학업태도를 보여 왔는지 살펴본다.

여러 과목에서 기술된 내용들을 중점적으로 살펴서 학생의 우수성을 파악하며, 수업에서 집중력을 가지고 적극적으로 참여하며 스스로 탐구하고 이해하는 태도를 보이는 경우, 또한 지원자가 학업 기회를 찾아 적극적이고 지속적으로 도전했던 내용이 보인다면 지원자의 학업태도를 우수하게 평가한다. 어떤 과목을 선택하여 어떻게 학습하였는지는 학업 태도를 이해하는 데 매우 중요하게 활용되고, 동아리활동이나 자율·자치활동, 진로활동 등에서 보이는 진취성과 무엇인가를 적극적이고 능동적으로 배우려는 자세 등에서 입학사정관은 자기주도적 학업역량을 확인한다.

특히 수업과 과제수행 과정에서 보여 준 주도적인 노력, 열의와 관심, 다양한 탐구 방법의 모색 등 의미 있는 지적 성취에 대해 주목한다. 교과학습의 내용을 심화 발전시키기 위해 관련된 분야의 서적을 주도적으로 찾아 읽고 그 내용이 토대가 되어 좀 더 발전적인 모습이 드러날 때 자기주도적 학습 태도와 지적 호기심을 확인한다.

포인트

학업태도
- 성취동기와 목표의식을 가지고 자발적으로 학습하려는 의지가 있는가?
- 새로운 지식을 획득하기 위해 자기주도적으로 노력하고 있는가?
- 교과수업에 적극적으로 참여해 수업 내용을 이해하려는 태도와 열정이 있는가?

다음 사례를 통해 학업 태도가 어떻게 드러나 있는지 살펴보자.

[영어 I] 영어 공부에 강한 흥미를 보이면서 수업 시간에 특히 눈에 띄게 적극적으로 참여함. 영어 문장 구조에 대해 탐구하기를 즐기며 수업

전후에 질문을 통해 몰랐던 부분들을 알아내고 어법에 대한 이해도가 일취월장하는 모습을 보임. 이를 통해 관심주제 영어발표 활동에서 영어 대본을 작성할 때 수업 중 강조했던 다양한 어법들을 정확하고 능숙하게 적용한 점이 매우 우수함. 관심주제는 심리학 분야의 '레온 페스팅거의 인지 부조화'를 선정하여 발표하였으며, 철저한 준비를 바탕으로 유창성 있게 영어로 발표함. 발표 중 친구들에게 질문을 하거나 비언어적 요소로 이목을 집중시키는 등 발표 스킬이 좋음. 발표 후 인지 부조화에 대해 질문한 친구에게 자신 있게 자세한 답변을 하는 등 공부한 분야에 대해 깊이 이해를 하고 있음이 보임. '스스로 사용할 수 있는 상담기법'에 대한 친구의 발표를 듣고 발표 내용 중 눈에 띄는 단어의 자세한 뜻을 질문하여 알아내는 등 함께 공부할 수 있는 수업 분위기 형성에 큰 몫을 하는 학생임. 발표 준비 과정에서 영어대본 작성에 어려움을 겪는 친구들을 도와 접속사의 사용 및 발표 시 강조할 부분에 대해 도움을 줌. 쉬는 시간에도 항상 수업 내용을 복습하는 열정이 있음.

(출처: 2024 경북대 학생부 위주 전형 가이드북)

[수학] 유리함수의 그래프 그리기에서 평행이동을 이용하여 점근식의 방정식을 구하였고, 대칭점을 기준으로 제 1, 3 사분면에 위치하는 그래프를 정확히 그려냄. 유리 함수식을 표준형으로 변형하여 대칭점을 찾음. 새로 배운 점근선의 의미와 형태에 흥미를 느끼며 유리함수 그래프를 그리는 학습활동에서 집중하는 모습을 보임. 수업 시간에 다룬 풀이 방법 외 다른 풀이 방법이 있는지 질문하였으며, 분모 분자의 일차항의 계수를 이용하는 새로운 방법에 대해 설명을 듣고 학습 의욕이 더욱 높아져 스스로 다양한 풀이법을 탐구함.

[과학] 과일 껍질을 이용하여 바이오 에탄올을 직접 제조하고 제조한 바이오 에탄올을 이용하여 강낭콩의 생장을 유도함으로써 인간과 자연의 공존 가능성을 타진하고자 시도함. 활동을 진행하는 과정에서 강낭

콩의 생장이 유도되지 않아 진행에 어려움을 겪는 모습이 엿보였으나, 실험을 실패했다고 포기하지 않고 효모 발효 시간과 분별 증류의 횟수, 분별 증류 시 일정한 온도의 통제 유무 등 실패 원인을 다각도로 분석하여 유의미한 결과를 이끌어내기 위해 노력하는 끈기가 돋보이는 학생임. 활동이 마무리된 이후에도 여러 서적을 탐독하고 분석함으로써 강낭콩의 생장이 유도되지 않은 이유가 바이오 에탄올의 수율이 유력하다고 판단함.

[사회] 문제해결 활동 과정에서 서로의 의견을 경청하는 습관을 들이면서 존중의 중요성을 배웠으며, 나와 다른 다양한 생각을 알게 되고 정보를 공유하게 되는 것에 대해 즐거움을 느끼고 점차 토의 활동에 열심히 참여하게 됨. 토의 과정에서 모르는 것을 부끄러워하지 않고 교사와 친구에게 계속 질문하며 배우고자 노력한 결과, 중학교 시절과 다른 성취를 이루면서 사회 학습에 대한 자신감을 갖게 되었으며 이를 계기로 더 열심히 참여하는 모습이 대견함.

(출처: 2024 중앙대 학생부전형 가이드북)

제시된 사례에서 관심 분야에 대한 발표 등 수업 시간의 적극적인 참여와 수행평가, 심화학습 등 자기주도학습의 경험을 기재하여 변화와 성장의 모습들을 담고 있다는 점(영어), 단순한 문제 풀이 방법을 익히는 차원을 넘어서 새로운 지식을 습득하기 위한 주도적 학습을 한 근거(수학), 수업에 적극 참여하여 수업 내용을 이해하려는 열정과 실험에 실패한 뒤 포기하지 않고 재분석하여 끈기 있게 도전하는 탐구의 태도(과학), 수업 시간에 모르는 것이 있더라도 질문을 통해 배우고자 하는 학습 태도(사회) 등에서 자발적인 학업 의지와 태도를 확인할 수 있다. 이렇게 세부능력 및 특기사항의 전반적인 내용을 통해 드러난 학업 태도를 살펴 실질적인 학업역량의 수준을 판단한다.

탐구력

학업역량을 판단할 때 학습활동을 통해 드러나는 학업 관련 탐구력을 중요한 항목으로 활용한다. 탐구력이란 어떤 대상에 대해 호기심을 가지고 깊게 꾸준히 연구할 수 있는 역량을 지칭한다. 학업역량은 교과학습뿐만 아니라 관심 분야에 대한 적극적인 독서활동, 글쓰기, 탐구 및 연구 활동, 실험실습 등 다양한 학습경험을 통해 향상되는 것이기 때문에, 탐구력은 고차원적인 학업역량을 보여 주는 필수적인 요소라 할 수 있다. 결국, 학업 관련 탐구력은 지적 호기심을 바탕으로 사물과 현상에 대해 탐구하고 문제를 해결하려는 노력을 의미한다.

2022 개정 교육과정의 근간이 되는 총론 문서에서도 탐구는 중요한 학습 방법으로 제시하고 있다. 2022 개정 교육과정에서는 이전 교육과정과는 달리 교육과정 편성·운영 부분보다 교수·학습 부분을 더 중시해서 이 부분을 먼저 제시하였다. 그만큼 2022 개정 교육과정은 학습을 어떻게 할 것인가에 치중하였다.

문서에서는 '학생들이 깊이 있는 학습을 통해 핵심역량을 함양할 수 있도록 교수·학습을 설계하여 운영'하도록 해야 한다고 전제하였다. 여기서 깊이 있는 학습이란 개념·원리를 배운 뒤 탐구를 통하여 지식을 확장하는 방식을 말한다. 구체적으로는 '단편적 지식의 암기를 지양'하고 '학생들이 융합적으로 사고하고 창의적으로 문제를 해결하는 능력을 함양할 수 있도록' 하며, '학습 내용을 실생활 맥락 속에서 이해하고 적용하는 기회'를 가져야 하고, '스스로 탐구하고 학습할 수 있는 자기주도학습능력을 함양'해야 한다고 제시하였다.

또한 학교가 '학습 주제에서 다루는 탐구 질문에 관심과 호기심을 가지고 스스로 문제를 해결하는 학생 참여형 수업을 활성화하며, 토의·토론 학습을 통해 자신의 생각을 표현하는 기회를 가질 수 있도록' 해야 한다고 제시하였다. 그러므로 학생이 학업역량을 갖추었다는 것은 위에서 제시한 학습 상황 속에서 질적으로 우수하며 활용이 가능한 지식을 갖추었음을 뜻한다. 곧 학생부종합전형에서 평가하고자 하는 모습은 '탐구하는 학생상'을 기본으로 한다.

탐구력을 평가하기 위해 입학사정관들은 다양한 탐구활동에 얼마나 적극적이고 자발적인 의지가 있는지, 그 활동을 통해 이룬 성과는 무엇인지를 확인한다. 이를 위해 먼저 수업을 통한 성장 과정에 주목한다. 교과시간에 수업 내용에 대해 연계적 질문이나 새로운 문제 해결 방법을 찾고자 노력했는지, 자신의 진로와 관련하여 어떤 수업을 수강하였고 수업에서 이루어지는 다양한 탐구활동에 자발적으로 참여하였는지, 수업에서 생긴 어떤 궁금증을 풀어 보고 싶었는지 학교의 어떤 프로그램으로 관심을 확장해 나갔는지를 종합적으로 판단한다.

아울러 수행평가는 학생이 스스로 다양한 상황에서 자신의 지식과 기능을 적용 또는 활용하는 능력까지 평가하는데, 이 과정에서 탐구력을 확인할 수 있다. 창의적체험활동을 통해서도 탐구력이 구체적으로 드러날 수 있다. 주제탐구, 프로젝트 학습과 관련한 자율·자치활동을 통해 꾸준한 탐구 의지를 보인 활동을 했을 때 이를 확인할 수 있다. 또한 학술 동아리활동에는 교과를 기반으로 이루어지는 토론, 실험, 연구, 탐구활동 등이 포함되는데, 이를 통해 탐구역량이 드러날 수도 있다.

포인트	**탐구력**

탐구력
지적 호기심을 바탕으로 사물과 현상에 대해 탐구하고 문제를 해결하려는 노력
- 교과와 각종 탐구활동 등을 통해 지식을 확장하려고 노력하고 있는가?
- 교과와 각종 탐구활동에서 구체적인 성과를 보이고 있는가?
- 교내활동에서 학문에 대한 열의와 지적 관심이 드러나고 있는가?

다음 사례를 통해 탐구력이 어떻게 드러나 있는지 살펴보자.

[국어] 자신의 취미인 '스도쿠게임'을 화제로 정보 전달 목적의 발표를 계획하여 수행함. 3분이라는 짧은 발표 시간에 효과적으로 내용을 전달

하기 위해 시청각 자료, 준언어 비언어 표현에 이르는 다양한 발표 전략을 구상하였으며, 실제 발표에서도 이를 적절하게 활용하여 수강생 중 가장 큰 호응을 얻음. 최선을 다해 임한 수행과제가 좋은 결과를 가져온 경험을 한 후, '화법과 작문' 과목의 다른 과제나 비교적 관심이 적던 다른 교과에도 최선을 다해 참여하는 등 긍정적인 태도의 변화를 보임.

[한국사] 역사적 사실을 비판적 관점에서 해석하는 역량이 탁월함. 역사적 사실에 대한 폭넓은 지식을 갖추고 있으며, 역사적 상황을 객관적으로 바라보려는 모습을 통해 신중하고 자기 성찰적 태도를 보여 줌. 주제 연구 발표 및 토론 시간에 평소 관심이 있던 개화 세력을 주제로 발표함. 개항기 정치 세력을 5가지로 분류하여 당시 정치적 상황을 구체적으로 분석함. 정치적 입장을 기준으로 정치 세력을 세분화한 점이 인상적임. 급진개화 세력에 대해 세계정세에 밝고 가장 현실적이라는 평가를 내림. 담당 교사의 제안으로 일본 메이지유신에 대해 심도 있게 조사하였고, 메이지유신과 갑신정변을 비교하는 주제로 재발표함. 메이지유신이 발생하게 된 배경을 상세히 조사하여 일본의 역사를 무리 없이 파악하는 모습을 보여 줌.

[과학] 직선 도선 전류 주위의 자기장 측정 실험에서 나침반의 회전 각도를 레이저 포인터를 이용하여 보다 정확하게 측정하는 방법을 고안하는 방식으로 실험 설계에서 창의력을 발휘하였으며, 전류에 의한 자기장의 이용의 사례로 자기 공명 영상 장치와 자기부상 열차의 구조에 대해 분석하고 작동 원리에 대해 탐구함. 물과 글리세린으로 각각 채워진 반원통에 입사각에 따라 달라지는 굴절각을 측정한 후 스넬의 법칙에 적용하여 굴절률을 구하는 실험 활동을 수행함.

(출처: 2024 중앙대 학생부전형 가이드북)

[수학Ⅱ] 실생활 속 수학 탐구활동을 통해 미분으로 가격탄력성을 조절

하는 방법을 조사하고 발표함. 평소 경제학 분야에 관심이 많았는데 수학적인 도구로 경제학을 설명할 수 있음에 흥미를 느끼고, 수요와 공급의 가격탄력성을 얻어낼 수 있는 공식을 유도해 보고, 미분을 통해 가격변화율의 순간 변화율을 계산하여 이를 소개함. 어떤 제품의 가격을 올려야 할지 내려야 할지를 결정하는데 미분을 활용하는 것을 새롭게 알게 되어 앞으로 더욱 연구해야겠다는 생각을 함. 수학 서평 쓰기 활동(도서명: 개미가 들려주는 가장 쉬운 미분법)을 통해 미분 단원을 공부하면서 이해하지 못했던 부분을 학습하고, 원리를 이해하지 못했던 도함수의 여러 이론들을 보다 쉽게 바라볼 수 있게 되었음.

(출처: 2025 동국대 학생부위주전형 가이드북)

국어 교과에서는 탐구활동을 진행한 내용에서 발표 전략을 구상하여 발표하는 성과가 구체적으로 드러남을 확인할 수 있고, 한국사 시간에는 폭넓은 역사 교양에 대한 지식을 바탕으로 개화 세력의 특징을 심층적으로 탐구하는 모습을 엿볼 수 있다. 과학 교과에서는 탐구활동을 통해 지식을 확장하려고 노력한 것이 돋보이고 탐구 주제에 대한 지적 관심도 잘 드러나고 있다. 탐구력은 교과와 각종 탐구활동을 통해 지식을 확장하려는 노력을 포함한다. 수학Ⅱ* 교과에서 희망하는 전공과 연계된 탐구를 진행하는 모습을 통해 전공 수학역량과 전공 관련 분야에 대한 적극적인 탐구역량을 확인할 수 있다.

---

*　　수학Ⅱ 과목은 2022 개정교육과정에서는 미적분Ⅰ에 해당함.

학생부종합전형 평가 요소 2: 진로역량

진로역량은 진로를 탐색해 나가는 과정에서의 다양한 활동과 경험을 확인하고자 하는 평가항목이다. 장래 희망과 학교생활기록부가 얼마나 일치하는가가 아니라 학교생활 동안 관심을 기울인 분야나 계열에 대해 구체적이고 주도적으로 탐색해 본 학생이 좋은 평가를 받는다.

진로역량은 지원 모집단위(계열)와 관련된 교과 이수 노력 및 성취도뿐만 아니라 진로탐색 활동과 경험도 함께 평가한다. 지원 모집단위와 일치하는 경험만을 확인하는 것이 아니다. 관심 분야나 계열은 학교생활 중에 얼마든지 바뀔 수 있으므로 중요한 것은 매 순간 최선을 다한 경험이다. 수업이나 창의적체험활동의 다양한 활동과 경험을 통해 지원자의 관심이 어떻게 변화하고 확장되었는지가 중요하다.

최근에는 학생 선택 교육과정 활성화에 따른 모집단위별 교육과정 이수 현황 및 성취도의 비중을 높이 설정한 것이 특징이다. 해당 모집단위에서 필수적인 교과목을 충실히 이수하고 높은 성취를 보인 학생을 높이 평가하고 있다.

전공(계열) 관련 교과 이수 노력

진로역량의 평가 요소인 전공(계열) 관련 교과 이수 노력은 '고교 교육과정에서 전공(계열)에 필요한 과목을 선택하여 이수한 정도'를 살펴본다.

2015 개정 교육과정 이후 학생들이 각자의 적성과 진로에 따라 과목을 스스로 선택하여 배울 수 있게 되면서 선택의 폭이 다양해졌다. 고등학교에서 배우는 모든 과목이 대학 공부의 기초가 되는 만큼 선택한 어떤 과목도 소홀히 여길 과목은 없다. 다만 인문계열로 분류되는 대부분의 학과에서는 국어, 수학, 영어, 사회 중심의 기초 학업역량을 기반으로 전공 관련 교과 중심의 소양이 필요하다. 즉, 교과 내의 여러 과목을 적절히 이수하는 것이 필요한 반면, 자연계열은 학문 계열에 따라 학습 단계(위계)가 있으므로 관련 교과목의 기초를 충실히 이수해야 대학 입학 후에도 여러 과목에 적응할 수 있다.

전공(계열)과 관련 이수 노력과 관련된 평가 요소에서는 과목 선택의 적절성과 이수 과목 수, 교과목 학습단계(위계)에 따른 선택과목(일반/진로) 이수 여부, 전공(계열)과 관련된 과목을 이수하기 위한 추가 노력(예: 공동교육과정, 온라인수업, 소인수과목 등) 등을 살펴본다.

이와 관련하여 대학에서도 학생들이 각 전공 분야에 진학하기 전에 반드시 이수해야 하거나 이수를 권장하는 과목에 대해 안내하고 있다. 대표적인 자료가 서울대학교의 '전공 연계 교과 이수 과목 안내'이다. 전공 연계 교과 이수 과목을 핵심 권장과목과 권장과목으로 분류하고, 핵심 권장과목은 희망하는 전공 분야의 학문적 기초 소양을 쌓을 수 있을 수 있는 필수 연계과목으로, 권장과목은 전공 분야 공부를 위해 교육과정에서 배우기를 추천하는 과목으로 설명하고 있다.

학생들이 진로에 적합한 과목을 선택하여 이수하기 위해서 학교는 학생의 과목 선택권을 보장하고, 학습의 위계에 맞는 교육과정을 편성·운영해야 하며, 학생은 제공된 교육과정에서 진로에 맞게 과목을 선택하여 스스로 역량을 키우기 위한 노력을 기울여야 한다.

전공(계열) 관련 교과 이수 노력

고교 교육과정에서 전공(계열)에 필요한 과목을 선택하여 이수한 정도

- 전공(계열)과 관련된 과목을 적절하게 선택하고 이수한 과목은 얼마나 되는가?

- 전공(계열)과 관련된 과목을 이수하기 위하여 추가적인 노력을 하였는가?

- 선택과목(일반/진로)은 교과목 학습단계(위계)에 따라 이수하였는가?

전공(계열) 관련 교과성취도

전공(계열) 관련 교과성취도는 '고교 교육과정에서 전공(계열)에 필요한 과목을 수강하고 취득한 학업 성취 수준'을 평가한다. 전공(계열)과 관련된 과목의 성취 수준, 전공(계열)과 관련된 동일 교과 내 일반선택과목 대비 진로선택과목의 성취 수준 등을 비교해 본다. 전공(계열)과 관련된 과목의 성취 수준은 교과학습발달상황의 과목별 석차 등급/성취도, 원점수, 평균, 이수 학점, 수강자 수, 성취도별 분포 비율 등을 종합적으로 고려하여 평가한다.

전공(계열)과 관련된 동일 교과 내 일반선택과목의 석차 등급과 진로선택과목의 성취도를 비교하여 종합적으로 교과 성취 수준을 살핀다. 1학년 공통과목 과학 1등급, 일반선택과목 물리학(수강자 수 100명) 2등급, 진로선택과목 역학과 에너지(수강자 수 20명) A(성취도별 분포 비율 95%)인 경우 3개 과목의 성적을 종합적으로 살펴야 물리학의 성취도를 제대로 파악할 수 있다.

전공(계열) 관련 교과성취도

고교 교육과정에서 전공(계열)에 필요한 과목을 수강하고 취득한 학업 성취 수준

- 전공(계열)과 관련된 과목의 석차등급/성취도, 원점수, 평균, 표준편차, 이수 학점, 수강자 수, 성취도별 분포 비율 등을 종합적으로 고려한 성취 수준은 적절한가?

- 전공(계열)과 관련된 동일 교과 내 일반선택과목 대비 진로선택과목의 성취 수준은 어떠한가?

학기	학기	교과군	과목	학점	원점수/ 과목평균	성취도 (수강자 수)	성취도별 분포비율	석차 등급
2	1	공통	한국사	3	96/68.5	A(150)	A(79.0) B(15.0) C(6.0) D(0.0) E(0.0)	1
		일반	문학	4	90/61.9	A(150)	A(40.0) B(25.0) C(19.0) D(9.0) E(7.0)	1
			대수	4	89/61.9	A(150)	A(42.0) B(27.0) C(19.0) D(6.0) E(6.0)	2
			영어I	4	95/62.7	A(150)	A(81.0) B(15.0) C(4.0) D(0.0) E(0.0)	1
			물리학	4	86/65.9	B(46)	A(61.7) B(13.5) C(4.8) D(0.0) E(0.0)	2
		진로	한국지리 탐구	4	94/63.4	A(85)	A(61.7) B(13.5) C(14.8) D(5.0) E(5.0)	1
			기하	4	85/68.4	B(53)	A(46.0) B(25.0) C(19.0) D(6.5) E(3.5)	2
	2	공통	한국사	3	95/57.1	A(150)	A(79.0) B(15.0) C(6.0) D(0.0) E(0.0)	1
		일반	미적분I	4	79/58.5	C(150)	A(80.5) B(14.0) C(5.0) D(0.5) E(0.0)	3
			영어II	4	98/68.6	A(150)	A(53.7) B(21.5) C(14.2) D(11.0) E(10.9)	1
			화학	4	86/59	B(65)	A(65.5) B(20.5) C(12.0) D(1.0) E(0.8)	2
			생명과학	4	91/56.8	A(127)	A(45.0) B(20.0) C(25.0) D(5.5) E(4.5)	1
		진로	주제탐구 독서	4	96/65.4	A(150)	A(81.0) B(15.0) C(4.0) D(0.0) E(0.0)	1
			직무영어	4	95/77.3	A(9)	A(53.0) B(40.0) C(3.0) D(2.5) E(1.5)	1
		전공 일반	제조 화학	2	87/85.6	B(36)	A(51.7) B(21.5) C(14.8) D(7.4) E(4.6)	2
3	1	일반	영어 독해와 작문	4	98/68	A(114)	A(53.7) B(21.5) C(14.2) D(11.0) E(10.9)	1
		진로	미적분II	4	84/55.1	B(70)	A(45.0) B(20.0) C(25.0) D(5.5) E(4.5)	2
			역학과 에너지	4	100/95.7	A(20)	A(95.0) B(4.0) C(1.0) D(0.0) E(0.0)	1
			물질과 에너지	4	100/87.5	A(51)	A(81.0) B(15.0) C(4.0) D(0.0) E(0.0)	1
			세포와 물질대사	4	98/88.1	A(52)	A(81.0) B(15.0) C(4.0) D(0.0) E(0.0)	1
		융합	수학과제탐구	4	100/80.8	A(109)	A(51.7) B(21.5) C(14.8) D(7.4) E(4.6)	1

표7 신소재공학과 지원자 교과학습 발달상황 예시

표7과 같이 교과를 이수한 학생이 신소재공학과를 지원했다고 할 때 진로역량에서 어떤 평가를 받을지 살펴보자.

신소재공학과의 전공과목들은 물리학과 화학에 기반을 두고 있다. 따라서 입학사정관은 전공(계열) 관련 교과인 물리학, 화학과 더불어 수학 과목 이수 현황에 우선적으로 관심을 가지고 살펴볼 것이다. 물리학과 역학과 에너지, 화학과 물질과 에너지, 그리고 미적분Ⅰ·Ⅱ, 기하 등 과학·수학 교과목의 이수 여부와 이수 단위 수, 해당 과목의 등급 및 원점수, 수강자 수를 면밀하게 살펴보면서 평가할 것이다. 또한 전체 과목평균 등급 대비 물리학과 화학, 수학 등의 성취도 수준, 학기별

(학년별) 성적 추이 등을 살펴보면서 발전 가능성도 함께 평가하게 된다. 그리고 기하와 수학과제탐구, 제조 화학 등은 세부능력 및 특기사항과 연계하여 평가하면서 학업 수준과 진로 관련 분야에의 실제 노력 여부, 자기주도성 및 발전 가능성 등도 어떠한지 판단한다.

진로탐색 활동과 경험

진로탐색 활동과 경험이라는 평가 요소에서는 지원자의 관심 분야나 흥미와 관련하여 진로를 탐색하는 과정에서 이루어진 활동이나 경험 및 노력의 정도를 살펴본다. 아울러 모집단위 관련 경험뿐 아니라 학생이 선택한 동아리에서의 활동 과정, 자율·자치활동이나 진로활동 시간에 여러 활동을 계획하고 주도하는 과정에서 드러나는 다양한 경험을 평가에 반영한다.

학생선택형 교육과정으로 발표, 토론, 주제탐구, 과제연구, 실험 등 학생참여형 교과활동(수업)이 활성화되면서 세부능력 및 특기사항 기록에 전공 관련 교과활동이 많아지고 있다. 학생이 수행평가 과정에서 전공에 대한 주제탐구활동을 하기도 하고 세부능력 및 특기사항에 기록으로 남기도 한다. 지원 전공(계열)과 관련된 활동과 경험으로 창의적 체험활동이 가장 대표적인 활동이라 하겠다.

학생들은 주로 자율·자치활동, 동아리활동, 진로활동에서 자신의 진로와 관련한 탐색 활동을 하고 있다. 교사가 창의적체험활동 시간에 학생의 진로와 적성에 맞는 자기주도적 체험활동을 소개하고, 학생들은 진로 희망에 적합한 동아리에 가입하기도 하고, 진로체험활동을 계획하는 등 주도적인 역할을 수행하기도 한다.

진로탐색 활동과 경험

자신의 진로를 탐색하는 과정에서 이루어진 활동이나 경험 및 노력 정도

- 자신의 관심 분야나 흥미와 관련된 다양한 활동에 참여하여 노력한 경험이
  있는가?
- 교과활동이나 창의적체험활동에서 전공(계열)에 대한 관심을 가지고 탐색한
  경험이 있는가?

다음 사례를 통해 진로탐색 활동과 경험 항목에 대해 평가해 보자.

구분	기재 사례
1학년 자율 활동	독서토론활동 2학기 독서토론 소모임을 주도하며, '학생들이 겪는 코로나 블루'를 주제로 토의를 주도. 독서를 통해 진로를 탐색하는 활동을 즐기는 학생으로 다양한 책을 학급 친구들에게 소개하였고, 책을 추천하는 활동을 통해 책이 주는 감동의 힘과 따뜻함을 알게 되었다고 발표함
2학년 동아리활동	(독서토론반)(32시간) 동아리 반장으로서 도서 선정 및 독서 토론을 이끌어 가는 리더십이 뛰어나며 적극적으로 동아리활동에 참여함. 직접 아이디어를 낸 출판계 선배와의 만남 행사에서 예전에는 출판사를 통해야만 원고를 출판할 수 있었지만 현재는 1인 출판이 가능하기 때문에 누구든지 글을 쓰면 쉽게 세상에 내보일 수 있다는 점이 인상 깊었다고 발표하였음. 연계된 활동에서 본인이 출판하고 싶은 책으로 그림책을 선정함. 그림책을 통해 어린 아이뿐만 아니라 성인도 마음의 상처가 치유될 수 있는 사례를 소개하며, 그림책을 볼 때 사회적 요소에 한정되는 것은 바람직하지 않으며 자연스러운 감상의 자세가 필요하다는 생각을 드러냄
3학년 진로활동	사람의 감정이 사람에게 전달되거나 공감이 사람의 마음을 녹일 수 있는 실제 심리 상담과 치료의 방법에 대한 관심과 사람의 마음에 다가가서 이야기를 듣고 필요한 말을 약이나 기계가 대신 할 수 없으며 사람만이 할 수 있는 위로의 능력에 대해 탐구하고자 계획을 세우고 이에 대한 심화 활동으로 4차 산업혁명 탐구활동에서 VR 체험에 참여함. 트라우마를 치료하기 위한 VR활용에 적극적으로 참여하고 미래 사회의 심리 치료에 대해 탐구함
3학년 자율 활동	학급 자치회 사회 봉사부 부장으로 부서별 모임에서 심리학 효과에 관한 책을 선정하여 부원들과 여러 심리학 관련 주제로 토론을 진행함. 찬성 의견을 제시할 때 본인이 직접 찾은 자료를 인용하여 사례를 제시함

(출처: 2024 중앙대 학생부전형 가이드북)

고등학교 재학 중 다양한 활동에 참여하여 자신의 관심사를 탐구하며 진로를 탐색해 본 경험은 대학 진학 후에 학업을 수행하는 데에

홀륭한 밑거름이 된다. 이는 심리학과에 지원한 학생의 사례인데, 기본
적으로 독서를 통한 탐구활동을 즐기는 학생으로 자율·자치활동 및 동
아리, 진로활동 등 다양한 영역에서 관심사를 탐구한 내용이 돋보인다.

　　자율·자치활동을 통해 심리학이라는 분야에 대해 독서와 토론 등
의 다양한 활동 등을 통해 꾸준히 탐구한 모습을 엿볼 수 있고, 동아리
활동을 통해서도 관심 분야를 확장해 나간 모습을 확인할 수 있다. 진
로활동에서는 전공 분야와 관련된 활동을 통해 진로 분야에 대해 심층
적으로 탐색한 모습을 찾아볼 수 있다.

학생부종합전형 평가 요소 3:
공동체역량

　　학생부종합전형이 다른 대입전형과 차별화되는 지점은 학업능력
뿐만 아니라 소질, 잠재력, 인성 등을 종합적이고 정성적으로 평가한다
는 점이다. 특히, 고등학교 생활 중 구성원들과 협력하고 나눔을 실천
한 경험을 중요하게 평가하는데, 이는 대학생활 중에 그리고 사회생활
중에 구성원으로서 바람직한 역할을 수행할 것이라는 믿음에서 비롯된
것이다.

　　공동체역량은 실제 평가에서 학업역량과 진로역량에 비해 상대
적으로 반영 비율은 작지만 공동체의 일원으로서 갖추어야 할 바람직
한 사고와 행동을 평가한다는 점에서 중요성을 지닌다. 학교에서 이루
어지는 교육활동을 통해 공동체의 일원으로서 상호 작용을 하면서 성
장하는 모습을 보고자 한다.

　　공동체역량의 세부 평가 요소에는 협업과 소통 능력, 나눔과 배
려, 성실성과 규칙 준수, 리더십 등이 있다. 그런데 실제로 나눔과 배려
항목은 개인 봉사활동이 배제되면서 학생의 특성을 변별하기가 쉽지
않으며, 성실성과 규칙 준수도 선언적 의미에서 평가항목으로 설정된
내용으로 변별 정도는 다소 떨어지는 상황이다.

　　협업은 학교 안에서 이루어지는 다양한 공동 학습과 활동 등에
서 얼마나 적극적으로 돕고 협력하는지를 평가하는 항목으로, 실제 다
양한 모습으로 관찰된다. 구성원들과 협력을 통하여 공동의 과제를 수

행하고 완성한 경험이 있는지 파악하고, 공동의 과제 작성이나 발표 등의 다양한 협력 과정으로 성취한 결과물이 제시된다면 좋은 평가를 받을 수 있다.

소통능력은 학교생활에서 자신의 생각을 효과적으로 표현하고, 다른 사람의 의견을 경청하고 공감하며 궁극적으로 수용하는 태도를 말한다. 나눔과 배려에 대한 경험은 봉사활동의 양으로 생각하는 경향도 있지만, 실제로는 학교생활 전반에 걸쳐 다양한 상호작용을 바탕으로 이루어진다. 성실성과 규칙 준수는 학생으로서 의무를 다하고 공동체의 기본 원칙을 준수하는 태도를 말한다. 학생의 출결상황을 통해서도 확인할 수 있다. 미인정 결석·지각·조퇴·결과 등이 있다면 부정적인 평가를 받게 될 수 있다. 그 외 특기사항에서도 공동체역량을 평가할 만한 근거(학교폭력 등)를 확인할 수 있다. 리더십은 공동체의 목표 달성을 위해 구성원들의 상호작용을 이끌어가는 능력으로 정의된다. 수업 중 모둠 과제 수행을 성공적으로 이끌 수 있는 능력, 토론 활동에서 함께 결론을 이끌어가며 설득력 있게 자기 의견을 주장할 수 있는 능력, 학교생활 내에서 구성원 간의 갈등을 조화롭게 해결할 수 있는 능력 등을 통해 리더십을 확인할 수 있다.

리더십은 행동특성 및 종합의견뿐만 아니라 창의적체험활동에서도 확인할 수 있다. 자율·자치활동에서 확인되는 학교 학생회나 학급 수준의 리더십 경험뿐만 아니라 동아리 기장 등과 수업 중 모둠활동 등에서 드러난 역량을 평가한다. 임원, 리더(장)이 아니더라도 수행평가 및 동아리에서 구성원들의 참여를 이끌어 낸 경험이나 주도적으로 계획하여 어떠한 활동을 이끌어 나간 경험 등이 보인다면 리더십이 있다고 평가받을 수 있다.

협업과 소통능력

공동체의 목표를 달성하기 위해 구성원들과 합리적인 의사소통을 할 수 있는 능력
- 단체 활동 과정에서 서로 돕고 함께 행동하는 모습이 보이는가?
- 구성원들과 협력을 통하여 공동의 과제를 수행하고 완성한 경험이 있는가?
- 타인의 의견에 공감하고 수용하는 태도를 보이며, 자신의 정보와 생각을 잘 전달하는가?

나눔과 배려

상대방을 존중하고 이해하여 원만한 관계를 형성하며, 타인을 위하여 기꺼이 나누어 주고자 하는 태도와 행동
- 학교생활 속에서 나눔을 실천하고 생활화한 경험이 있는가?
- 타인을 위하여 양보하거나 배려를 실천한 구체적 경험이 있는가?
- 상대를 이해하고 존중하려는 노력을 기울이고 있는가?

성실성과 규칙 준수

책임감을 바탕으로 자신의 의무를 다하고, 공동체의 기본 윤리와 원칙을 준수하는 태도
- 교내활동에서 자신이 맡은 역할에 최선을 다하려고 노력한 경험이 있는가?
- 자신이 속한 공동체가 정한 규칙과 규정을 준수하고 있는가?

리더십

공동체의 목표 달성을 위해 구성원들의 상호작용을 이끌어가는 능력
- 공동체의 목표를 달성하기 위해 계획하고 실행을 주도한 경험이 있는가?
- 구성원들의 인정과 신뢰를 바탕으로 참여를 이끌어내고 조율한 경험이 있는가?

다음 사례에는 공동체역량이 어떻게 드러나 있는지 살펴보자.

구분	기재 사례
3학년 동아리활동	(독서토론반) (16시간) 동아리 반장으로서 도서 선정 및 독서토론을 이끌어가는 리더십이 뛰어나며 적극적인 동아리활동으로 원활한 의사소통을 도출하는 능력이 돋보임. 《미끄러지는 말들》(타인의사유, 2022)'을 읽고 우리에게 너무나 익숙하고 자연스러운 한국어를 외계인의 눈으로 보면 어떤 세계가 펼쳐질지 고민하며, 하나의 단어를 통해 사고를 확장하는 고차원적 감상 태도가 뛰어남. 심화활동으로 이호우의 <개화>라는 시를 읽고 꽃이 피는 순간의 경외감을 느낀 순간을 잘 표현했으며, 시에 나오는 단어 하나하나를 마인드맵으로 분석하는 자기주도적 학습 태도를 갖춤.

구분	기재 사례
2학년 세특	[사회문제탐구] 연구 과제 작성을 위해 연구 계획을 체계적으로 수립하고 최종적인 과제를 제출할 때까지 적극적으로 연구를 수행하면서 조원들과 유기적으로 협력하면서 토의와 토론 등의 과정에 성실히 참여함. (이하 생략)
2학년 행특	교과 실력이 매우 뛰어남에도 겸손하고 솔직하며 원칙을 지키려고 노력하는 학생임. 요즘 학생들 같지 않게 본인이 있던 교실이 아니더라도 냉난방 기구나 불이 켜져 있으면 끄고 다니며, 자신의 일이 아니더라도 자신의 일처럼 여겨 진지하게 고민하고 대안을 생각하는 등 마음이 매우 따스한 학생임. 학교에 개설된 진로선택과목을 소수 인원이 수강함에도 적극적으로 수강하며, 개설되지 않은 과목은 거점 학교 수업을 통해서 자신의 진로를 위해 노력하고 도전하는 정신이 매우 뛰어난 학생임. 진로과목인 경제수학, 사회문제탐구 등을 비롯한 조별 수행평가가 있는 대부분의 과목에서 조장을 맡아서 그 역할을 훌륭히 수행해 교과 선생님들로부터 많은 칭찬을 받음. 조별 모임을 소홀히 하는 학생을 설득하여 끝까지 포기하지 않고 조별 모임에 열심히 참여할 수 있도록 리더십을 발휘하며 조원들을 이끄는 능력도 매우 탁월함. 3년 동안 한 번도 벌점을 받은 적이 없을 만큼 규칙 준수를 매우 잘하며, 잠재역량의 끝이 보이지 않을 만큼 계속 발전해 가는 모습이 매우 크게 귀감이 되는 학생임.

(출처: 2024 중앙대 학생부전형 가이드북)

사례에서는 먼저 동아리 반장으로서 리더십과 소통할 수 있는 역량을 엿볼 수 있고, 세부능력 및 특기사항에서 공동으로 연구를 하면서 드러나는 협업의 태도와 배려의 모습을 확인할 수 있다. 행동특성 및 종합의견에서도 규칙을 잘 지키고 공동체 생활에서 친구들을 배려하는 모습을 통해서 이 학생의 우수한 공동체역량을 파악할 수 있다.

학교생활기록부에서는 출결상황, 창의적체험활동, 교과 세부능력 및 특기사항, 행동특성 및 종합의견 등 다양한 영역에서 공동체역량을 찾을 수 있다. 동아리활동과 수업 시간에 주도적으로 친구들을 이끌며 배려하고, 학교활동에서 규칙을 준수하는 모습을 곳곳에서 확인할 수 있다. 또한 학교활동 전반에서 리더십을 확인할 수 있었고, 학생으로서 공동체의 규칙을 준수하고 노력하는 모습들이 잘 보인다. 그리고 구체적 사례를 통해 나눔과 배려의 모습이 확인되어 긍정적으로 평가될 수 있다.

실제 평가는
어떻게 이루어지는가?

     학생부종합전형의 평가 기준은 대학마다, 세부 전형마다 조금씩 상이하다. 최근 학생부종합전형을 면접형, 서류형으로 이원화하여 운영하는 대학이 많아지고 있다. 전형 유형은 동일하게 학생부종합전형으로 분류되지만, 세부 전형마다 평가 비중과 전형 요소가 다르다. 대체로 면접형에서는 학업역량의 비중을 낮추거나 제외하고 전공 적합성 혹은 진로역량에 해당하는 영역의 평가 비중을 높임으로써, 객관적 수치로 나타나는 학업성취도는 다소 부족하더라도 대신 깊이 있는 주제탐구와 진로탐색의 심화·확장을 교과와 비교과에서 두루 드러냄으로써 교과의 탐구력과 진로역량 지표의 정성적인 측면에서 높은 평가를 받을 수 있는 구조이다. 이때 '학업성취도가 다소 부족하지만'이라고 전제를 달았지만 그럼에도 지원 관련 교과의 내신까지 부족하다면 너무 낙관적으로 전망하지는 말아야 한다. 아무리 학교생활기록부가 풍성하고 화려해도 이미 내신도 우수하고, 학교생활기록부의 수준도 높은 지원자들이 3배수는 되리라는 예상을 하고 반대로, 국·영·수·사·과 주요 교과의 평균 성적이 상위 34%(5등급 체제에서 2등급)에 머물더라도 내가 지원하고자 하는 학과에 관련된 과목이 상위 10%(5등급 체제에서 1등급)대를 유지했다면 학생부교과전형으로 지원하기에는 어려움이 있을지라도 학생부종합전형에서는 충분히 도전해 볼 수 있다.

     학생부종합전형의 합격 가능성은 예측이 어렵다. 건국대학교 학생부종합전형에 불합격한 지원자가 서강대학교에 합격하기도 하고, 홍익대학교에는 합격한 지원자가 국민대학교에는 떨어지기도 한다. 이는 정성평가가 객관적인 수치의 내림차순으로 선발되는 정량평가와는 다르기 때문이며, 각 대학별로 선발하고자 하는 인재상과 평가지표가 상이하기 때문이다. 각 대학별 평가 요소는 어떻게 다를까? **표8**의 주요 대학별 평가 영역을 살펴보자.

표8 주요 대학별 학생부종합전형 서류평가 요소(2025학년도 모집요강 기준)

대학	전형명	평가 요소 및 비율	
서울대	일반/지역균형	학업역량+학업태도+학업 외 소양	
연세대	학업우수/사이버국방	학업역량(50%)+자기계발역량(30%)+공동체역량(20%)	
고려대	계열적합형	학업역량(40%)+자기계발역량(40%)+공동체역량(20%)	
	활동우수형/국제형	종합평가I(70%-학업역량, 진로역량)+종합평가II(30%-공동체역량)	
서강대	일반	학업 역량(50%;창의적문제해결력10%+성취수준40%)+공동체역량(20%) +성장가능성(30%)	
성균관대	융합형/탐구형/과학인재	학업역량(학업수월성, 학업충실성) 40%+탐구역량(탐구확장성, 탐구주도성) 40% +잠재역량(미래성장성, 공동체의식) 20%	
한양대	추천형/서류형/면접형	종합역량평가(종합성취도) +성취역량평가(비판적 사고역량+창의적 사고역량+자기주도역량+소통협업역량)	
중앙대	융합형인재	학업역량(50%)+진로역량(30%)+공동체역량(20%)	
	탐구형인재	학업역량(40%)+진로역량(50%)+공동체역량(10%)	
경희대	네오르네상스	일반학부(과)	학업역량(40%)+진로역량(40%)+공동체역량(20%)
		자유(율)전공학부	학업역량(40%)+자기주도역량(40%)+공동체역량(20%)
한국외대	면접형	학업역량(30%)+진로역량(50%)+공동체역량(20%)	
	서류형	학업역량(50%)+진로역량(30%)+공동체역량(20%)	
시립대	면접형	학업역량(35%)+잠재역량(40%)+사회역량(25%)	
	서류형	학업역량(30%)+잠재역량(50%)+사회역량(20%)	
이화여대	미래인재	학업역량(30%)+학교활동의 우수성(40%)+발전가능성(30%)	

표를 보면 한 대학 내에서 운영하는 학생부종합전형의 평가지표 간 비율도 서로 다르다는 것을 확인할 수 있다. 또한, 평가 요소의 명칭이 동일하더라도 이를 구성하고 있는 세부 평가지표는 대학마다 상이할 수 있다. 예를 들어 '발전가능성'이라는 지표명을 동일하게 사용하더라도 어떤 대학은 다른 모든 지표를 아우르는 종합평가의 기능으로 활

용하기도 하고, 어떤 대학은 '해당 모집단위에서의 발전가능성'으로 평가하기도 한다. 이 경우 학과 진학 후의 발전가능성은 또 다른 의미의 진로역량이므로 결국 전공/계열적합성에 중점을 두고 평가하는 대학이라는 점을 추론해 볼 수 있다.

학생부교과전형에서의 정성평가

평가지표를 확인하는 데 있어서 교과전형에서의 정성평가와 종합전형에서의 정성평가는 구분되어야 한다. 학생부종합전형 방식의 정성평가를 고려대학교, 성균관대학교, 경희대학교, 건국대학교, 동국대학교, 경북대학교, 부산대학교, 한양대학교 등은 학생부교과전형에서 각기 다른 방식으로 적용하고 있다. 평가 영역은 교과학습발달상황(교과 이수 현황, 교과 학업성적, 세부능력 및 특기사항) 영역 위주로 평가하는 추세다. 표9

대학	전형명	전형 방법	주요 평가영역
		표9 학생부교과전형 학교생활기록부 정성평가 방법(2026학년도 대입시행계획 기준)	
고려대	학교추천	교과 90% + 서류 10%(종합평가)	학교생활기록부
성균관대	학교장추천	정량평가 80%+정성평가 20%	교과학습발달상황 및 출결
한양대	추천형	교과 90% + 교과 정성평가 10%	교과학습발달상황
경희대	지역균형	교과 및 비교과(출결·봉사) 성적 70% + 교과종합평가 30%	교과성적+세특
시립대	지역균형선발	교과 80%+진로 10%+교과정성 10%	교과영역
건국대	KU지역균형	교과정량 70% + 교과정성 30%	교과학습발달상황
동국대	학교장추천인재	교과 70% + 서류종합 30%(교과 관련 영역)	교과학습발달상황+출결+행특
부산대	학생부교과/지역인재	교과 80% + 학업역량평가 20%	교과학습발달상황 (세특 제외)
경북대	교과우수자/지역인재	교과 80% + 서류평가 20% (교과이수충실도)	

학생부종합전형에서의 정성평가와 학생부교과전형에서의 정성평가는 어떻게 다를까? 상세한 안내를 위해 고려대학교의 2025학년도 수시 모집요강을 인용하였다.

표10 에서 알 수 있듯이 고려대학교의 주요 학생부종합전형은 학업우수전형과 계열적합전형이다. 학생부종합전형에서는 학업역량, 자

평가역량	학교추천(교과)	학업우수(종합)	계열적합(종합)	사이버국방(종합)
표10 고려대학교 전형별 서류평가지표				
학업역량	-	50%	40%	50%
교과이수충실도	70%	-	-	-
자기계발역량	-	30%	40%	30%
공동체역량	30%	20%	20%	20%

기계발역량, 공동체역량 등 3가지 영역의 지표로 학교생활기록부를 평가한다. 학생부교과전형은 학교추천전형이라는 이름으로 운영하고 있다. 평가지표 중 학업역량, 자기계발역량은 해당사항이 아니며 교과이수 충실도와 공동체역량만을 평가한다.

고려대학교에서 말하는 교과이수 충실도란 '지원 계열과 관련된 과목 선택의 적절성 및 학업 수행의 충실도'를 의미한다. 지원 계열에 진학하여 대학교에서 수학할 수 있는 기초역량에 필요한 교과를 어느 정도 이수했는지, 학생이 선택한 교과 수업 활동에 적극적으로 성실하게 참여했는지를 평가한다.

공동체역량은 학생부종합전형과 동일한 평가 요소로써 '공동체의 구성원으로서 필요한 바람직한 사고와 행동'에 해당하는 영역으로 공동체 내의 규칙과 규정을 준수하는 태도, 타인을 위한 나눔과 배려, 공동체의 목표 달성을 위해 구성원들의 상호작용을 이끌어가는 리더십, 학교 폭력 가해 여부 등을 평가한다. 즉, 교과학습발달상황 영역을 통해서는 과목 이수 현황과 학업 태도 등을 주로 평가하고 출결상황 및 봉사활동실적 등의 학교생활기록부 전반에서 규칙준수 및 봉사, 리더십 활동 등을 평가하는 것이다.

학생부교과전형 정성평가에서 교과 이수 충실도 위주로 반영하는 또 다른 대학으로는 건국대학교가 있다. 건국대학교 학생부교과전형과 학생부종합전형의 평가 요소를 비교해 보면 **표11**과 같다.

학생부교과전형과 학생부종합전형 모두 학업역량과 진로역량

표11 건국대학교 학생부교과·학생부종합전형 평가 요소 비교		학생부교과	학생부종합
건국대학교 평가역량		학생부교과	학생부종합
학업역량	학업성취도	✓	✓
	학업태도	✓	✓
	탐구력	−	✓
진로역량*	전공(계열) 관련 교과 이수 노력	✓	✓
	전공(계열) 관련 교과성취도	✓	✓
	진로탐색 활동과 경험	−	✓
공동체역량	협업과 소통능력	−	✓
	나눔과 배려	−	✓
	성실성과 규칙준수	−	✓
	리더십	−	✓

2가지 요소는 공통적으로 들어간다. 하지만 공동체역량은 학생부교과 전형에는 평가대상이 아니고 학생부종합전형에서만 평가한다. 세부 평가항목도 상이하다. 학업역량이라는 동일한 명칭의 지표이지만 학생부 교과와 학생부종합에서의 차이가 보이는가? 학생부교과전형에서는'탐구력'을 평가하지 않는다. 진로역량도 마찬가지다. 세부 평가항목 중 '전공(계열) 관련 교과 이수 노력', '전공(계열) 관련 교과성취도'는 공통적인 평가항목이다. 하지만 '진로탐색 활동과 경험'은 학생부종합전형에서만 평가한다.

  요컨대 학생부교과전형에서는 산출된 내신 등급에 의거해 객관적 수치로 우수성을 변별한다는 기본적인 전형 취지는 그대로 유지하되 산출된 내신 등급이 어떤 교과목 이수와 어떠한 학습 태도에 의한 것인지를 정성적으로 평가한다고 할 수 있겠다. 쉬운 과목만 선택해서 전략적으로 1등급을 받은 것인지, 뚜렷한 진로 혹은 계열에 대한 목표를 가지고 해당 모집 단위에서 공부하기 위해 필요로 하는 학업의 토대를 닦기 위한 교과목을 도전적으로 이수하고자 노력하였는지를 가려내

---

*　　　KU자유전공학부의 학생부종합전형 평가 요소는'학업역량, 성장역량(자기주도성, 창의적 문제해결력, 경험의 다양성), 공동체역량'임

평가 요소	평가 항목	학생부교과	학생부종합
	표12 경희대학교 학교생활기록부 정성평가 요소		
학업역량	학업성취도	✓	✓
	학업태도	✓	✓
	탐구력	✓	✓
진로역량*	전공(계열) 관련 교과 이수 노력	✓	✓
	전공(계열) 관련 교과성취도	✓	✓
	진로탐색 활동과 경험	–	✓
공동체역량	협업과 소통능력	–	✓
	나눔과 배려	–	✓
	성실성과 규칙준수	–	✓
	리더십	–	✓

고자 하는 것이다. 앞의 두 대학과 조금 다른 양상을 보이는 사례로, 경희대학교의 정성평가 요소를 살펴보자.**표12**

학업역량과 진로역량이라는 평가 요소는 앞의 대학들과 크게 다르지 않지만 이를 구성하고 있는 세부 평가지표는 조금 다르다. 학업역량에서 '탐구력'이라는 평가항목이 들어가 있다. 앞 장에서 상술한 바와 같이 탐구력은 '지적 호기심을 바탕으로 사물과 현상에 대해 탐구하고, 문제를 해결하려는 노력'을 의미한다.

한국대학교육협의회의 공동연구로 진행된 '학생부종합전형 공통 평가 요소 및 항목 개선 연구'에서는 탐구력에 대해 다음과 같이 설명한다.

> 탐구력은 고차원적인 학업역량을 보여 주는 필수적인 요소라 할 수 있다. (중략) 교과 시간에 수업 내용에 대해 연계적 질문이나 새로운 문제

---

* 경희대학교 자유(자율)전공학부의 학생부종합전형 평가 요소는 '학업역량, 자기주도역량(자기주도 교과 이수 노력, 자기주도 관련 교과 성취도, 자기주도 진로 탐색 활동과 경험), 공동체역량'임

해결 방법을 찾고자 노력했는지, 자신의 진로와 관련하여 어떤 수업을 수강하였고 수업에서 이루어지는 다양한 탐구활동에 자발적으로 참여하였는지, 수업에서 생긴 궁금증을 풀어 보고 싶거나 자신의 역량을 기르기 위해 학교의 어떤 프로그램으로 관심을 확장해 나갔는지를 종합적으로 판단한다.

교과 영역에 대한 탐구력 평가는 특정 지식을 잘 사용할 줄 아는지와 탐구력을 신장한 과정도 평가하는데 수행평가는 그 중요한 요소가 될 수 있다. 수행평가는 학생 스스로 다양한 상황에서 자신의 지식과 기능을 적용 또는 활용하는 능력까지 평가하는 것인데, 이 과정에서 탐구력을 확인할 수 있다.

창의적체험활동을 통해 탐구역량이 구체적으로 드러날 수도 있다. 주제탐구, 프로젝트 학습과 관련한 자율·자치활동을 통해 꾸준한 탐구 의지를 보인 활동을 했을 때 이를 확인할 수 있다. 또한, 학술 동아리활동에는 교과를 기반으로 이루어지는 토론, 실험, 연구, 탐구활동 등이 포함되는데 이를 통해 탐구역량이 드러날 수도 있다.

출처: 학생부종합전형 공통 평가 요소 및 항목 개선 연구(경희대학교, 건국대학교, 연세대학교, 중앙대학교, 한국외국어대학교

위에서 살펴본 바와 같이 학생부교과전형에서 정성평가를 도입한 모든 대학의 속내가 다 같지만은 않다. 대입 정책 4년 예고제의 원칙 때문에 면접 고사가 없다가 이듬해에 갑자기 추가되거나, 수능 최저학력기준 요건이 올해에는 없다가 내년에 생기는 등의 변화는 흔치 않지만, 학생부종합전형 내에서의 세부 평가 요소에는 미세한 변동이 있을 수 있기 때문에 대학의 안내 사항을 꼼꼼히 확인하길 바란다.

입학사정관은 어떤 학생을 선발하고 싶어할까? 입학사정관의 관점에서 매력적인 학생은 한 교실에서 똑같은 교과서로 공부하더라도 하나의 실마리를 찾아 꼬리에 꼬리를 물고 평소에 가지고 있던 호기심을 해결하고자 노력하는 학생이다.

단 몇 번의 검색으로 쉽게 얻을 수 있는 가벼운 얘기로는 학교생

활기록부를 차별화할 수 없다. 잊지 말아야 한다. 경쟁 상대는 같은 학교의 급우가 아니다. 내 옆자리에 앉아 있는 친구는 오히려 나의 파트너에 가깝다. 대입에서의 합격과 불합격을 가르는 상대평가 대상의 존재는 내신 등급도 비슷하고, 교과 이수 내역도 거의 흡사한 다른 학교의 이름 모를 학생이다. 내신도 비슷하고 선택한 교과목도 비슷하고, 심지어 학교에서 참여한 활동도 비슷하다면 어떻게 나의 매력을 더욱 돋보이게 할 수 있을까?

아래의 예시를 보자. 2명의 학생이 모두 사범계열 진학을 희망한다고 가정할 때, 어떤 학생이 입학사정관의 눈에 더 매력적일까?

A	B
미래세대 교육정책에 대한 관심이 우수한 학생으로 다방면의 책과 정부보고서를 읽으며 정보를 섭렵하는 학생	'국가교육과정 대강화'정책의 효과성에 의문을 가지고 팀 세미나를 조직하여 심층탐구 후 중학교 1학년 학생 대상 적용 방안을 고민하는 학생

A와 B의 공통점은 교육정책에 대한 관심이다. A에 비해 B의 활동이 상대적으로 더 구체적이다. 활동의 구체성에 따라 교육에 대한 관심의 깊이와 열정의 차이로 나타난다. 뚜렷한 방향성과 강렬한 열정을 나타내기 위해서는 학습의 동기가 먼저 뚜렷하게 수립되어야 한다.

진학 로드맵 설계를 위해서는 다음 3가지 사항을 고려해야 한다.

첫째, 학생의 적성과 교육과정의 핵심역량에 기반을 둘 것.
둘째, 현실적으로 추진 가능해야 할 것.
셋째, 교육과정과 창의적체험활동에 최선을 다할 것.

여기에서 '현실적'이라는 것은 3학년 1학기 최종 마감 후에 나의 주요 교과 학업성취도가 어느 정도로 예측되는지에 대한 객관적인 판단이 필요하다는 의미이다. 또한 모의고사 성적을 통해서 나의 백분위를 확인해야 한다. 해서 정시에서 지원 가능한 라인 이상의 수시 지원 대학을 추려내는 것이 필요하다.

진학 로드맵을 수립하는 과정에 있어서는 희망 학과의 등급 컷을 충족할 수 있는지, 희망 학과에서 요구하는 필수 혹은 권장과목을 충분히 이수하고 있는지를 냉정하게 평가해야 한다. 또한 평가 근거로써 활용 가능한 학교생활기록부가 풍성하게 기록될 수 있게 학교에서 제공하는 다양한 프로그램에 열과 성을 다해 참여할 필요가 있다.

어떤 전형으로 학생을 선발하든 중요한 점은 다른 지원자와 어떤 점에서 차별화되는지다. 점수 기준이 명확한 다른 전형과 달리, 학생부종합전형에서 불공정 시비가 제기되는 이유이기도 하다. 하지만 학교생활기록부를 들여다보면 점수 차이로 확인할 수 없는 잠재력이 분명히 존재한다. 그 구체적인 방법론을 다음 장부터 살펴보고자 한다.

포인트 **2022 개정 교육과정이 기르고자 하는 핵심역량**

가. 자아정체성과 자신감을 가지고 자신의 삶과 진로를 스스로 설계하며 이에 필요한 기초 능력과 자질을 갖추어 자기주도적으로 살아갈 수 있는 자기관리역량

나. 문제를 합리적으로 해결하기 위하여 다양한 영역의 지식과 정보를 깊이 있게 이해하고 비판적으로 탐구하며 활용할 수 있는 지식정보처리역량

다. 폭넓은 기초 지식을 바탕으로 다양한 전문 분야의 지식, 기술, 경험을 융합적으로 활용하여 새로운 것을 창출하는 창의적 사고역량

라. 인간에 대한 공감적 이해와 문화적 감수성을 바탕으로 삶의 의미와 가치를 성찰하고 향유 하는 심미적 감성역량

마. 다른 사람의 관점을 존중하고 경청하는 가운데 자신의 생각과 감정을 효과적으로 표현하며 상호협력적인 관계에서 공동의 목적을 구현하는 협력적 소통역량

바. 지역 국가 세계 공동체의 구성원에게 요구되는 개방적·포용적 가치와 태도로 지속 가능한 인류 공동체 발전에 적극적이고 책임감 있게 참여하는 공동체역량

(출처: 2022 개정 교육과정 총론)

탐구력을
잡아라!

　　탐구력은 누구나 가지고 있지만, 누구에게서나 발현되지는 않는다. 학습자의 능동적 학습 태도와 새로운 정보로 재창조해내고자 하는 의지가 탐구력의 발판이 된다. 교수자의 역할도 중요하다. 교수자는 학습자의 호기심에 물꼬를 터주는 환경 조성에 대한 의지를 가져야 하고 끊임없이 탐구에 대한 열정을 불어넣는 동기 부여자가 되어야 한다.

　　교육적 관점에서 탐구력은 지적 호기심을 충족하기 위해 자기주도적으로 문제를 탐구하고 해결하고자 노력하는 과정에서 길러진다. 이언 레슬리는 저서 《큐리어스》를 통해 호기심과 다방면에 걸친 정보 축적은 인간만이 지닌 고유한 특성이며 인간의 네 번째 본능이라고 주장하였다. 이렇듯, 입시를 차치하고라도 탐구력은 새로운 지식에 대한 인간의 내재된 욕구이며 변화하는 미래 사회에 적응하고 생존하기 위해 반드시 필요한 역량이다.

　　2015 개정 교육과정에서는 사회과와 과학과를 중심으로 탐구력의 중요성이 강조되었다. 사회과에서는 학생들이 문제를 발견하고, 조사 과정을 기획하여, 결론을 도출하는 탐구력을 사회과 역량으로 제안하였고, 과학과에서는 문제 인식, 모델링, 실험 설계, 자료 해석, 추론 및 논증 등의 과학적 탐구력을 새로운 과학 지식을 얻는 데 필요한 필

수 역량으로 정의한 바 있다. 2022 개정 교육과정* 역시도 설계 원칙에서 "여러 교과의 고유한 탐구 방법을 익히고 자신의 학습과정과 학습 전략을 점검하며 개선하는 기회를 제공하여 스스로 탐구하고 학습할 수 있는 자기주도학습능력을 함양할 수 있도록 한다."고 명시하고 있다.

탐구력은 구성 내용에 따라 교과연계 탐구력과 진로연계 탐구력으로 구분해 볼 수 있다. 교과연계 탐구력이란 수학, 과학, 사회, 영어 등 특정 교과목에 초점을 맞춘 탐구활동으로 학생이 해당 교과의 지식을 적극적으로 탐색하고, 이를 바탕으로 문제를 해결하거나 새로운 지식을 생성하는 능력을 기르는 데 주효하다. 진로연계 탐구력이란 학생의 관심분야, 미래 진로와 연결된 탐구활동으로 장래 직업이나 진로에 필요한 실질적인 지식과 기술을 습득하는 능력으로써, 실제 직업 세계에 적용할 수 있는 역량을 개발하는 데 의의가 있다.

탐구력이 자라나는 환경 조성하기

탐구활동은 스스로 질문하고 의문을 품는 것에서 시작한다. 스스로 질문을 던질 수 있는 수준에 도달하기 위해서는 학교 수업과 비교과활동에 충실히 참여함으로써 배경지식을 습득해 나가는 것이 첫 번째다. 학생은 자신이 느낀 호기심을 관찰, 가설 수립, 실험, 결과 분석의 일련의 과정을 통해서 답을 찾아낼 수도 있고, 토론을 통해서 집단지성을 경험하며 세상에 대한 이해를 심화시킬 수도 있다. 이처럼 깊이 있는 이해를 도모할 수 있는 수업 형태와 자율적인 학습 방식이 허용되는 분위기가 조성되는 것이 두 번째다.

2022 개정 교육과정에서는 수업 설계 방식에 대해 다음과 같이 권장한다.

* 　출처: 2022 개정 교육과정 총론(교육부)

1) 학습 주제에서 다루는 탐구 질문에 관심과 호기심을 가지고 스스로 문제를 해결하는 학생 참여형 수업을 활성화하며, 토의·토론 학습을 통해 자신의 생각을 표현하는 기회를 가질 수 있도록 한다.
2) 실험, 실습, 관찰, 조사, 견학 등의 체험 및 탐구활동 경험이 충분히 이루어질 수 있도록 한다.

이에 따라 일방적으로 교과 지식을 전달하는 모습은 점진적으로 사라지고, 교과서 내용을 사전 학습한 후 수업 시간에는 반 친구들과의 토론, 프로젝트 기반 학습, 실험, 실습, 동료 코칭과 같은 더 활동적인 심화학습활동을 실시하는 플립드 교육과정(Flipped curriculum) 방식이 확대될 것이다.

교사뿐 아니라 학부모도 탐구력의 전문가가 되어야 한다. 호기심 어린 시선으로 아이가 사물을 관찰할 때 다각적으로 한번 분석해 볼 수 있도록 시의적절한 질문을 제공해 주는 네비게이터가 되고, 아이가 의문을 제기했다면, 해당 문제를 해결할 수 있는 아이디어를 얻을 수 있는 배경지식의 원천이 되어주어야 한다. 자신의 호기심을 따라가 지식을 확장해 나가고 지적 성취감을 경험하는 훈련을 통해 스스로 학습하는 방법을 배울 뿐 아니라 훗날 사회에 진출하여 지식의 지평을 넓히고 새로운 발견을 하는 힘의 토대를 기르게 된다.

탐구력, 기본에 충실하라

교과 수업에 충실하라. 교과 수업은 탐구력을 펼칠 수 있는 장으로 기능한다. 교과서 속 지식을 토론을 통해 입 밖으로 꺼내고, 나만의 관점으로 수립한 아이디어를 글로 표현해 보는 과정에서 교과서 속 지식이 살아 움직이는 '지혜'가 된다.

탐구의 가장 좋은 시작점은 교과서다. 선행을 하라는 의미가 아니다. 교과서를 미리 읽어 보고 스스로 질문을 던져보는 예습 활동은 탐구력뿐 아니라 사고력, 창의력 등 고등 정신 기능을 길러주는 데 기여한다.

탐구력을 기르는 방법은 단 하나의 방법으로 정의내리기는 힘들다. 학령기에 따라, 연령대에 따라 아이의 지적 수준과 발달적 특성이 모두 다르므로 학령기별로 각기 다른 방식으로 접근해야 한다.

먼저, 초등학교 저학년 시기에는 현관문만 열고 나가면 펼쳐지는 세상의 모든 것들이 관찰의 대상이 되어야 한다. 아이가 던진 질문 하나에 대한 답을 찾기 위해 온 가족이 도서관을 찾아 해당 키워드에 관련된 모든 책을 찾아 읽거나, 아이의 궁금증을 해소할 수 있는 실험 방법을 고안하여 직접 해 보는 것도 지적 호기심과 과제 집착력을 길러줄 수 있는 좋은 방법이다. 저학년 시기에는 주변에서 쉽게 찾아볼 수 있는 우리 가족, 우리 동네 놀이터, 우리 학교 운동장 등을 테마로 삼아 프로젝트활동을 수행해 볼 수 있다.

초등학교 고학년이 되면 프로젝트의 범위가 확대되어 미래 학교 만들기, 환경 보호 캠페인 기획하기, 우리 동네 역사 조사하기 등 공동체가 처한 상황으로 시선을 넓힐 수 있다. 또한 독서나 실험을 통해 평소 가졌던 호기심의 답이나 결과를 도출하는 과정을 통해 지적 성취감과 진로 유능감을 경험하고 자신의 진로를 찾아나가기 첫발을 디디도록 지원하는 것이 필요하다.

중학생이 되면 탐구활동의 주제가 난이도를 넓혀가고 특정 과목 안에 국한된 주제가 아닌 간학문적인 탐구활동이 가능해진다. 고등학교 진학 후에는 독서와 실험, 토론 등 탐구력 강화 활동의 결과물을 바탕으로 보고서, 비평문, 실험결과서 등의 산출물로 이어감으로써 한 분야의 전문가로 성장할 수 있는 기본기를 닦아야 한다.

2022 개정 교육과정에 의거하여 앞으로 초6·중3·고3 등 학교급 전환 시기에 진로연계·학교생활 적용을 위한 진로연계 학기가 도입되므로 해당 학기에 개설되는 프로그램을 150% 활용하여 선행에 집중하는

시기가 아닌 장기적인 관점에서 학습력과 탐구력을 강화하는 시기로
활용할 필요가 있다.

학령기별 탐구력 강화 방안

시기	방식	세부내용
초등학교 저학년	실험과 탐구활동	간단한 과학 실험, 자연 탐사 활동 등 호기심 자극
	질문 장려	아이의 질문은 '더 깊이 알고 싶어 하는 욕구'임. "왜?" 와 같은 탐색적 질문 장려
	프로젝트 기반 학습	주제를 정해 탐구하며, 프로젝트를 완성해가는 과정에서 발표 기회 제공
	배경지식 쌓기	다방면의 독서활동
초등학교 고학년	실험과 탐구활동	과학 실험을 직접 해 보며 관찰과 기록 및 정보를 활용하는 방법 학습
	주제탐구 프로젝트	개인 또는 모둠 프로젝트 통해 복잡한 문제를 탐구하고 해결책 모색
	토론과 발표	생각을 논리적으로 정리하여 발표하고, 타인과의 토론을 통해 논리적 허점을 메워나감
	배경지식 활용하기	교과별, 진로별 다양한 도서를 읽고 알게된 정보를 나만의 배경지식으로 정리하기
중학교	심화 탐구활동	주제를 정해 탐구하며, 연구 결과를 보고서로 작성하거나 발표함
	학제 간 학습	통섭적인 주제탐구를 통해 다양한 관점을 융합하며 새로운 아이디어를 창안
	진로 집중 탐색	직·간접 체험을 통해 미래 진로에 대해 탐구
고등학교	심화 연구 프로젝트	학문적 연구 방법론을 활용하여 고급 수준의 연구 프로젝트 수행
	독서 및 탐색 활동	관심 있는 분야에 대한 깊이 있는 독서활동 및 지식의 전이 수행
	비판적 글쓰기	다양한 시각을 고려한 비판적 글쓰기 훈련
	전문 분야 탐구	관심 있는 학문이나 전문 분야에 대한 심도 있는 탐구 진행

2장 탐구력이 대입을 결정한다

탐구력의 평가

서울대학교 학생부종합전형 평가지표인 학업역량, 학업태도, 학업 외 소양 중 학업역량 항목은 '자기주도적 학습, 지적 호기심과 탐구 의지, 깊이 있는 배움에 대한 열의, 학업수행과정에서의 적극성 및 진취성, 진로탐색 의지'로 구성된다.

5개 대학 학생부종합전형 공통 평가 요소 및 평가 항목에서 학업 역량 지표는 '고교 교육과정에서 이수한 교과 성취 수준이나 학습에 대한 의지, 탐구력과 문제해결력 등 대학 교육을 충실히 이수하는 데 필요한 수학 능력을 평가'로 정의 내려진다. 진로역량 지표는 '고교 교육 과정에서 전공 관련 교과 이수 노력과 교과성취도, 그리고 진로탐색활동과 경험 등 자신의 진로와 전공에 대한 탐색 노력과 준비 정도를 평가'한다고 설명하고 있다.

고려대학교는 자기계발역량이라는 평가지표하에서 탐구력을 평가하고 있으며 서강대학교는 학업역량과 성장 가능성 등 2가지 평가지표로 각각 '사물과 현상에 대해 지적 호기심을 가지고 깊고 폭넓게 탐구할 수 있는 능력'과 '스스로 목표를 설정하고 적절한 전략을 선택하여 계획을 수립하고 실행하는 태도'를 평가하고 있다. 성균관대학교의 평가 요소는 학업역량, 탐구역량, 잠재역량이다. 이 중 탐구역량 지표에 대해 성균관대학교는 '관심 분야에 대한 호기심, 이를 탐구하기 위한 노력과 실험정신, 진로탐색에 대한 열정'을 평가한다고 설명하고 있다. 탐구역량의 세부지표는 탐구확장성과 탐구주도성으로 이루어진다. 한양 대학교는 4대 핵심역량으로 성취역량을 평가하는데 그중 탐구력은 학업 영역 중 비판적 사고역량과 창의적 사고역량에 주로 해당한다. 비판적 사고역량은 '비판적 질문, 분석적 사고, 논리적 전개, 타당한 평가'로 구성되어 있으며 창의적 사고역량은 '문제 인식, 융합적 사고, 해결책 제시'로 구성되어 있다. **표13**

이처럼 학생부종합전형에서의 탐구력은 학업 차원, 진로탐색 차원에서 평가된다. 고등학교에서는 각종 탐구대회와 학술제, 전공연계

대학	평가항목명	탐구력 관련 평가내용
서울대	학업태도	• 자기주도적 학습 • 지적 호기심과 탐구 의지 • 깊이 있는 배움에 대한 열의 • 학업수행 과정에서의 적극성 및 진취성 • 진로탐색의지
연세대/중앙대/경희대/ 한국외대/건국대	학업역량	• 교과와 각종 탐구활동 등을 통해 지식을 확장하려는 노력 및 구체적인 성과 • 학문에 대한 열의와 지적 관심
고려대	자기계발역량	• 주어진 문제에 대해 깊고 폭넓게 탐구할 수 있는 능력
서강대	학업역량	• 사물과 현상에 대해 지적 호기심을 가지고 깊고 폭넓게 탐구할 수 있는 능력 • 다양한 시각과 폭넓은 수용성을 가지고 융합적으로 문제를 해결할 수 있는 능력
서강대	성장가능성	• 스스로 목표를 설정하고 적절한 전략을 선택하여 계획을 수립하고 실행하는 태도
성균관대	학업역량	• 학업 활동에의 적극적 참여 및 자세
성균관대	탐구역량	• 관심 분야에 대한 집중력 및 탐구력 • 관심 분야에 대한 지적 호기심 • 활동 내용의 발전성 및 유의미성 • 도전적인 선택과목 이수 현황 • 선택 교과의 강점 및 우수성
한양대	4대 핵심역량	• 비판적 사고역량: 어떠한 현상 혹은 지식에 대하여 의문을 갖고 합리적인 추론을 근거로 질문이나 토론을 통해 반성적으로 숙고하고 평가하는 역량 • 창의적 사고역량: 지적 호기심을 바탕으로 문제에 대해서 상세히 고찰하고 정보처리 및 해석 능력을 통해 주어진 관련 정보를 다각도로 분석하여 학문 간 연계 및 지식의 확장, 독창적 문제 해결로 나아가는 역량

표13 탐구력 평가에 대한 대학별 세부 내용

프레젠테이션 등의 진로 프로그램을 운영하며 학생들이 엘리먼트*를 찾을 수 있는 기회를 제공하고 있다. 청소년이 스스로의 역량과 재능, 자신의 관심 분야를 발견하기 위해서는 학생의 잠재력을 최대한 발휘할 수 있는 환경 조성과 개인의 탐구 의지는 필수조건이다. 내신을 위한 공부 따로, 학종 대비를 위한 공부 따로가 아니라 과목연계 심화탐구, 진로연계 주제탐구, 독서탐구 등 학교에서 주어진 기회를 포착하여 공부의 재미를 깨닫는 계기로 활용할 필요가 있다.

---

* 　　엘리먼트 : 개인의 타고난 소질과 열정이 만나 창의성이 최고점에 이르는 지점 (켄 로빈슨)

탐구활동을 했지만, 아쉬운 평가를 받은 경우

탐구활동을 했지만 좋은 평가를 받지 못할 수도 있다. 대학이 탐구를 통해서 보고 싶은 것은 학생의 학업역량과 학문적 호기심이다. 입학사정관은 개념과 원리를 알아가는 과정에서 어떤 의문이 생겨 어떻게 검증했는지, 그 개념과 원리는 어떤 문제를 해결하는 데 적용해서 문제를 해결했는지를 파악해서 대학에서 공부할 때 자기주도적으로 학업을 수행할 수 있는 학생인지를 예측한다.

우선 탐구 주제 선정이 개인의 호기심을 드러내지 못하면 좋은 평가를 받기 어렵다. 주제가 모호해서 무엇을 탐구했는지 알 수 없는 경우, 널리 알려진 주제로 탐구를 해서 개인적인 호기심을 드러내기보다는 탐구 주제조차도 다른 사람이 제시한 주제로 탐구한 경우 등이 여기에 해당한다. 주제가 독창적이라고 해도 교과학습과 무관한 주제라면 좋은 평가를 받기 어렵다. 예컨대 '이성 교제가 성적에 미치는 영향'을 주제로 탐구한 학생은 좋은 평가를 받았을까?

탐구과정에서 사용한 탐구 방법이 고등학생 수준에 어울리지 않게 쉽다면 좋은 평가를 받기 어렵다. 고등학생 수준 이상의 방법을 사용할 필요는 없지만, 고등학생 수준 이하의 방법을 사용했다면 공부의 깊이가 낮다고 평가받게 될 것이다. 확률과 통계를 배웠는데, 학생이 설문조사를 해서 통계를 낸 방식이 확률과 통계 시간에 배운 방식을 적용하지 못했다면 지식을 탐구에 적용하지 못하는 학생으로 평가받는다는 의미이다.

탐구를 진행하는 과정에서 자료를 수집할 때, 온라인 플랫폼에서 검색한 정보에 불과하면 탐구 자세가 적극적이지 못하다는 평가를 받게 된다. 탐구를 진행할 때는 온라인 자료뿐 아니라 생성형 인공지능의 도움도 받고, 참고도서도 찾아 확인하는 자세가 필요하다. 탐구과정에서 관련 도서를 많이 찾아 읽었다면 독서력까지도 평가를 받게 된다.

교과 영역의 평가 원리와
차별화 전략

세부능력 및 특기사항의 평가는
어떻게 이루어지는가?

학생부종합전형에서 세부능력 및 특기사항이 차지하는 의미

'세부능력 및 특기사항(이하 세특)'은 모든 영역을 통틀어 가장 중요하다. 학생부교과전형에서 정성평가 요소를 추가한 대학에서도 창의적 체험활동 영역은 평가대상으로 하지 않을지언정 교과학습 발달상황 부분은 반드시 포함한다.

과거에는 수상을 통해 소속 학교 내에 검증된 인재라는 사실을 부각하고, 자율동아리와 독서활동 상황을 통해 희망 진로와 관련된 심화·확장활동을 보여 줄 수 있었다. 하지만 2024학년도 이후에는 이 세 영역이 대입전형 자료에서 미반영 되는 영역으로 바뀌었다. '대입 미반영'이란 학교생활기록부에 기록은 되지만 대입전형 자료로는 전송되지 않아 더 이상 평가자료로 활용하지 못할 뿐 아니라 원천적으로 대학에서 확인하는 것이 불가능하다는 의미이다. 그렇기에 교과 세특은 더욱 중요해졌다. 학업역량뿐 아니라 진로와 연계된 탐구역량을 두루 내포하고, 독서를 통한 지식의 확장 노력도 더욱 신경 써야 한다. 그렇다고 해서 교과 세특이 진로에 대한 진술로만 채워지는 것은 지양해야 한다. 그렇다면 사정관들이 읽고 싶은 세특은 어떤 세특일까?

입학사정관이 읽고 싶은 세특

교과 세특을 평가할 때 가장 중요한 부분은 해당 교과목을 학습하는 과정에서 나타난 학생의 학업 소양과 지적 호기심을 발전시켜 나가는 모습이다.

입학사정관들은 우리 대학을 빛낼 우수한 지원자를 선발하고자 하는 마음으로 교과 수업에 적극적으로 참여하려는 노력뿐 아니라 자발적으로 탐구해 나가는 모습, 토론 및 발표활동에 참여함으로써 교과 지식을 발전시켜나가는 모습을 찾고자 한다. 교과 성적만으로 가늠하기 어려운 교실에서의 모습, 주어진 교육환경을 극복하고자 하는 진취성, 학생의 자발적인 심화·확장 노력에 따른 성장과 산출물 등이 주된 평가 대상이다.

> **[포인트]**
>
> **교과 세특에서 입학사정관이 주목하는 부분**
> - 차별화된 노력과 역량(토론, 모둠활동, 발표, 과제 등)
> - 자발적인 심화확장 노력과 그에 따른 성취수준의 향상
> - 교과 성적만으로 확인하지 못하는 학습 태도, 제한된 교육환경을 극복하고자
>   노력하는 태도

각 대학은 공동연구를 통해 학생부종합전형 운영의 내실화를 다지고자 노력한다. 2020년 고교교육 기여 대학 지원 사업의 일환으로 진행된 건국·중앙·한양대의 공동연구 자료집인 〈학생부종합전형의 학생부 평가 방안: 세부능력 및 특기사항을 중심으로〉를 보면 입학사정관들은 세특에 기재된 사항 중에서 과제물 내용, 교과서 기반의 응용 탐구활동, 수업 외 개인별 심화학습활동, 학교·학급별 탐구 프로젝트를 평가에 유의미하게 활용한다고 조사된 바 있다.

반대로 교과 세특 글자 수 분량인 500자를 꽉 채웠지만 평가에 실질적으로 큰 영향을 미치지 못하는 내용도 있다. '감성적인 문장', '불

필요한 미사여구', '진로와 무리하게 연결', '수업 내용 위주의 기술', '여러 학생들에게 공통적으로 기재할 수 있는 평범한 내용' 등 구체적인 사례가 없는 칭찬과 해당 교과목과 연결고리가 없는 희망직업에 대한 포부를 나열하는 것은 학업역량, 진로역량 등 학생부종합전형 평가지표의 근거로 작용하기 어렵다. 제한된 세특 분량인 500자 중에서 평가에 영향력을 미치지 못하는 내용을 제거하면 무엇이 남을까?

　　위 연구자료에서는 고경력자 입학사정관 위주로 구성된 FGI(포커스 그룹 인터뷰)를 통해 세특의 기술 방식에 따라 어떤 부분에 중점을 두어 평가하는지 기술하고 있는데 일부 의견을 빌려 오면 다음과 같다.

---

　1. 수업 내용 연계 탐구활동 기술에 대한 평가
- 탐구 주제를 해결하는 데에 교과 지식을 어떻게 활용하는지 평가
- 지원자의 역량을 보다 풍부하게 파악할 수 있음

　2. 교과 성취 수준의 이해 및 성취도 기술에 대한 평가
- 동일한 과목에서 동일한 내신 등급을 받았다 하더라도 그 과목에서 학생이 가진 역량과 역량을 발휘한 영역이 상이하게 평가됨
- 실제 수업에서 다루어지는 수업 내용이 어떠하였는지, 그 안에서 학생은 어떤 성취를 보였는지 평가할 수 있음

　3. 과목에 대한 흥미, 진로연계성 기술에 대한 평가
- 지원 모집단위와 교과목 간 연계 정도에 대한 변별 검토
- 진로선택과목 선택 여부와 전문교과 선택 여부에 따라 학생의 관심도와 지원학과와의 연관성을 알 수 있는 지표로 활용함
- 해당 교과목의 학습과정에 대한 담당 교사의 개인별 평가에 대한 기술 내용을 참조함
- 학생의 자기주도성을 볼 수 있으며, 학업역량 및 발전가능성 차원에서 변별

- 교사의 '관찰 내용과 평가'를 중심으로 학생 변별 가능

4. 글쓰기, 발표력, 토론, 실험 실습 역량 기술에 대한 평가
- 학업적 자기주도성을 살펴볼 수 있는 부분
- 학습 내용에 대한 적응, 응용, 활용능력에 대한 평가
- 지원자가 수강한 교과의 교육 내용 중에서도 타 지원자와 구분되는 학생의 우수성이나 강점을 드러날 수 있음

(출처: 학생부종합전형의 학생부평가방안 연구(건국대학교, 중앙대학교, 한양대학교))

이상적인 세특의 내용

세특의 내용은 크게 수업 참여도, 학습 태도, 학생의 성취 수준, 수행 활동 등으로 구분할 수 있다. 교육부에서 발표한 도움 자료 예시를 살펴보자.

① 수업에 성실하게 참여하려고 노력함. ② 함수와 경제 현상에서 생산, 비용 문제인 '이윤을 내기 위한 우유 생산량의 범위'를 친구의 도움을 받아 이해하고 함수로 나타냄. ③ 짝과 함께 농산물의 수요함수를 배와 사과의 사례를 들어 친구들에게 쉽게 발표함으로써 큰 호응 얻음. ① 다른 팀 발표 시 관심 있는 주제에 경청하는 모습을 보임. ③ 함수와 경제 현상 지식시장 활동 수업에서 참신한 질문으로 친구들의 생각의 폭을 넓히는 역할을 함. 실제 상황의 문제를 정리해서 설명해 주는 의사소통과 표현능력이 뛰어남.

① 학습활동의 태도, 참여도
② 교육과정 성취 기준에 근거한 해당 학생의 성취 수준 특성
③ 학습 목표에 따라 학생이 수행한 활동 내용

(출처: 교육부, 교과 세특 기재 예시 도움 자료)

①로 표시된 문장은 학습활동의 태도와 참여도에 해당하는 교사의 평가기록이다. 교사는 수업 과정과 평가를 통해 관찰한 내용을 '성취

표14 과학과 성취 기준 예시		
대학	평가항목명	탐구력 관련 평가내용
발전과 신재생 에너지	[10통과09-05]	인류 문명의 지속가능한 발전을 위한 신재생 에너지 기술 개발의 필요성과 파력 발전, 조력 발전, 연료 전지 등을 정성적으로 이해하고, 에너지 문제를 해결하기 위한 현대 과학의 노력과 산물을 예시할 수 있다.
생태계와 환경	[10통과08-01]	인간을 포함한 생태계의 구성 요소와 더불어 생물과 환경의 상호 관계를 이해하고, 인류의 생존을 위해 생태계를 보전할 필요성이 있음을 추론할 수 있다.

기준 단위 평가 기준'을 참고하여 작성한다. 성취평가 기준은 '학생평가 지원포털(https://stas.moe.go.kr/)'에서 교육과정 시기와 학교급, 학년, 교과, 세부과목을 선택하면 단원별 성취 기준을 확인할 수 있다.

과학과 성취 기준 예시 표14에 있는 내용을 한번 읽어 보자. 학생의 태도와 학습 이해 정도에 대한 평가이다 보니 수업을 진행한 선생님의 입장에서는 어떤 수준으로 수업에 임한 것인지 머릿속에 금방 그려질 수 있지만, 서면으로 작성된 내용만으로 2년 반의 학교생활을 머릿속에 그려가며 평가를 하는 입학사정관의 입장에서는 다소 추상적으로 느껴진다.

여기에 구체성을 더해 주는 부분이 ②와 ③이다. ②로 기재된 부분은 평가와 수업을 통해 관찰한 교과역량 또는 핵심역량에 해당한다. 이 영역에 선생님의 총평이 들어갈 수 있다. 총평은 선생님의 누가 기록에 의거하여 판단한 학생의 태도와 역량에 대한 평가에 해당하는 영역이다.

③에 해당하는 부분은 학생의 모습을 확인할 수 있는 영역이다. 수업과 평가 과정에서 학생이 수행한 과정과 내용, 수행 결과 특성이 기재된 부분이다. ①에 기재된 성취수준에 대한 근거에 해당하므로 구체적일수록 좋다. 성취수준만 추상적으로 나열된 경우, 정확히 어떤 측면에서 뛰어난 것인지 확인하기 어렵다. 성취수준에 대한 평가가 부정적인 경우는 거의 없기 때문에 변별이 사실상 불가능하다.

세특을 기재하는 주체는 교사이지만 기재되는 내용의 주인공은 학생이다. 학생 스스로 최선을 다해 수업에 임하고, 적극적으로 과제를 수행함으로써 선생님이 관찰할 만할 내용을 제공해야 한다. 만약 학생의 세특이 ①에 해당하는 내용으로만 가득 채워져 있다면 수업 시간에 앉아는 있었지만 눈에 띄는 구체적인 노력은 다소 부족하지는 않았는지 반성해 볼 일이다.

학교생활 충실도에 따른 세특 기재 사례

학교생활에 어떻게 임하느냐에 따라 학교생활기록부의 내용은 달라진다. 예를 들어 살펴보자.

> **평이한 수준**
> 소설을 즐겨 읽으며 자신이 접한 작품을 재창조하고자 하는 의지가 우수함. 작품에 대한 맥락적 이해능력이 뛰어나고 사회현상에 접목시키고자 노력함.

위와 같이 세특이 작성된 학생은 구체적인 학습활동을 펼쳐나가지 않은 학생이다. 소설을 즐겨 읽는다고 했는데 어떤 소설을 읽었는지 알 수 없고, 사회현상에 접목시킨 경험이 있다고 했는데 어떤 특징에 주안점을 두고 반영론적 관점을 적용시켰는지 알 수 없다.

수동적으로 학습에 임하고, 수행평가나 발표 과제에서도 특별한 노력이 드러나지 않는 경우 이렇게 무미건조하게 세특이 기록될 수밖에 없다. 구체적인 내용을 작성해 주고자 하는 교사의 의지에 학생의 활동이 수반되지 않기 때문이다. 등급과 원점수가 중상 수준이고, 세특이 평이한 수준으로 작성되어 있다면 입학사정관은 'A+, A0, A-, B+, B0, B-, C, D, E'의 9등급 평가에서 B0 내지 B-의 평가를 부여했을 것이다. 이런 평이한 내용에 A+를 주기란 쉽지 않다. 더 높은 점수를 받기 위해서는 어떻게 해야 할까? 우수한 수준을 살펴보자.

평이한 수준에 비하면 상당히 구체적이다. 이 학생은 수업에서 주어진 과제에 자신이 좋아하는 작품을 선정하여 남들보다 더 많은 시간을 투자하여 과제를 수행하고, 카드뉴스를 제작하여 발표하는 과정에서 스스로 보람을 느꼈으리라. 발표에 임하는 모습과 학생이 제출한 과제에서 교사는 학생의 열정을 높이 평가했을 것이기에 위와 같은 세특으로 기록된 것이다. 어떤 작품이 소설을 즐겨 읽는 계기가 되었는지, 많은 문학작품 중에서 어떤 장르에 대해 더욱 관심이 있는지가 명시되면 단순히 다른 과목보다 쉬워서 문학을 선호하는 학생들보다 눈에 띌 수 있고, 문학이라는 과목에 어디까지 몰입한 경험이 있는지를 변별할 수 있다. 추후 면접 평가에서도 자신이 좋아하는 주제에 대해 질문을 받을 수 있으니 학생도 더욱 자신 있게 답변할 수 있다. 하지만 아직 최상위의 평가를 받기에는 부족한 측면이 있다. 이 학생은 학종 활동을 하기는 했지만 평범한 정도다. 매우 우수한 수준을 살펴보자.

이 학생이 수업에 임하는 모습을 상상해 보면, 선생님의 말씀 한마디 한마디를 놓치지 않고 경청하며 스스로를 성장시킬 수 있는 기회를 찾아 다니는 표범이 떠오른다. 이 학생은 비평 활동뿐 아니라 창작의 영역까지 고려하고 도전하였다. 우수한 수준과 비교하였을 때 어떤 부분들이 달라졌는지 눈에 보이는가?

첫째, 독후활동 중 단순 발췌에 해당하는 내용은 비평문 작성과 창작활동으로 발전시켰다. 둘째, 주어진 자료를 통해 정보를 수동적으로 받아들이는 것이 아니라 적극적으로 자료를 조사하고 이를 다시 재창조활동으로 이어가는 연계를 통해 문학에 대한 깊이 있는 관심을 나타냈다. 셋째, 한 학기동안 참여했던 창작활동 횟수를 구체적으로 표현하여 학교생활기록부를 읽는 사람으로 하여금 다른 창작활동에 대한 호기심을 자극하고 있다.

분량을 채우는 것만으로는 플러스의 영역에 안착할 수 없다. 그러므로 학생부종합전형의 모든 것은 '차별화', '구체화' 이 2가지로 귀결된다 하겠다. 학교생활기록부는 대입만을 위한 요약 기록이 아니다. 학교생활기록부는 학생들이 앞으로 살아가게 될 기나긴 삶의 포트폴리오의 시작이다.

과목별 세특 평가 사례

과목별로 작성된 사례를 보자. 먼저 국어과목이다.

모둠활동에서 조장을 맡아 참여적 리더십을 발휘하여 모둠원을 이끌고 발표자 역할을 자진함. 음운론 학습 시 비음화현상에 대해 또래 티칭을 잘 수행하여 박수를 받음. 고려가요의 문법상의 특징을 잘 이해하였으며, 이를 칠판에 적어가면서 잘 발표함. 자기주도학습을 통해 질문을 자주 하는 모범생임.

위 내용은 교과 수업 내용의 모습만 나열돼 있어 학생 개인에 대한 평가 근거로 활용하기에는 아쉬움이 있다. 다음 내용과 비교해 보자.

관심 분야에 대한 몰입과 탐구력이 남다름. 설득하는 글쓰기 단원을 학습한 후 사립 탐정제도를 합법화해야 한다는 주제로 근거의 논리성과 합리성을 갖춘 글을 작성하고 성공적인 토론활동으로 이어감.

《패스트패션》(도서출판그림씨, 2022)을 읽고 패스트패션 폐기물이 환경오염을 촉발하는 문제점에 착안하여 의식개선 토의를 제안하고 친환경 의류 구매 시 유료 공공시설 사용 가능 포인트를 적립하는 아이디어를 제시하는 등 문제의식을 실천으로 옮기기 위해 노력함.

국어 교과에 충실한 학습태도와 글쓰기, 말하기 전반에서의 의사소통역량 함양 노력을 엿볼 수 있으며 일상생활에서 느끼는 문제의식을 문헌연구를 통해 해소하고 문제해결 방안을 찾아나가기 위해 반 친구들과 협력하는 모습에서 학업역량, 진로역량, 공동체의식 모두 평가가 가능하다. 사회문제의식이라고 해서 반드시 인류 평화, 거시 경제 등의 거창한 주제여야만 하는 것은 아니다. 학생이 평소에 관심을 가지고 있는 패션, 한류, 예술 등 접근이 용이한 주제로 시작하는 것도 좋다.

영어 교과를 살펴보자.

적극적인 참여와 경청하는 태도가 돋보임. 조별 프로젝트로 진행된 영자 신문 발간활동에서 자발적으로 조장을 맡아 조원들을 잘 독려함. 파리 올림픽 개최 과정을 조사하고 영문 기사로 작성함. 이를 통해 뛰어난 의사소통 능력과 리더십을 확인할 수 있었음.

다양한 주제에 관한 글을 읽고 필자의 심정이나 태도를 추론하고 세부 정보를 요약할 수 있음. 그림사전 만들기 활동에서 나를 표현하는 단어로 'Encouragement'라는 단어를 선정하여 캘리그라피를 활용한 창의적인 그림으로 완성함.

수업 태도에 대한 긍정적인 평가와 더불어 기사 작성활동에 대한 과정과 평가가 제시되어 있다. 다소 다루기 쉬운 주제에 해당하는 내용으로 중상위권 대학에 지원하는 학생들 사이에서 눈에 띄기는 다소 부족하며 후반부에는 대체로 수업 교과 내용에 국한되어 평가 근거 요소로서 활용하기에는 다소 아쉽다. 같은 주제라 하더라도 학생이 마케팅, 문화, 콘텐츠 관련 학과에 관심이 있다면 '파리 올림픽 개최의 경제 효과와 유럽 맞춤형 한류 콘텐츠 홍보 방안을 담은 사설을 영작'하는 등의 활동으로 주제를 심화하여 활동하는 것이 좋다.

그림 사전 만들기활동은 재미있게 영어 단어를 익히는 방법일 수는 있겠으나 중학생이 아닌 고등학생 생활기록부에서는 다소 쉬운 수준으로 여겨지는 활동이다. 상위권 등급의 학생이라면 그림 사전보다는 '어원으로 이해하는 단어장', '명작 속에서 발견하는 숙어' 등 자신만의 학습 방법과 영어교과에 대한 흥미와 열정을 동시에 나타낼 수 있는 좀 더 난이도 있는 활동으로 도전해 볼 것을 권한다.

복잡한 텍스트를 빠르고 정확하게 이해하는 능력이 가장 우수하며, 깊이 있는 분석을 통해 풍부하게 독해과제를 이행하여 가르치는 보람을 느끼게 하는 학생임. 매 수업시간마다 이루어지는 어휘·문법 Quiz에서 92% 정답률의 성과를 거두었으며 현재의 실력에 만족하지 않고 오답 노트를 만들고, 스스로 문제를 출제하고 해설까지 작성하여 자신이 만든 문제집을 학급에 공유하는 등 진취적으로 학습하는 모습을 자주 관찰함. 우수한 영어 실력과 희생정신을 바탕으로 학급 멘토로 활동하며 친구들이 어려워하는 구문을 설명함. 모둠활동에서 최근 사회문제가 되고 있는 '구하라법'을 주제로 영어토의를 진행한 후 수준 높은 영문 에세이를 작성하여 발표함.

영어 실력 향상을 위해 노력하는 면모가 구체적으로 기재되어 있으며 자신의 학업을 위해 노력을 기울일 뿐 아니라 학급 공동체를 위해서도 자기희생적 리더십을 드러내고 있다. 이는 학업역량, 공동체 의식의 평가 근거로 작용될 수 있다. 우수한 영어 실력에 더해 시사 이슈에 대한 관심이 법으로 발전되는 모습이 나타나는데, 다음 학년으로 심화 연계된다면 법학과, 국제학과, 사회학과 등에서의 진로역량으로 평가될 수 있다.

생명과학Ⅱ의 사례를 살펴보자.

학구열이 탁월한 학생으로 교과서 속의 지식에만 얽매이지 않고 배움을 확장해 나감. 유전자 발현 단원을 학습하며 원핵생물과 진핵생물의 RNA 중합효소의 종류가 다르다는 것을 조사로 알아낸 후, 사람의 DNA가 대장균에서 발현되는 과정에 대한 호기심을 해결하고자 자료를 조사한 끝에 대장균의 RNA 중합 효소가 인식할 수 있는 프로모터로 대체하고 인트론을 제거하는 등 발현 벡터를 제작해야 한다는 것을 이해함. 이후《면역항암치료의 이해》(청년의사, 2022)를 읽고 세포치료제와 대사치료제 파트를 상세히 분석하고 최근항암치료 트렌드를 학습함.

진로역량과 학업역량의 연계가 우수한 사례이다. '탐구, 사고, 확장'이라는 주요 역량 키워드를 바탕으로 학생에 대한 우수성에 대한 평가와 근거가 적절히 조화를 이루고 있으며 학생의 탐구력뿐 아니라 독서를 통한 지적 갈구의 모습도 확인할 수 있다.

간혹 세특에 직업명과 학과명이 아무런 맥락 없이 기재되어 있는 경우가 있다. 교과목과 연계되지 않은 탐구활동은 평가에 크게 유의미한 영향을 미치기 어렵다. 굳이 작위적으로 직업명을 나열하지 않더라도 해당 교과목의 핵심역량 표15 을 키워나가기 위해 노력한 과정과 결실에 대한 기술만으로도 진로역량에 대한 평가는 가능하다.

예를 들어 변호사를 목표로 하는 학생이라면 소년법 관련 청원, 개인정보보호법 개정방안, 모의법정, 판례 조사 등 청소년이라면 한번쯤 고민해 보았을 법한 주제로 탐구를 해 보는 활동도 좋다. 하지만 국어, 사회 교과목 외의 교과에서 법률을 소재로 하는 수행평가를 진행하기란 쉽지 않다. 이때, '법'이 등장해야 한다는 강박관념에서 벗어나 변

표15 교과목별 핵심역량				
국어과	수학과	영어과	사회과	과학과
비판적·창의적 사고역량	문제해결	글로벌 의사소통역량	창의적사고력	과학적사고력
자료·정보 활용역량	추론	자기관리역량	비판적사고력	과학적 탐구능력
의사소통역량	창의·융합	공동체역량	문제해결력 및 의사결정력	과학적 문제해결력
공동체· 대인관계역량	의사소통	지식정보 처리역량	의사소통	과학적 의사소통능력
문화향유역량	정보처리태도 및 실천	–	정보활용능력	과학적 참여와 평생학습능력
자기성찰·계발	–	–	협업능력	–

호사로서 필요한 역량으로 범주를 확대하면 소재의 범위도 넓어진다.

먼저 변호사에게 요구되는 업무수행능력과 지식 중 해당 교과목과 연계할 수 있는 내용을 찾아보자. 표16 설득, 행동조정, 사람 파악 등의 능력은 국어과에서의 대인관계역량과 부합되고, 문제해결, 논리적 분석, 판단과 의사결정은 수학과에서의 문제해결역량, 추론 등과 맞닿아 있다.

표16 변호사 직업 정보		
중요도	업무수행능력	설명
100	협상	의견 차이를 좁혀 합의점을 찾는다
99	문제 해결	문제의 본질을 파악하여 해결 방법을 찾고 실행한다
99	설득	타인의 마음이나 행동을 변화시키기 위해 설득한다
99	행동조정	다른 사람들의 행동에 맞추어 적절히 대응한다
99	범주화	기준·법칙을 정하고 그에 따라 사물·행위를 분류한다
99	논리적 분석	문제해결·의사결정을 위해 체계적으로 이치에 맞는 생각을 해낸다
99	판단과 의사결정	이득과 손실을 평가해서 결정을 내린다
98	사람 파악	타인의 반응을 파악하고 왜 그렇게 행동하는지 이해한다

(출처: 워크넷)

그렇다면 수학과에서의 세특 내용이 "장차 손해배상전문 변호사를 희망하는 학생으로서 손해배상액을 계산해 보는 과제에서 치료비와 입원으로 인한 경제적 손실, 정신적 고통에 대한 보상 등을 다차원적으로 계산하는 수학적 의사소통 역량을 발휘함."이라고 기재되지 않더라도 "공식을 암기하려고 하기보다 수학적 원리를 문제 상황 속에 적용하여 수학적 사고력을 신장시키자 노력함. '대선 출구조사 과정'을 자세히 분석하고 연구하여 실제비율을 어떻게 추정하는지 학습하였으며 이에 그치지 않고 여론조사의 과정이 실제 표본조사에서 나오는 표본평균과 표본비율을 이용한 추정 과정임을 깨닫고 관심을 갖고 원리를 파악하기 위해 자기주도적으로 학습함."이라고 기재되어 있을지라도 변호사로서 필요한 역량을 함양하기 위해 노력했다는 측면에서 학업역량뿐 아니라 진로역량에서도 긍정적으로 평가될 수 있다.

<table>
<tr><td rowspan="2">포인트</td><td>진로는 나왔지만 학업역량의
구체적 근거는 어디에?</td><td></td><td>학업에 충실하면서
진로역량도 OK</td></tr>
<tr><td>장차 손해배상전문 변호사를 희망하는 학생으로서 손해배상액을 계산해 보는 과제에서 치료비와 입원으로 인한 경제적 손실, 정신적 고통에 대한 보상 등을 다차원적으로 계산하는 수학적 의사소통 역량을 발휘함.</td><td>VS</td><td>공식을 암기하려고 하기보다 수학적 원리를 문제 상황 속에 적용하여 수학적 사고력을 신장시키자 노력함. '대선 출구조사 과정'을 자세히 분석하고 연구하여 실제비율을 어떻게 추정하는지 학습하였으며 이에 그치지 않고 여론조사의 과정이 실제 표본조사에서 나오는 표본평균과 표본비율을 이용한 추정과정임을 깨닫고 관심을 갖고 원리를 파악하기 위해 자기주도적으로 학습함.</td></tr>
</table>

앞의 표8 에서 알 수 있듯이 진로역량 지표는 학생부종합전형에서 매우 큰 비중을 차지한다. 굳이 학생부종합전형이 아니더라도 진로 탐구에 집중하는 것은 중요한 일이다. 하지만 우선순위가 역전되는 것은 경계해야 한다. 학업역량을 소홀히 해서는 안 되며, 이는 학교생활

기록부의 기재에서도 마찬가지다. 학업과 진로는 함께 나아가야 하는 두 축으로, 어느 한쪽에 치우치지 않는 균형 잡힌 접근이 필요하다.

학생의 수업 참여도에 따른 세특의 차별화

교육부의 2022 개정 교육과정 총론 해설집을 보면 이상적인 세특 기재의 방향에 대해 도출해 볼 수 있는 대목이 있다.

1) 단편적 지식의 암기를 지양하고 각 교과목의 핵심 아이디어를 중심으로 지식 이해, 과정 기능, 가치 태도의 내용요소를 유기적으로 연계하며 학생의 발달단계에 따라 학습 경험의 폭과 깊이를 확장할 수 있도록 수업을 설계한다.
2) 교과 내 영역 간, 교과 간 내용 연계성을 고려하여 수업을 설계하고 지도함으로써 학생들이 융합적으로 사고하고 창의적으로 문제를 해결하는 능력을 함양할 수 있도록 한다.
3) 학습 내용을 실생활 맥락 속에서 이해하고 적용하는 기회를 제공함으로써 학교에서의 학습이 학생의 삶에 의미 있는 학습 경험이 되도록 한다.
4) 학생이 여러 교과의 고유한 탐구 방법을 익히고 자신의 학습과정과 학습 전략을 점검하며 개선하는 기회를 제공하여 스스로 탐구하고 학습할 수 있는 자기주도학습능력을 함양할 수 있도록 한다.

(출처: 교육부, 2022 개정 교육과정 총론 해설)

위의 핵심 내용과 방향에서 도출할 수 있는 핵심 키워드는 '학습 경험의 폭과 깊이 확장', '융합적 사고', '창의적 문제해결능력', '과목 간 연계성', '실생활 적용', '자기주도적 학습'이다. 교육과정의 지향점은 당연하게도 학생부종합전형에서도 중요하게 평가되는 요소들이다.

이 중 '학습 경험의 폭과 깊이 확장', 즉 '지식의 심층적 이해'에

사고력 단계	개념	인지 유형	학교활동에 따른 세특 기재 예시
창조 (Creating)	기존의 지식을 통합하여 새로운 아이디어를 생성하는 최상위 단계의 능력	6-1 생성하기	~관련 실험 및 조사를 위한 방법을 고안하여 수행함
		6-2 계획하기	잠재적인 문제를 발굴하고 창의적인 해결방안을 계획함
		6-3 산출하기	리더십과 끈기를 바탕으로 독창적인 산출물을 창조함
평가 (Evaluating)	정보, 주장, 연구 결과 등을 비판적으로 평가하고, 기준에 따라 판단하는 능력	5-1 점검하기	~단원에서 학습한 실험결과/자신의 수행평가 과제를 비판적 관점으로 검증함
		5-2 비평하기	기존 연구결과/제시된 아이디어를 다각도로 분석하고 균형적으로 비평함
분석 (Analysing)	정보를 구성 요소로 분해하고, 조직적 구조와 내재된 원리를 파악하는 능력	4-1 구별하기	주어진 정보를 중요도에 따라 분류함
		4-2 조직하기	근거 자료를 체계적으로 구조화하고 통찰력 있는 결론을 내림
		4-3 귀인하기	복잡한 현상의 변수를 분석하여 근본적인 인과관계를 명확하게 제시함
		4-4 관계이해	데이터의 다양한 요소 간 상관관계를 분석함
		4-5 오류분석	논리적 추론 과정에서의 편향을 식별함
응용 (Applying)	학습한 지식, 기술, 방법을 새로운 상황이나 다양한 문제 상황에 적용하는 능력	3-1 집행하기	학습한 개념을 실제 실험으로 설계하여 수행함
		3-2 활용하기	~을 주제로 국내외 관계부처의 대응방안을 고찰함
이해 (Understanding)	정보를 받아들이고 그 의미를 해석하고 파악하는 것	2-1 해석하기	~을 읽고 맥락을 고려하여 내용을 해석함
		2-2 예를 들기	~을 학습 후, 마케팅 사례와 효과를 조사함
		2-3 분류하기	~을 조사 후, 주요 사례를 분류함
		2-4 요약하기	~문헌연구를 실시 후, 체계적으로 요약함
		2-5 추론하기	~에 대한 실험을 진행 후 원리를 추론함
		2-6 비교하기	~를 읽고 ~를 기준으로 비교 분석함
		2-7 설명하기	~를 학습 후, 동료 코칭/ 일일교사로 친구들에게 설명함
기억 (Remembering)	학습자가 정보를 인식하고 회상하는 능력	1-1 인지하기	~단원 학습 내용을 기억하고 인지함
		1-2 상기하기	~단원 개념 관련 퀴즈에서 우수한 성적을 거둠

표17 Bloom의 신 교육목표 분류에 따른 학교활동 예시

주목해 보자. 세특에서 인지적 차원의 우수성을 강조할 수 있는 방법은 무엇일까? Bloom은 신 교육목표 분류학(Revised Taxonomy)을 통해 인지능력을 6단계로 위계화한다.표17

학습은 수업의 내용을 기억하는 것에서 출발한다. 학습 내용을 이해하는 것이 2번째 단계라면 이해한 지식을 응용하는 것이 3번째 단계이다. 4번째 단계는 분석으로 교과 간, 교과 내 다른 단원과 연계하여 복합적인 지식을 분석하는 것이다. 5단계의 평가하기가 이뤄지기 위해

3장 교과 영역의 평가 원리와 차별화 전략

위계	Bloom	주요 기재 내용	등급체계	
			9	5
상	창조	교과 간 융합, 지식 간 전이, 창작, 설계, 기획 등	1~2	1
	평가	도전 및 실패 극복 노력, 기존 연구에 대한 비판적 인식과 재탐구 노력		
중	분석	자기주도적 자료검증, 자료 체계화 및 비교분석	2~3	2
	응용	지식을 실생활에 응용, 문제의식 착안 및 해결 방안 모색 등		
하	이해	교과 지식 이해 노력, 프로젝트 참여	4~9	3~5
	기억	수업 참여도 평가, 수행평가 제출 등		

표18 교내 탐구활동의 위계

서는 분석과 응용, 이해와 기억이 전제되어야 한다. 그리고 마침내 학습은 창조라는 가장 상위 단계의 수준으로 나아갈 수 있다.

6단계의 위계를 3단계로 압축하면 기억하기와 이해하기는 '지식의 획득'으로, 응용하기와 분석하기는 '지식의 심화'로, 평가하기와 창조하기는 '지식의 창조'로 범주화된다. 학생의 수업 참여도와 성취 수준에 따라 각 수준에 적합한 성취 정도가 세특에 기재될 것이다.

각 범주는 학생 개인의 학업 성취뿐 아니라 학생의 지적 능력, 도전정신, 주도성, 공동체의식, 수업 참여도 및 프로젝트 기여도 등의 다양한 관점으로 구분할 수 있다. 세특에 기술된 성취 수준에 의거하여 학업역량에 대한 평가가 이루어지고, 학생이 제출한 수행평가의 주제와 연구 조사 방법을 통해 진로역량에 대한 평가가 가능하다.

학업성취도가 2~3등급에 해당하고 과제 수행태도 역시 우수한 학생이라면 학업역량에서의 적극적이고 자기주도적인 학습 태도와 진로에 대한 관심과 학습 내용의 연계 노력이 기술될 수 있다.

학업성취도가 1~2등급에 해당하고 과제 수행태도가 매우 우수한 학생이라면 지식의 이해와 학습 태도, 응용과 분석 노력뿐 아니라 간학문적 사고력과 융합형 인재로서의 발전 가능성을 보여 줄 수 있는 도전정신, 문제해결 방안을 모색하고 실천하고자 하는 의지, 학습을 새로운 지식으로 재창조하는 면모가 드러나면 좋다.

같은 수업을 듣더라도 교과 지식을 이해하는 단계에만 머무르는

인지 지식	기억	이해	적용	분석	평가	창조
사실적 지식	하위10%	하위34%	상위66%	상위34%	상위10%	상위4%
개념적 지식	하위34%	하위34%	상위66%	상위34%	상위10%	상위4%
절차적 지식	상위66%	상위66%	상위34%	상위10%	상위10%	상위4%
메타 인지 지식	상위34%	상위34%	상위10%	상위4%	상위4%	상위4%

표19 단계별 세특 점수 예시

학생, 수업시간이 빨리 끝나기만을 기다리는 학생이 있는 반면, 교사의 요구 수준을 뛰어넘을 정도로 열정적으로 임하는 학생도 교실에는 분명 존재한다. 꾸준히 자기주도적으로 학습에 임하는 과정과 탐구 노력을 보여 주고자 노력한다면 선생님이 학생의 노력을 알아봐 줄 것이다.

성취도 및 원점수를 지식수준별, 인지 단계별로 고려하여 **표19** 와 같이 기록될 수 있다. 사실적 지식에서 메타인지 지식으로, 기억 단계에서 창조 단계로까지 발전하고 성장하기 위해 노력한다면 정량평가만이 아닌 정성평가에서도 좋은 점수를 받을 수 있다.

세특 내용의 구성

세특(세부능력 및 특기사항)의 이상적인 구조로써 명시화되어 있는 모범답안은 없다. 다만, 입학사정관의 관점에서 보고 싶은 세특의 구조는 **표20** 과 같다. 세특 영역에서 입학사정관들은 학업역량, 진로역량, 공동체역량 등 모든 영역의 평가 근거를 찾아낼 수 있지만 가장 중점으로 두는 부분은 해당 과목에서의 학업역량이다. 수치화된 비중이 명시된 적은 없지만 대략적으로 40~50% 정도는 해당 교과목에만 충실한 평가가 기술되어야 한다.

한때 세특이 온통 학생의 진로희망, 희망학과로만 가득 차서 정작 그 교과목에서 어떤 노력을 했고, 해당 수업에서 학생이 어떻게 성장했는지를 전혀 살펴볼 수 없는 경우가 많았다. 교과목에 대한 학습태도와 심화·확장 노력이 50% 정도 기재되었다면 나머지는 학생의 진로

비중	표20 좋은 세특의 구조	
비중	**구분**	**평가지표**
50%	· '해당' 교과목에 충실한 학습태도 · 독서, 토론, 실험 등을 통한 학습의 심화·확장	학업역량
30%	· 학습내용에 대한 탄탄한 이해를 바탕으로 진로연계활동으로 확장한 사례 1~2개 · 타 과목 융합 도전 · 실생활 응용 사례	진로역량
20%	· 학생의 성장과정에 대한 선생님의 객관적 관찰과 주관적 평가 · 공동체를 위한 희생정신, 학습기회를 진로탐색의 기회로 활용하는 리더십	학업역량 진로역량 인성

목표와 연계된 탐구 노력이 해당 교과목과 자연스럽게 이어지는 것이 좋다. 이때 희망 직업이 작위적으로 나열되는 건 크게 의미가 없다.

세특에서의 경쟁력

세특은 해당 교과에 해당하는 과목별 핵심역량이 어떤 과정을 거쳐 어느 정도로 성장했는지 가늠해 볼 수 있는 내용으로 구성돼야 한다. 수업에 대한 열정과 관심이 적극적이고 진취적인 학습 태도로 이어지고, 교과 내용에 대한 호기심에서 출발해 의문점을 찾고, 지적 호기심으로 본인의 의문을 해결하려고 노력하는 모습의 지원자들이 좋은 평가를 받는다. 과도한 선행의 흔적이 아닌, 수업 때 학습한 내용을 본인의 관심 분야와 연계해 다른 교과목, 동아리, 자율·자치활동, 진로활동, 독서활동 등으로 확장했을 때, 학교의 주어진 시간을 오롯이 자신의 발전과 성장을 위해 현명하게 투자하는 학생이라는 인상을 받는다.

---

*   5등급제 하에서 1등급은 상위 10%에 해당함. 본고에서 상위 4%는 1등급이면서 우수한 원점수, 모범적인 학업태도가 우수한 경우를 가정하여 설정함

교과수업에서
경쟁력 확보하기

맞춤형 교육과정 선택 길라잡이

학생부종합전형 평가에서 블라인드가 적용된 이후 교육과정의 중요성은 점점 더 커지고 있다. 서류평가 블라인드란 '대입전형 공정성 강화 방안'(2019.11.29)에 따라 출신 고교의 후광효과를 차단하기 위해 도입된 제도로 학생부종합전형 서류평가에서 출신 고교의 모든 정보(인적사항, 학적사항, 창의적체험활동 영역에서의 고교명, 고교명 약자 등)를 블라인드 처리하는 것이다. 따라서 입학사정관은 학교가 어떤 의도로 교육과정을 편성·운영했는지에 대한 정보가 없는 채로, 학생이 진로에 맞추어 어떤 교과목을 이수하여 진로에 필요한 역량을 키웠는지를 평가하게 되었다.

진로를 결정하는 일은 무거운 책임감이 수반되는 일이다. 중대한 결정을 내려야 한다고 생각하면 마음이 무거워 자꾸만 미루고 싶어진다. 하지만 가만히 일상에 머물러 있다가 혜성처럼 진로를 발견하게 되는 일은 극히 드물다. 학업과 비교과활동에 열중하다 보면 진로를 위해 고민할 시간은 더욱 촉박해진다.

그러므로 어떤 분야에 관심이 있고 어떤 과목을 공부할 때 어려워도 즐겁게 임할 수 있는지, 어떤 직무를 맡았을 때 유능함을 보이는지 스스로를 진단하고 성찰해야 한다. 진지한 성찰의 과정 없이 학교에서 수업하는 대로 진도를 따라가고, 학원에서 시키는 공부만 열심히 한다고 해서 1학년 때 불투명했던 진로가 2학년 때 가시화되지는 않는다.

표21 에릭슨의 심리사회적 발달 단계		
	자아통합 VS 절망	노년기
	생산성 VS 침체성	중년기
	친밀감 VS 고립감	청년기
	정체성 VS 혼돈	청소년기
	근면성 VS 열등감	학령기
	주도성 VS 죄의식	미취학
	자율성 VS 수치심과 의심	유아기
신뢰 VS 불신		영아기

↑
사회적 상호 작용

미래는 예측 불가능하고, 세상은 불확실성이 가득하다. 그럼에도 내가 잘할 수 있는 일이 무엇인가에 대한 고민은, 지금 당장 이루어 나가야 하고, 절대 미루어서는 안 되는 발달 과업 중의 하나이다.

발달심리학자이자 아동정신분석학자인 에릭슨은 청소년기의 발달과업은 자아 정체성 형성이라 하였다. 에릭슨의 심리사회적 발달 이론에서 청소년기는 '자아 정체감 대 역할 혼란'을 겪는 시기로 자신이 어떤 사람인지와 어떤 가치관을 가지고 있는지에 대해 깊이 고민하며 자신의 정체성을 찾아가게 된다.

표21 에서 볼 수 있는 바와 같이 사람은 여덟 단계의 심리사회적 발달 과정을 거치며 다양한 사회적, 직업적 역할을 탐색하고 성인으로서 자리매김할 준비를 한다. 성공하게 되면 자아 정체감이 형성되지만, 실패하는 경우 역할 혼란과 불확실성을 경험하게 된다. 시간이 흐름에 따라 신체 연령은 자연스럽게 높아지지만, 진로 연령은 그저 시간이 흐른다고 높아지는 것은 아니다. 이것이 적극적인 학과탐색이 필요한 이유이다.

자유전공학부에 지원할 예정이라면 학과탐색은 대학 진학 후로 미루어도 될까? 전공자율선택으로 입학하고자 하더라도 학생부종합전형으로 지원할 예정이라면 여전히 진로탐색 과정과 교과학습 지식을 발전시켜나가는 심화탐구의 노력이 나타나야 같은 등급대의 학생들 중에서도 매력적으로 돋보일 수 있다.

자유전공학부는 전공에 따른 과목 선택의 한계나 전공 선택의 압박 없이 학문 간 경계를 넘나들며 자신만의 학문적 관심과 진로 목표를 수립하고자 개설된 학과이다. 그러므로 학생의 다양한 경험을 위한 진취적인 노력, 인문학, 사회과학, 자연과학, 형식과학, 응용과학을 넘나드는 융합적인 사고 능력과 자기주도적인 학업역량이 보다 중요시된다. 즉, 자유전공학부는 하나의 전공만으로는 자신의 꿈을 이루기에는 부족한 학생이 다양한 전공을 융합하여 자신만의 전공을 설계하는 학부로서의 성격을 가지므로 뚜렷한 진로 목표가 없어도 괜찮은 것이 아니라 오히려 지원자만의 창의적이고 간학문적인 진로 목표가 두드러질 때 차별화될 수 있다.

자유전공학부 학생들이 '주제탐구세미나', '전공 설계', '창의탐구 세미나', '고전탐구 세미나' 등을 전공과목으로 이수하는 것은 대학이 탐구력과 지식의 재창조 능력의 함양을 중요하게 여긴다는 것을 방증한다.

전공자율선택제란 학생들에게 흥미와 적성에 맞는 전공을 선택할 수 있는 기회를 확대하기 위해 1년 동안 전공탐색 후 2학년부터 의학, 간호, 사범 계열을 제외한 학과를 선택할 수 있는 제도이다. 선택 가능 학과의 제한 범위에 따라 유형이 구분된다. 성균관대, 서강대, 한양대 등이 자유전공 모집단위를 신설하였으며, 자유전공학부를 운영하고 있었던 서울대, 고려대, 경희대는 선발인원과 모집학과를 확대하는 추세다.

학생부종합전형으로 전공자율선택 학과를 선발하는 경우 기존 학생부종합전형과 평가지표를 달리하는 경우가 있다. 전공적합성을 의미 있게 평가하지 않는다면 무전공 지원자들의 서류 속에서 돋보이기 위한 전략은 무엇일까? 우수한 학업성취도와 교과서에 기반하여 학습 내용을 심화·확장시키는 탐구의 길이 바로 그 해답이다.

전공자율선택제가 활성화된다 하더라도 대학 입학 이후 전공을 탐색하기보다는 입학 이전에 진로를 탐색하여 어떤 방향의 공부를 할지는 정해 두어야 한다. 진로 방향에 따라 고등학교 때 선택하는 과목이 달라지기 때문이다. 만약 국문과를 염두에 두고 공부한 학생이 대학에 무전공으로 입학한 뒤 컴퓨터 전공으로 진로를 정한다면 이 학생은 고등학교 시절 관련 과목을 배운 학생에 비하여 대학 공부가 쉽지 않을 수도 있고, 일부 과목은 고등학교에서 배우는 과목을 대학에서 기초 과목으로 수강해야 하는 어려움을 겪게 된다.

 주요 대학 전공자율선택(자유전공학부) 진학 후 학과 선택

1. 서울대학교
1) 자유전공학부
- 1학년: 자유전공학부 전공과목(주제탐구세미나, 전공설계 등), 필수 교양과목(학문의 기초, 핵심교양), 전공 탐색 과목(심리학 개론, 정치학 개론 등)
- 2학년:
 ① 전공 선택에서 문/이과 계열 구분 없이 졸업예정 4학기 이전 선택(단, 법과대학, 사범대학, 의과대학, 간호대학, 약학대학, 수의과대학 제외)
 ② 학생설계전공: 2개 이상의 학과(학문)의 융합을 토대로 한 교과과정을 학생 스스로 구성하여 학생설계전공위원회의 승인을 받아 전공으로 이수할 수 있음

2) 학부대학 광역전공
- 인문대학, 사회과학대학, 자연과학대학, 경영대학, 공과대학, 농업생명과학대학, 생활과학대학의 학과(부)·전공 선택 가능

2. 고려대학교

1) 자유전공학부

- 1학년: 공공거버넌스와 리더십 필수(법학, 행정학, 경제학의 기본과목 이수를 통해 법률적 기초 소양을 최우선적으로 갖춤) 및 교양(필수, 핵심) 이수
- 2학년: 두 번째 학기 말 각자의 진로 및 적성에 따라 보건의료, 사범, 예체능 계열 학과, 계약학과 등 일부 제외한 43개 학과 중 하나의 학과를 선택하여 이수(경영학과, 국어국문학과, 철학과, 한국사학과, 사학과, 사회학과, 한문학과, 영어영문학과, 독어독문학과, 불어불문학과, 중어중문학과, 노어노문학과, 일어일문학과, 서어서문학과, 언어학과, 생명과학부, 생명공학부, 식품공학과, 환경생태공학부, 식품자원경제학과, 정치외교학과, 경제학과, 통계학과, 행정학과, 수학과, 물리학과, 화학과, 지구환경과학과, 화공생명공학과, 신소재공학부, 건축사회환경공 학부, 기계공학부, 산업경영공학부, 전기전자공학부, 컴퓨터학과, 국제학부, 글로벌한국융합학부, 미디어학부, 바이오의공학부, 바이오 시스템의과학부, 보건환경융합과학부, 보건정책관리학부, 심리학부 중 선택)

2) 공과대학

- 1학년: 학과별 선수과목 및 교양(필수, 핵심) 이수
- 2학년: 두 번째 학기 말 화공생명공학과, 신소재공학부, 건축사회환경공학부, 기계공학부, 산업경영공학부, 전기전자공학부(총 6개 학과) 중 선택

3. 성균관대학교 자유전공계열

- 1학년: 교양기초교육 이수
- 2학년(또는 3학년): 의·약학계열, 사범대학, 예체능계열, 융합과학계열 첨단학과(반도체융합공학과, 양자정보공학과, 에너지학과), 정원외 계약학과(반도체시스템공학과, 지능형소프트웨어학과), 건축학과(5년제) 제외한 학과 선택 가능

4. 경희대학교 자율전공학부·자유전공학부

- 1학년: 사회과학, 인문학, 어학 중심의 기초소양교육과정 및 전공 탐색 프로그램을 통해 다양한 전공을 폭넓게 탐색
- 2학년: 계열에 상관없이 캠퍼스 별 개설된 학부(과) 전공 100% 선택(보건·의료계열, 신설 첨단학과, 일부 예술계열, 특성화고 등을 졸업한 재직자를 위한 모집단위 제외)

*주의: 무전공 학과 개편 세부사항은 각 대학 입시 요강 참조

교육과정 편성표의 이해

고등학교에서 어떤 과목을 배웠는지가 대학 공부로 이어진다. 고등학교 시절 화학을 공부하지 않고 치과대학에 진학했더니 새로 화학 공부하느라 고생하고 있다는 선배의 고백을 귀담아 들을 필요가 있다. '안 들어도 치대 갔잖아?'라고 반문할 수 있지만, 정시 수능에서 화학을 안 보고 생명과학Ⅰ과 지구과학Ⅰ에 응시하더라도 합격의 영광을 누릴 수 있는 제도가 언제까지 유지될지는 알 수 없다. 2028 대입에서는 정시 수능 전형에서도 학교에서 어떤 과목을 수강했는지 평가를 할 가능성이 높다. 서울대학교는 2023 대입부터 정시에서 교과평가를 해 오고 있다.

그렇다면 대학에 가는 길과 대학 공부를 잘하는 길, 두 길을 다 잡는 방법은 대학 전공과 관련된 과목을 선택해서 배우는 것이다. 진로·전공에 맞게 과목을 선택해서 배우기 위해서는 진로·전공에 맞는 과목이 무엇인지와 자기 학교에서는 어떤 과목을 어느 시기에 배울 수 있게 교육과정을 편성했는지, 배우고 싶은 과목을 다 배울 수 있는지를 알아야 한다. 그런데 한 학기에 6과목을 선택할 수 있는데, 배우고 싶은 과목이 8과목이라면 두 과목은 포기하거나 공동교육과정에서 배워야 한다. 그럴 때 우선순위를 정해서 학교에서 수강할 과목을 먼저 정해야 한다.

2022 개정 교육과정에 따라 편성된 학교교육과정은 모든 과목이 한 학기에 마치도록 되어 있다. 1학년에서는 주로 공통교육과정을 배우므로 선택의 여지가 별로 없다. 2, 3학년에서는 자신이 희망하는 과목을 선택해야 한다. 과목 선택은 고등학교 1학년 5월경에 과목 선택 안내를 하고 수강신청을 받게 되나, 선택을 잘 하기 위해서는 미리 알아보고 생각할 시간을 갖는 자세가 필요하다.

학교교육과정 편성표는 학교알리미에서 볼 수 있다. 중학생이라면 학교알리미에서 자신이 입학하고 싶은 학교를 찾아 현재 1학년에 다니고 있는 학생들에 해당하는 교육과정을 참조하게 된다. 입학할 학생에게 해당하는 교육과정은 공시를 하지 않고 있기 때문이다.

어떤 학교가 다음과 같은 교육과정을 편성해서 학생들에게 배울 과목을 선택하라고 했다면 학생은 어떤 과목을 선택할까?

표22에는 교과와 과목 사이에 유형이 있다. 유형은 공통, 일반, 진로, 융합의 4가지 종류가 있다. 공통은 선택이 없는 공통과목, 일반, 진로, 융합은 일반 선택과목, 진로선택과목, 융합선택과목을 말한다. 1학년 때는 주로 공통과목을 배운다. 표에서도 1학년 1, 2학기의 국어, 수학, 영어, 사회, 과학 교과는 공통과목을 배우고, 예술/체육 과목만 일반 선택과목을 배운다. 본격적인 선택은 2학년부터 시작된다.

서울대학교 첨단융합학부를 지원하는 학생의 경우를 두고 선택을 해 보자. 2학년 1학기에는 4학점짜리 과목 6개를 선택하도록 하였다. 첨단융합학부를 지원하려면 우선 수학과 과학 과목부터 선택해야 할 것이다. 국어와 영어는 수능까지 고려하여 매 학기 한 과목 정도를 선택하면 된다. 수학은 대수와 인공지능수학 중 하나 또는 두 과목 모두 선택할 수 있다. 대수는 선택을 반드시 해야 하는 과목이므로 우선 선택을 하고, 과학은 물리학과 물질과 에너지는 선택해야 한다. 벌써 세 과목을 정했으니, 국어 한 과목, 영어 한 과목을 정하면 다섯 과목을 정하게 된다. 국어는, 수능을 봐야 하니까, 수능 과목인 화법과 언어를 선택해야 하고, 영어는 영어 I 을 선택해야 한다. 한 과목은 제2외국어/한문 중에 선택해야 할 수도 있다. 서울대는 이 과목을 선택하게 하고 있다. 만일 제2외국어/한문 중 한 과목을 선택하지 않는다면 사회 과목에서 한 과목을 선택하도록 권장 받을 것이다. 세계를 이해하는 데 기본이 되는 세계시민과 지리는 어떤지.

2학기 선택 과정도 마찬가지다. 우선 수학에서 미적분 I 과 기하를 선택해야 한다. 수학은 위계가 있으므로 미적분 I 을 선택하지 않으면 미적분 II 를 배울 수 없다. 기하는 상위권 대학의 면접이나 논술고사 범위에 포함될 가능성이 높아 버릴 수 없다. 과학은 화학을 기본으로

표22 학교 교육과정 편성표

교과	유형	과목	기준 학점	운영 학점	1학년 1	1학년 2	2학년 1	2학년 2	3학년 1	3학년 2
국어	공통	공통국어1	4	4	4					
	공통	공통국어2	4	4		4				
수학	공통	공통수학1	4	4	4					
	공통	공통수학2	4	4		4				
영어	공통	공통영어1	4	4	4					
	공통	공통영어2	4	4		4				
사회	공통	한국사1	3	3	3					
	공통	한국사2	3	3		3				
	공통	통합사회1	4	3	3					
	공통	통합사회2	4	3		3				
과학	공통	통합과학1	4	3	3					
	공통	통합과학2	4	3		3				
	공통	과학탐구실험1	1	1	1					
	공통	과학탐구실험2	1	1		1				
체육	일반	체육1	3	2	2					
	일반	체육2	3	2		2				
	진로	스포츠생활1	3	2			2			
	진로	스포츠생활2	3	2				2		
	융합	스포츠문화	2	1					1	
	융합	스포츠과학	2	1						1
예술	일반	음악/미술	3	2	2	2				
기·가/정보	일반	기술·가정/정보	4	3	3	3				
	융합	생애 설계와 자립	2	1						1
국어	일반	화법과 언어	4	4			24 택6			
	진로	주제탐구 독서	4	4						
	융합	독서토론과 글쓰기	4	4						
수학	일반	대수	4	4						
	진로	인공지능수학	4	4						
수학	일반	영어I	4	4						
	진로	영어 발표와 토론	4	4						
사회	일반	세계시민과 지리	4	4						
	진로	동아시아 역사기행	4	4						
	일반	사회와 문화	4	4						

표22 학교 교육과정 편성표

교과	유형	과목	기준학점	운영학점	1학년		2학년		3학년	
					일반	2	1	2	1	2
사회	일반	윤리와 사상	4	4			24 택6			
과학	일반	물리학	4	4						
	진로	물질과 에너지	4	4						
	진로	세포와 물질 대사	4	4						
	일반	지구과학	4	4						
정보	진로	인공지능 기초	4	4						
제2외국어/한문	일반	중국어	4	4						
	일반	일본어	4	4						
	일반	한문	4	4						
예술	진로	음악 연주와 창작	3	3			3 택1			
	진로	미술 창작	3	3						
국어	일반	독서와 작문	4	4					24 택6	
	진로	문학과 영상	4	4						
	융합	매체 의사 소통	4	4						
수학	일반	미적분I	4	4						
	진로	기하	4	4						
	진로	실용 통계	4	4						
영어	일반	영어II	4	4						
	진로	영미 문학 읽기	4	4						
	융합	미디어 영어	4	4						
사회	진로	한국지리 탐구	4	4						
	일반	세계사	4	4						
	진로	정치	4	4						
	진로	법과 사회	4	4						
	일반	현대사회와 윤리	4	4						
과학	진로	역학과 에너지	4	4						
	일반	화학	4	4						
	일반	생명과학	4	4						
	진로	지구시스템과학	4	4						
기·가	진로	로봇과 공학 세계	4	4						
제2외/한문	일반	중국어 회화	4	4						
	일반	일본어 회화	4	4						
	일반	한문고전 읽기	4	4						

표22 학교 교육과정 편성표

교과	유형	과목	기준학점	운영학점	1학년 1	1학년 2	2학년 1	2학년 2	3학년 1	3학년 2
예술	진로	음악 감상과 비평	4	4				3 택1		
	진로	미술 감상과 비평	4	3						
국어	일반	문학	4	4						
	진로	문학과 영상	4	4						
수학	일반	확률과 통계	4	4						
	진로	미적분II	4	4						
	융합	수학과제 탐구	4	4						
영어	일반	영어 독해와 작문	4	4						
	융합	실생활 영어 회화	4	4						
사회	진로	도시의 미래 탐구	4	4					24 택6	
	진로	경제	4	4						
	진로	인문학과 윤리	4	4						
	진로	국제 관계의 이해	4	4						
	융합	사회문제 탐구	4	4						
과학	진로	전자기와 양자	4	4						
	진로	화학 반응의 세계	4	4						
	진로	생물의 유전	4	4						
	진로	행성우주과학	4	4						
기·가/정보	융합	지식 재산 일반	4	4						
	융합	데이터 과학	4	4						
제2외국어	진로	심화 중국어	4	4						
	진로	심화 일본어	4	4						
예술	융합	음악과 미디어	3	2					4 택2	
	융합	미술과 매체	3	2						
교양	일반	생태와 환경	3	2						
	진로	인간과 심리	3	2						
	진로	보건	3	2						
	진로	교육의 이해	3	2						
국어	진로	문학과 영상	4	3						27 택9
	융합	언어생활 탐구	4	3						
수학	융합	수학과 문화	4	3						
	융합	실용 통계	4	3						
영어	진로	세계 문화와 영어	4	3						

교과	유형	과목	기준 학점	운영 학점	1학년		2학년		3학년	
					1	2	1	2	1	2
사회	융합	여행지리	4	3						
	융합	역사로 탐구하는 현대 세계	4	3						
	융합	금융과 경제생활	4	3						
	융합	윤리문제 탐구	4	3						
	융합	기후변화와 지속가능한 세계	4	3						
과학	융합	과학의 역사와 문화	4	3						
	융합	기후변화와 환경생태	4	3					27 택9	
	융합	융합과학탐구	4	3						
정보	융합	소프트웨어와 생활	4	3						
제2외국어	융합	중국 문화	4	3						
	융합	일본 문화	4	3						
체육	진로	운동과 건강	3	3						
교양	융합	논술	3	3						
	융합	인간과 경제활동	3	3						
교과 이수 학점 소계			174		29	29	29	29	29	29
창의적체험활동			18		3	3	3	3	3	3

선택하고 생명과학과 역학과 에너지 중 하나를 선택하게 된다. 둘 다 선택하려면 국어나 영어 중 한 과목을 선택하지 않아야 한다. 즉, 세 과목 선택은 불가하다는 뜻이다. 국어는 독서와 작문을, 영어는 영어Ⅱ를 선택하게 된다. 수능 과목이기 때문이다. 그럼 수학 2, 과학 2, 국어 1, 영어 1, 합계 여섯 과목을 선택했으므로 더 이상 선택할 여유가 없다. 음악 감상과 비평, 미술 감상과 비평은 둘 중 하나를 선택하면 된다.

3학년 1학기 수학은 미적분Ⅱ를 선택해야 하고, 국어와 영어는 좋아하는 과목 중 하나씩을 선택하면 된다. 과학은 전자기와 양자, 화학 반응의 세계를 선택하게 되겠지만, 2학년에서 생명과학 과목을 선택하지 않았다면 생물의 유전을 선택하지 못하게 될 수도 있다. 여기까지 다섯 과목을 선택했으므로 한 과목을 더 선택하게 된다. 그런데 필수이수 단위를 채워야 하므로 기술·가정/정보에 편성된 과목 중 데이터과학을 선택하게 될 것이다.

　수시 입시는 3학년 1학기 과목까지 반영되므로 여기까지 선택을 하고 나면 일단 한숨 돌릴 수 있다. 이렇게 선택을 하고 보면 선택권이 있다고는 하지만 반드시 선택해야 할 과목도 많고 반드시 선택을 해야 함에도 불구하고 선택할 수 없는 경우도 많다는 것을 새삼 느끼게 된다. 그래서 미리 고민하지 않으면 당황하게 되고 실수하게 된다.

　참고로 2015 개정 교육과정에서 진로선택과목은 상대평가 등급을 선택하지 않아서 일반선택보다는 진로선택과목을 선호하는 학생도 있었지만, 2022 개정 교육과정에서는 사회·과학 융합선택과목을 제외하고 대입에 반영되는 대부분의 과목은 상대평가 5등급 성적을 산출하게 되므로 등급을 잘 따려고 선택하는 일은 적어질 것이다. 어려운 과목에 마니아가 몰릴까봐 기피할 수는 있겠지만. 그러나 도피는 비겁한 태도라서 학교생활기록부 정성평가에서는 좋지 않은 평가를 받게 된다. 그러니 최선의 방어는 도전이다.

---

*　　주형미 외(2023). 2022 개정 교육과정에 따른 고교학점제 운영 방안 탐색. 연구보고 RRC 2023 – 7. 한국교육과정평가원. 116쪽. 학기별 진로연계 선택과목 편성 방안, 〈표〉 Ⅴ-1-5를 수정하여 사용함

2015 vs. 2022 개정 교육과정
교과 선택 로드맵

어떤 교과목을 이수하는 것이 좋을지에 대한 고민은 학생이 진학하고자 하는 학과의 홈페이지를 방문하는 것에서 답을 찾아야 한다. 약학과를 예시로 들어 보자. 대학에서 공개한 교과과정표를 살펴보면 1학년에 일반생물학 및 실험을 이수하고, 2학년에 분자세포학, 약품생화학을 이수하며, 3학년에 의약통계학 등의 과목을 이수한다. 그렇다면 고등학교 때 확률과 통계, 화학과 생명과학에서 기본기를 잘 다져나가는 게 중요하다는 것을 파악할 수 있다. 또한, 다른 대학의 약학대학 전공선택과목을 보면 '법과학과 생체분석', '바이오엔지니어링의 기초', '기능성화장품소재학' 등 다른 전공과 연계될 수 있는 과목들이 개설되어 있는 것을 확인할 수 있다. 이러한 교과목에서 탐구주제의 힌트를 얻을 수도 있고, 물리를 이수해서 바이오엔지니어링으로 진로를 구체화하게 되는 계기로 작용할 수도 있다. 그러므로 진로목표가 생겼다면 반드시 그 학과의 홈페이지를 방문하여 어떤 커리큘럼으로 공부를 하게 될 것인지, 고등학교 때 어떤 역량을 키워나가야 하는지 스스로 파악해야 한다.

서울대학교는 2021년에 2024학년도 '전공 연계 교과이수 과목'을 발표하고 수시모집 서류평가 및 정시모집 교과평가에 반영할 것을 예고하였다. 이후 2024년에는 수정·보완된 2025학년도 '전공 연계 교과이수 과목'을 안내하고 2026학년도의 변경사항을 예고하였다. 핵심 권장과목은 지원조건을 의미하는 것은 아니다. 대학 진학 후 해당 전공 학업 시 도움이 되는 과목에 해당한다. 인문계열에서는 경제학부, 농경제사회학부만 권장과목을 제시하고 있으며 지리교육과의 권장과목은 2025학년도 이후 삭제되었다. 인문대학, 경영대학, 미술대학, 음악대학, 치의학대학원을 제외한 자연계열은 대부분의 학과에서 핵심 권장과목과 권장과목을 제시하고 있다. 핵심 권장과목은 학생이 희망하는 전공 분야의 학문적 기초 소양을 쌓을 수 있는 필수 연계과목이며, 권장과목은 모집단위 수학을 위해 교육과정에서 배우기를 추천하는 과목을 의미한다.

　학교의 여건상 혹은 학생이 희망하는 다른 교과목과 겹쳐서 이수를 하지 못하게 되는 경우, 다른 선택과목과 비교과활동에서 두루 나타나는 적극성과 충실성을 종합적으로 평가하므로 과목 선택을 위한 지침서 정도로 파악하는 것이 좋다.

　경희대·고려대·성균관대·연세대·중앙대 등 5개 대학 역시 공동연구를 통해 '대학 자연계열 전공 학문 분야의 교과 이수 권장과목'을 발표하였고 이후 2024년 5월 고려대학교도 자체적으로 자연계열 이수 권장과목을 발표하였다. 세 자료를 종합하면 **표23** 과 같다. 과목 이수의 위계에 따라 확률과 통계, 미적분, 기하를 이수하기 위해서는 이전 학기에 수Ⅰ, 수Ⅱ를 이수해야 하고, 화학Ⅱ가 핵심 권장과목에 기재되어 있다면 화학Ⅰ을 선이수해야 한다.

　학생들의 과목 선택에 대한 고민을 덜어주기 위해 시·도 교육청에서는 2015 개정 교육과정의 선택과목 안내서를 제작하여 발표하였고 2022 개정 교육과정에 따른 선택과목 안내서도 점진적으로 발표될 예정이다. 고교학점제 사이트(https://www.hscredit.kr)에서는 교육수요자들이 각 교육청의 발간 자료를 보다 손쉽게 찾아 볼 수 있도록 관련 링크를 제시하고 있다.

　2022 개정 교육과정의 설계 취지에 대해 교육부는 '깊이 있는 학

표23 서울대, 고려대, 연·고·성·중·경희대학교 권장과목

서울대 모집단위	핵심 권장과목	권장과목	고려대 모집단위	이수 권장과목	연·고·성·중·경 학문분야	핵심 권장	권장
수리과학부 수학교육과 통계학과	미적분, 확률과 통계, 기하		수학과/ 수학교육과	기하	수학/ 통계	미적분, 기하	확률과 통계
화학부	화학II, 미적분	확률과 통계, 기하	화학과	화학	화학	미적분, 확률과 통계 화학II	기하, 물리학II, 생명과학II
화학교육과	화학II	미적분, 확률과 통계, 기하					
화학생물공학부	미적분, 기하	확통 또는 생명I 또는 화학I	화공생명 공학과	화학, 생명과학	재료/화공 고분자/ 에너지	미적분, 물리학I, 화학II	확률과 통계, 기하 물리학II
재료공학부	미적분, 기하	물리학II, 화학II, 확률과 통계	융합에너지 공학과 신소재공학부	화학, 물리학			
에너지자원공학과	물리학II, 미적분, 기하	확률과 통계					
바이오시스템 · 소재학부	미적분, 기하	물리학II 또는 화학II					
원자핵공학과	물리학II, 미적분	–					
생명과학부	생명과학II, 미적분	화학II, 확률과 통계, 기하	생명과학부	화학, 생명과학	생명과학/ 환경/ 생명공학/ 농림	화학I, 생명과학II	미적분, 확률과 통계 화학II
생물교육과	생명과학II	화학II, 미적분, 확률과 통계					
식물생산과학부	생명과학II	화학II, 미적분, 확률과 통계, 기하					
응용생물화학부	화학II, 생명과학II	미적분, 확률과 통계, 기하	생명공학부	화학, 생명과학			
식품·동물생명공학부	화학II, 생명과학II	–					
식품영양학과	–	화학I, 생명과학I	식품공학과	화학, 생명과학			
물리·천문학부– 천문학전공	지구과학I, 미적분, 기하	지구과학II, 물리학II, 확률과 통계	–	–	천문/지구	미적분 물리학I, 화학I, 지구과학II	확률과 통계, 기하 물리학II

3장 교과 영역의 평가 원리와 차별화 전략

표23 서울대, 고려대, 연·고·성·중·경희대학교 권장과목

서울대 모집단위	핵심 권장과목	권장과목	고려대 모집단위	이수 권장과목	연·고·성·중·경 학문분야	핵심 권장	권장
지구과학교육과	지구과학I	지구과학II, 미적분, 확률과 통계, 기하	환경생태 공학부	화학, 생명과학	천문/지구	미적분 물리학I, 화학I, 지구과학II	확률과 통계, 기하 물리학II
지구환경과학부	물리학II 또는 화학II 또는 지구과학II, 미적분	확률과 통계, 기하	지구환경 과학과	지구과학			
항공우주공학과	물리학II, 미적분, 기하	지구과학II, 확률과 통계					
조선해양공학과	물리학I, 미적분, 기하	확률과 통계					
조경·지역 시스템공학부	미적분, 기하	물리학II, 확률과 통계					
건설환경공학부	미적분, 기하	확률과 통계	건축사회환경 공학부	–	건설/건축	미적분	확률과 통계, 기하 물리학1
건축학과	–	미적분	건축학과	–			
물리·천문학부– 물리학전공	물리학II, 미적분, 기하	확률과 통계	물리학과	물리학	물리	미적분, 기하, 물리학II	확률과 통계 화학I
물리교육과	물리학II	미적분, 확률과 통계, 기하					
간호대학	–	생명과학I, 생명과학II	간호대학	화학, 생명과학	간호/보건	확률과 통계, 생명과학II	미적분 화학I, 화학II
약학계열	화학I, 생명과학I	미적분, 화학II또는 생명과학II	보건환경 융합과학부	화학, 생명과학	약학	미적분, 화학II, 생명과학II	확률과 통계, 기하 물리학I
의예과	생명과학I	생명과학II, 미적분, 확률과 통계, 기하	의과대학 바이오시스템 의과학부	화학, 생명과학	의학	미적분 화학I, 생명과학II	확률과 통계 물리학I, 화학II
수의예과	생명과학II	미적분, 확률과 통계	–	–	–	–	–
기계공학부	물리학II, 미적분, 기하	확률과 통계	기계공학부 / 반도체공학과	물리학	기계	미적분, 기하, 물리학II, 화학I	확률과 통계, 화학II
전기·정보공학부	물리학II, 미적분	확률과 통계, 기하	전기전자 공학부 / 차세대 통신학과	물리학	전기/전자	미적분, 기하, 물리학II, 화학I	확률과 통계

서울대 모집단위	핵심 권장과목	권장과목	고려대 모집단위	이수 권장과목	연·고·성·중·경 학문분야	핵심 권장	권장
컴퓨터공학부	미적분, 확률과 통계	-	컴퓨터계열 (컴퓨터학과, 사이버국방학과 등)	기하	컴퓨터	미적분, 기하	확률과 통계, 인공지능수학
산업공학과	미적분	확률과 통계	산업경영공학부	-	산업	미적분, 확률과 통계	-
공과대학 (광역)	미적분, 확률과 통계	기하	스마트모빌리티학부	화학, 물리학	-	-	-
첨단융합학부	미적분	확률과 통계 또는 물I 또는 화I	바이오의공학부	화학, 물리학			
자유전공학부	-	미적분, 확률과 통계					

표23 서울대, 고려대, 연·고·성·중·경희대학교 권장과목

습, 교과 간 연계와 통합, 삶과 연계한 학습, 학습과정에 대한 성찰을 개발의 지향점으로 삼았다'고 밝혔다. 2015 교육과정 대비 2022 교육과정에서 수학과 과학 교과(군)의 일부 과목명이 변경되었다. 물리학Ⅰ은 물리학으로, 화학Ⅰ은 화학으로, 생명과학Ⅰ은 생명과학으로, 지구과학Ⅰ은 지구과학으로 변경되었으며 물리학Ⅱ는 역학과 에너지, 전자기와 양자 2개 과목으로 분리·편성되었다. 화학Ⅱ 역시 물질과 에너지, 화학 반응의 세계로 분리·편성되었다. 생명과학Ⅱ는 세포와 물질대사, 생물의 유전으로, 지구과학Ⅱ는 지구시스템 과학과 행성우주과학으로 세분화되었다. 또한, 수학Ⅰ은 대수로, 수학Ⅱ는 미적분Ⅰ로, 미적분은 미적분Ⅱ로 변경되었다.

주요 교과별 변화 내용은 표24 와 같다. 국어 교과에서는 독서 토론과 글쓰기, 매체 의사소통, 언어생활 탐구 등 일상생활에서 필요로 하는 말하기, 글쓰기 등의 의사소통역량을 함양할 수 있는 교과목이 신설되었다. 사회 교과에서는 2015 개정 교육과정 시 여행지리, 사회문제 탐구가 신설된 것에 이어 도시의 미래 탐구, 기후변화와 지속가능한 세계, 금융과 경제생활, 국제 관계의 이해 등 4개 과목이 신설되었다. 역사 교과에서는 역사로 탐구하는 현대 세계 등 1개 과목이 융합선택으

3장 교과 영역의 평가 원리와 차별화 전략

표24 2022 개정 교육과정 주요 교과별 변화 내용

교과		
국어	**■ 독서교육** ▸ 모든 선택과목에 1학기 1권 통합적인 독서활동 제시 **■ 핵심 내용 선별** ▸ (국어) 성취기준 26개 ▸ (선택과목 이동) 사동, 작가의 개성 등, (삭제) 반모음첨가, 고대–중세–근대의 음운변화 등 ▸ (신설) 문제해결을 위한 독서/작문 등	**■ 진로와 성장을 중시하는 선택과목 신설** ▸ (일반) 화법과 언어, 독서와 작문, 문학 　(진로) 주제탐구 독서, 문학과 영상, 직무 의사소통 　(융합) 독서 토론과 글쓰기, 매체 의사소통, 언어생활 탐구 **■ 심화, 확장 방식의 내용 설계 및 선별** ▸ 공통국어1, 2 성취기준 29개 ▸ (이동) 한글 맞춤법의 원리(중으로 이동) 등 ▸ (삭제) [쓰기] 사회적 상호작용으로서의 쓰기 등 ▸ (추가) [읽기] 진로나 관심 분야에 대한 주제 통합적 읽기/[쓰기] 공동 보고서 쓰기/[문법] 한글 맞춤법의 적용과 문제해결/[매체] 영역 신설 및 '공통국어1, 2'에 2개 성취기준 제시 등
영어	**■ 과목 편성** – 공통 1개, 일반선택 4개, 진로선택 5개, 전문교과 8개 – '기본영어'는 진로선택에 편성 **– 공통과목: 영어** **– 전문 교과I:** 심화 영어I, 심화 영어II, 심화 영어 회화I, 심화 영어 회화II, 심화 영어 독해I, 심화 영어 독해II, 심화 영어 작문I, 심화 영어 작문II **■ 영역 설정 및 성취기준** – 언어 기능별(듣기, 말하기, 읽기, 쓰기)로 영역 구성 – 공통영어 성취기준 수는 21개	**■ 과목 통합 및 신설** – (조정) 전문교과I을 보통 교과로 통합, 융합선택과목 신설 – (이동) '기본영어'를 공통과목으로 편성 – 공통 4개, 일반선택 3개, 진로 선택 5개, 융합 선택 3개 **– 공통과목:** 공통영어 1,2, 기본영어 1,2 **– 선택과목** · **일반선택:** 영어I, 영어II, 영어 독해와 작문 · **진로 선택:** 영미 문학 읽기, 영어 발표와 토론, 직무 영어, 심화 영어, 심화 영어 독해와 작문 · **융합 선택:** 실생활 영어 회화, 미디어 영어, 세계 문화와 영어 **■ 영역 변경** – (개선) 과목 특성을 고려하여 과목별 2개 영역 또는 새로운 영역으로 구성 – 성취기준 수는 공통영어1 16개, 공통영어2 17개 **■ 내용요소 및 성취기준 추가** – (신설) 내용체계표에 언어 지식인 담화와 글의 유형 제시 – (신설) 가치·태도 관련 내용 및 성취기준 추가 – (신설) 전략 및 매체 활용 관련 내용 및 성취기준 추가
사회	**■ 공통과목– 통합사회,** 　일반선택– 9개, 　진로선택– 3개, 　국제계열(전문교과)– 11개 **■ [세계지리, 한국지리]** 계통지리와 지역지리 내용 함께 구성 **■ [정치와 법]** 단일과목으로 구성 **■ [사회문화]** 지위, 역할, 현재 사회의 변동 양상 등 내용 요소 존재	**■ 공통과목– 통합사회1, 2,** 　일반선택– 4개, 　진로선택– 9개, 　융합선택– 6개 **■ (과목 신설)** 도시의 미래 탐구, 기후변화와 지속가능한 세계, 금융과 경제생활, 국제 관계의 이해 **■ (과목 성격 변경)** 세계지리 → 세계시민과 지리, 한국지리 → 한국지리 탐구 **■ [세계시민과 지리, 한국지리 탐구]** 지역지리 관련 내용은 사례로 활용, 체계적인 지역지리 내용은 중학교로 이동 **■ (과목 분리)** 정치와 법에서 정치, 법과 사회로 과목으로 분리 **■ [사회와 문화]** 과목명 변경, 지위, 역할, 현재 사회의 변동 양상 등은 중학교 사회와 중복으로 삭제, 대중문화, 미디어, 다문화 이론 등 최근 사회 변화 반영 **■** 기본학점 5 → 4학점으로 조정됨에 따라 4개 단원, 성취기준 수는 12~16개로 조정

표24 2022 개정 교육과정 주요 교과별 변화 내용		
교과		
역사	■ 공통과목–한국사, 일반선택–세계사, 동아시아사 ■ [세계사] 지역사 체계를 근간으로 구성하되, 근대 제국주의와 세계대전 이후 동·서양 통합 구성 ■ [동아시아사] 한·중·일을 중심으로 동북아시아 중심의 정치 위주 교류사 편성	■ 공통과목–한국사, 일반선택–세계사, 진로선택–동아시아 역사 기행, 융합선택–역사로 탐구하는 현대 세계 ■ (과목 신설) 역사로 탐구하는 현대 세계 ■ (과목 성격 변경) 동아시아사→ 동아시아 역사기행 ■ [한국사] 전근대 시대별 주요 내용을 정치사 중심 핵심 내용 이해와 분류사 체계의 주제탐구로 구성하고, 근현대 한국사를 세계사 흐름 속에서 파악 ■ [세계사] 인권, 평화, 생태 등 인류 핵심 가치를 세계사의 역사 흐름을 통해 탐구할 수 있도록 주제 중심 내용체계 구성 ■ [동아시아 역사기행] 동아시아(동북아시아·동남아시아)지역을 배경으로 한 교류의 역사와 상관성을 학생 흥미를 고려하여 진로선택과목 특성에 적합하도록 재구조화 ■ [역사로 탐구하는 현대 세계] 20세기 전쟁과 평화, 생태환경, 경제, 다문화 등 핵심 주제를 중심으로 현대 세계 형성과 변화 과정, 인과관계 등을 탐구하는 내용체계 구성
수학	■ (공통과목) • 수학 ■ (선택과목) 일반선택 4과목, 진로선택 6과목, 전문교과 4과목으로 구성 • 과목 신설	■ (공통과목) 학기 단위 운영을 위한 과목 분리 및 기초학력보장을 위해 기본수학1,2를 공통과목에 편성 • 공통수학1,2, 기본수학1,2 ■ (선택과목) 학습자의 다양한 진로와 적성을 고려하여 이수할 수 있도록 선택과목 다양화(일반 3과목, 진로 10과목, 융합 3과목) • 직무 수학, 수학과 문화, 실용 통계, 전문 수학, 이산 수학, 고급 기하, 고급 대수, 고급 미적분 ■ (학습내용 재구조화) 디지털 역량 함양 등을 위해 필수 학습요소를 중심으로 학습량 적정성 등을 고려하여 내용 재구조화 • (공통수학) 외분, 직선의 방정식 삭제, 행렬과 연산(덧셈, 뺄셈, 곱셈) 편성 등, (확률과 통계) 원순열 삭제, 공학 도구를 이용한 모비율 추정 편성 등
사회	■ (공통과목) • '통합과학' • '과학탐구실험' ■ (선택과목) • 일반선택 4개/진로선택 7개 • 물/화/생/지 각 영역별 일반 및 진로선택 1개 과목씩과 융복합 과목 3개로 편성 ■ (전문교과) • (과학계열) 10개	■ (공통과목) 학기별 편성 고려 및 과학소양 강조 • '통합과학1,2' 구성, 과학의 기초 및 과학과 미래 사회 단원 신설 • '과학탐구실험1,2' 구성, 첨단과학기술 활용 강조 ■ (선택과목) 진로연계과목 재구조화 및 신설 • 일반선택 4개/진로선택 8개/융합선택 3개 • 물/화/생/지 각 영역별 일반선택 1개 과목을 토대로 진로선택 각 2개 과목으로 재구조화 • 실생활 연계 등의 융복합 3개 과목으로 편성 ■ 특수목적고 진로 및 융합선택과목 • 과학계열 선택과목(진로 5개, 융합 4개)

로 신설되었다. 수학 교과는 다양한 진로와 적성을 고려하여 선택과목
이 다양화되었다. 과학 교과에서는 진로연계과목의 재구조화가 이루어

지고 실생활 연계과목이 신설되었다.

 2022 개정 교육과정에서 교과는 보통 교과와 전문 교과로 구분된다.**#25** 보통 교과의 교과(군)는 국어, 수학, 영어, 사회(역사/도덕 포함), 과학, 체육, 예술, 기술·가정/정보/제2외국어/한문/교양이다. 보통 교과는 다시 공통과목과 선택과목으로 구분되며 선택과목은 일반 선택과목, 진로선택과목, 융합선택과목 등 3가지로 세분화된다. 일반 선택과목은 학문별 주요 내용에 대한 교과목이고, 진로선택과목은 교과별 심화학습과 진로와 관련해 선택할 수 있는 과목들로 구성돼 있다. 융합선택과목은 교과 내·교과 간의 융합과 지식의 실생활 응용을 도모하는 과목이다.

 전문 교과는 국가직무능력표준을 반영하여 경영·금융부터 보건·복지, 문화·예술·디자인·방송, 미용, 관광·레저, 식품·조리 등 다양한 분야로 구성되며, 전문 공통과목, 전공 일반 과목, 전공 실무 과목 등 3개의 영역으로 구분한다.

 2022 개정 교육과정을 이수하게 되는 학생의 경우에도 공통과목 이수를 통해 학업의 기본기를 다지고 이후 희망 진로와 진학 희망 학과에서 요구하는 핵심역량을 함양할 수 있는 과목을 선택하여 지식의 폭을 넓혀 나가야 한다.

 예를 들어 경영/경제학과 진학을 희망한다면 영어군의 진로선택에서는 영어발표와 토론, 심화 영어 독해와 작문, 실생활 영어 회화를 선택하고 수학군의 진로선택에서는 확률과 통계, 경제수학이나 미적분 Ⅱ을 융합선택에서는 수학과제탐구를 선택하여 진로역량을 함양해 나가는 모습을 보여 줄 수 있다.

 공학계열 진학을 희망하는 경우 수학군의 진로선택에서 기하, 미적분 Ⅱ을 이수해야 하므로 일반선택에서 필수적으로 대수와 미적분 Ⅰ을 이수하고 과학군의 일반 선택에서 물리학, 진로 선택에서 역학과 에너지, 전자기와 양자를 선택하고, 전문 교과 과학계열 융합 선택에서 물리학 실험 등을 선택할 수 있다. 만약 전문 교과 개설이 어려운 학교

표25 2022 개정 교육과정의 보통 교과

교과(군)	공통과목 (기초소양)	선택과목		
		일반 선택 (학문별 주요내용)	진로 선택 (심화과목)	융합 선택 (교과융합, 실생활응용)
국어	공통국어1 공통국어2	화법과 언어, 독서와 작문, 문학	주제탐구 독서, 문학과 영상, 직무 의사소통	독서 토론과 글쓰기, 매체 의사소통, 언어생활 탐구
수학	공통수학1 공통수학2 기본수학1 기본수학2	대수, 미적분I, 확률과 통계	기하, 미적분II, 경제 수학, 인공지능 수학, 직무 수학	수학과 문화, 실용 통계, 수학과제탐구
영어	공통영어1 공통영어2	영어I, 영어II,	영미 문학 읽기, 영어 발표와 토론, 심화 영어, 심화 영어 독해와 작문, 직무 영어	실생활 영어 회화, 미디어 영어, 세계 문화와 영어
	기본영어1 기본영어2	영어 독해와 작문		
사회 (역사/도덕 포함)	한국사1 한국사2	세계시민과 지리, 세계사, 사회와 문화, 현대사회와 윤리	한국지리 탐구, 도시의 미래 탐구, 동아시아 역사 기행, 정치, 법과 사회, 경제 윤리와 사상, 인문학과 윤리, 국제 관계의 이해	여행지리, 역사로 탐구하는 현대 세계, 사회문제 탐구, 금융과 경제생활, 윤리문제 탐구, 기후변화와 지속가능한 세계
	통합사회1 통합사회2			
과학	통합과학1 통합과학2	물리학, 화학, 생명과학, 지구과학	역학과 에너지, 전자기와 양자, 물질과 에너지, 화학 반응의 세계, 세포와 물질대사, 생물의 유전, 지구시스템과학, 행성우주과학	과학의 역사와 문화, 기후변화와 환경생태, 융합과학탐구
	과학탐구실험1 과학탐구실험2			
기술·가정/ 정보		기술·가정	로봇과 공학세계, 생활과학탐구	창의 공학 설계, 지식 재산 일반, 생애 설계와 자립, 아동발달과 부모
		정보	인공지능 기초, 데이터 과학	소프트웨어와 생활
제2외국어/ 한문		독일어, 프랑스어, 스페인어, 중국어, 일본어, 러시아어, 아랍어, 베트남어	독일어 회화, 프랑스어 회화, (…) 베트남어 회화	독일어권 문화, (…) 베트남 문화
			심화 독일어, 심화 프랑스어, (…) 심화 베트남어	* 8개 언어 모두 각각의 회화/ 심화/문화 과목 포함
		한문	한문 고전 읽기	언어생활과 한자
체육		체육1, 체육2	운동과 건강, 스포츠 문화, 스포츠 과학	스포츠 생활1, 스포츠 생활2
예술		음악, 미술, 연극	음악 연주와 창작, 음악 감상과 비평, 미술 창작, 미술 감상과 비평	음악과 미디어, 미술과 매체
교양		진로와 직업, 생태와 환경	인간과 철학, 논리와 사고, 인간과 심리, 교육의 이해, 삶과 종교, 보건	인간과 경제활동, 논술

계열	교과 (군)	선택과목	
		진로 선택	융합 선택
과학 계열	수학	전문 수학, 이산 수학, 고급 기하 고급 대수, 고급 미적분	
	과학	고급 물리학, 고급 화학, 고급 생명과학, 고급 지구과학, 과학과제 연구	물리학실험, 화학실험 생명과학실험, 지구과학실험
	정보	정보과학	
체육 계열	체육	스포츠 개론, 육상, 체조, 수상 스포츠 기초 체육 전공 실기, 심화 체육 전공 실기 고급 체육 전공 실기, 스포츠 경기 체력 스포츠 경기 기술, 스포츠 경기 분석	스포츠 교육 스포츠 생리의학 스포츠 행정 및 경영
예술 계열	예술	음악 이론, 음악사, 시창·청음, 음악 전공 실기, 합창·합주, 음악 공연 실습	음악과 문화
		미술 이론, 드로잉, 미술사, 미술 전공 실기, 조형 탐구	미술 매체 탐구 미술과 사회
		무용의 이해, 무용과 몸, 무용 기초 실기 무용 전공 실기, 안무, 무용 제작 실습 무용 감상과 비평	무용과 매체
		문예 창작의 이해, 문장론, 문학 감상과 비평, 시 창작, 소설 창작, 극 창작	문학과 매체
		연극과 몸, 연극과 말, 연기 무대 미술과 기술, 연극 제작 실습 연극 감상과 비평, 영화의 이해 촬영·조명, 편집·사운드 영화 제작 실습, 영화 감상과 비평	연극과 삶 영화와 삶
		사진의 이해, 사진 촬영, 사진 표현 기법 영상 제작의 이해, 사진 감상과 비평	사진과 삶

표26 2022 개정 교육과정의 전문 교과

* 국제외국어고 계열의 별도 교육과정 추후 추가 예정

에 재학 중이라면 공동교육과정이나 온라인교육과정(교실온닷 등)을 활용할 수 있으며, 비교과활동에서의 독서활동을 통해 해당 분야에 대한 깊이 있는 관심을 나타낼 수 있다.

공동교육과정이란 고교학점제에 대비하여 학생의 과목 선택권을 보장해 주고자 시작된 제도이다. 수업 개방 범위, 참여 학교 유형, 수업 운영 방법에 따라 거점형/학교 연합형, 일반고 간 연계형/일반고-특성화고 연계형/일반고-특목고 연계형, 오프라인 공동교육과정/온라인 공동교육과정으로 구분된다. 학교에서는 일정 인원 이상이 과목 개설을

요청하였는데 교원 수의 부족으로 개설이 어렵다면 공동교육과정과 온라인학교 등을 통해 이수할 수 있도록 지원하고 있다.

계열별 과목
선택 사례

　　졸업 후 진로와 희망 지원학과(계열)에 맞추어 교과목을 선택하는 방법을 사례 위주로 살펴보자. 교과목 설계 시 고려할 사항은 진로 관련 교과목을 최대한 많이 이수하는 것만은 아니다. 국어, 영어, 수학, 사회, 과학뿐 아니라 음악, 미술, 체육, 정보 등 전 교과 영역을 충실히 이수하고 자신의 역량을 발전시키기 위해 학습의 모든 시간을 고루 잘 활용해야 한다. 대학에서는 지원자가 주어진 교육환경에 충실하게 임하면서도 주어진 교과내용을 뛰어넘어 스스로를 발전시켜 나가고자 하는 모든 노력을 평가하고자 하기 때문이다.

　　인문, 상경, 공학, 자연, 무전공 등 크게 5가지 계열의 경우를 가정하여 2015 개정 교육과정을 토대로 2022 개정 교육과정 사례를 작성하였다. 명시된 교과를 모두 이수해야 한다는 의미는 아니며 학업역량과 진로역량을 부각시킬 수 있는 교과목 위주로 선정하였으므로 교육과정 선택 시 참고사항으로 활용하기 바란다. 2028학년도 이후 수능에서 국어 출제과목인 화법과 언어, 독서와 작문, 문학과 수학 출제과목인 대수, 미적분Ⅰ, 확률과 통계는 지원희망 계열과 전형을 막론하고 이수할 것을 권한다. 무전공 학과의 경우 특정 진로에 대한 강한 선호의 부재를 의미하는 것이 아닌, 특정 진로를 위한 융복합적 학업 이수의 의지가 있는 경우로 한정하였다.

인문계열 지원 사례

- 희망 학과: 영어영문학과
- 희망 진로: 번역가
- 구체적인 진로목표: 영미의 매력적인 문학 작품을 발굴하는 번역가
- 교육과정 선택 시 고려사항
    ① 영문학 텍스트를 읽고 분석할 수 있는 능력 강화
    ② 음운론, 통사론, 의미론, 영어사 등 이론언어학 학습에 필요한 기본기 획득
    ③ 문학의 창을 매개로 한 사회와 문화에 대한 총체적 이해 노력
    ④ 장르를 망라하는 문학작품 창작의 경험 누적
- 교육과정 선택 예시:

〈2015 개정 교육과정〉

교과(군)	영어영문학과 선택과목(일반/진로/전문)
국어	독서, 문학, 언어와 매체, 화법과 작문 / 심화국어, 고전 읽기
수학	수학I~II, 확률과 통계
영어	영어I~II, 영어 독해와 작문, 영어 회화 / 영어권문화, 영미문학읽기 / 심화영어독해I~II, 심화영어회화I~II, 심화영어작문I~II
사회	세계지리, 세계사, 사회·문화, 윤리와 사상 / 사회문제탐구 / 비교문화
과학	(진로) 과학사, 생활과 과학
생활교양	제2외국어I~II, 철학, 심리학, 미술 감상과 비평

〈2022 개정 교육과정〉

교과(군)		영어영문학과 선택과목(일반/진로/융합/전문)
국어	일반	화법과 언어, 독서와 작문, 문학
	진로	주제탐구 독서, 문학과 영상
	융합	언어생활탐구
수학	일반	대수, 미적분I, 확률과 통계
	진로	인공지능 수학
	융합	수학과 문화

3장 교과 영역의 평가 원리와 차별화 전략

〈2022 개정 교육과정〉		
교과(군)		**영어영문학과 선택과목** (일반/진로/융합/전문)
국어	일반	영어I·II, 영어 독해와 작문
	진로	영미 문학 읽기, 영어 발표와 토론, 심화 영어, 심화 영어 독해와 작문
	융합	실생활 영어 회화, 세계 문화와 영어
수학	일반	세계시민과 지리, 세계사, 사회와 문화
	진로	인문학과 윤리, 국제 관계의 이해
	융합	사회문제탐구
과학	일반	지구과학
	진로	–
	융합	과학의 역사와 문화
	전문	–
기가/ 정보/ 제2외/ 한문/ 예체	일반	정보, 제2외국어(스페인어), 연극
	진로	인공지능 기초, 음악 감상과 비평
	융합	스페인어권 문화, 미술과 매체
전문 (예술)	진로	문학 감상과 비평
	융합	문학과 매체

국어와 제2외국어 교과목 이수를 통해서는 언어에 대한 강점과 문법에 대한 학습 노력, 영어 교과목을 최대한 많이 이수함으로써 영미 문화, 문학, 문법에 대한 학습 노력을 나타낸다. 또한 사회교과목의 세계시민과 지리, 세계사 이수를 통해 문학작품에 대한 반영론적 관점에서의 이해 노력, 작품의 시대적, 사회적, 지리적 배경에 대한 탐구 노력을 보여 줄 수 있다.

물론 모든 교과목에 진로를 맥락 없이 드러내는 경우 작위적이라는 평가를 받을 수 있다. 하지만 창의적 면모와 탐구력을 드러낼 수 있는 교과목이 있다면 활용하는 것이 좋다. 특히 어문계열 진학을 희망하는 경우 해당 언어의 문법적 측면, 문학적 측면, 해당 국가의 문화적 측면과 더불어 창작 역량을 돋보이게 함으로써 좋은 점수를 받을 수 있다. 어문 계열의 경우 관련 교과목 이수 자체에서 외국어고가 일반고에 비해서는 유리하기 때문에, 일반고에서 어문계열 지원을 희망하는 경우에는 해당 학과에서 요구하는 계열적합성과 지원자만의 차별화된 매력이 모든 교과목에 제시되는 것이 이상적이다.

문학작품만이 아니라 영어문법, 화법에 대한 관심을 고루 노출시키되 학년을 거듭할수록 깊이를 찾아가는 모습이 기재될 수 있도록 노력하자.

영어, 국어, 사회 교과뿐 아니라 미술 교과목에서도 학습을 확장시키는 노력과 더불어 언어 자체에 대한 관심, 언어 분야에서의 높은 이해력을 부각시키고 나아가 미술교과라는 특성상 간학문적 사고력, 창의적 면모까지도 제시할 수 있다. 교과목 간 융합이 잘 나타나는 사례와 과도하게 진로역량을 드러내고자 한 사례를 비교해 보자.

작위적인 진로 언급	해당 교과목에 충실
영어영문학과 진학을 꿈꾸는 학생으로서 미술 활동을 통해 표현 매체의 특징을 이해하고 영문학을 주제로 한 미술작품을 선정하여 자신이 선택한 주제를 효과적으로 전달하고자 노력함. 미술을 통해 현대의 사회 현상을 설명하는 과제에서 모더니즘 미술사조에 대해 조사하고 영어로 발표함. 모둠 수업에서 소극적인 친구들의 창작 활동을 독려하는 등 리더십과 공감 능력이 우수하여 학생의 진로희망인 영문과 교수로의 성장가능성이 기대됨.	강익중 작가에 대해 학습 후 해당 작가의 여러 작품을 스스로 찾아보며 현대미술의 세계화 방안에 대해 심화탐구함. 작가의 방대한 작품세계에 대한 이해를 바탕으로 알파벳 패널을 모티브로 한 '국제음성기호표 3인치 패널' 제작에 도전하여 예술성과 기호성을 체득함. 패널 제작에 그치지 않고 발음기관의 모양으로 재배치하는 설치미술로 확장하는 등 끊임없이 도전하는 성향이 나타나며, 모둠을 이끄는 과정에서 헌신적인 리더십을 확인할 수 있었음.

왼쪽의 사례는 학생부종합전형에서 전공(계열)적합성, 진로역량이 중요하게 평가된다는 '이해'가 진로만 강조하면 된다는 '오해'로 변질된 경우다. 학교생활기록부는 학교생활의 모든 과정과 결과가 담겨있는 자료이다. 입학사정관은 학생이 성장해가는 과정과 그 과정에서 나타나

는 교과목에서의 충실도, 다양한 교과연계 활동을 통해 대학에서 이 학생이 어떠한 인재로 성장할 수 있을지를 가늠하고자 한다. 그러므로 각 과목에서 학생이 참여한 활동과 학습 노력에서 인상적인 부분을 구체적으로 기술해 주되 진로와 연계되는 부분이 있다면 학생의 구체적인 진로목표를 달성하기 위해 함양해야 하는 역량 혹은 해당 업적을 달성하기 위해 필요한 배경지식을 쌓아나갈 수 있는 과제를 제시해 주는 것이 좋겠다.

상경계열 지원 사례

- 희망 학과: 경영학과
- 희망 진로: 사회적 기업 창업
- 구체적인 진로목표: 어르신 삶의 질 향상에 기여하는 사회적 경제 기업가
- 교육과정 선택 시 고려사항
  ① 수학, 영어 교과목 간의 충실한 이수
  ② 마케팅, 조직관리, 국제경영, 회계, 재무 등 다방면에 대한 관심에서 하나의 세부전공으로 심화·발전
  ③ 경제학, 사회학, 심리학, 법학 등 연계 가능한 교과목 간의 융합적 탐구역량
  ④ 인류의 지속생존에 대한 고민과 사회학적 상상력 함양을 나타낼 수 있는 과목 선택
- 교육과정 선택 예시:

〈2015 개정 교육과정〉	
교과(군)	경영학과 선택과목(일반/진로/전문)
국어	독서, 문학, 언어와 매체 / 심화국어, 고전읽기
수학	수학I~II, 미적분, 확률과 통계 / 경제수학, 수학과제연구
영어	영어I~II, 영어 독해와 작문, 영어 회화 / 진로 영어/ 심화영어독해I~II, 심화영어회화I~II
사회	경제, 정치와 법, 사회·문화 / 사회문제탐구 / 국제 경제, 한국사회의 이해
과학	생명과학I / 생활과 과학
생활교양	제2외국어I~II, 심리학, 보건 / 창의경영

〈2022 개정 교육과정〉		
교과(군)		경영학과 선택과목(일반/진로/융합/전문)
국어	일반	화법과 언어, 독서와 작문, 문학
	진로	주제탐구 독서, 직무 의사소통
	융합	독서 토론과 글쓰기
수학	일반	대수, 미적분I, 확률과 통계
	진로	미적분II, 경제수학, 인공지능 수학
	융합	실용 통계, 수학과제 탐구
영어	일반	영어I~II, 영어 독해와 작문
	진로	영어 발표와 토론, 심화 영어, 심화 영어 독해와 작문
	융합	실생활 영어 회화
사회	일반	세계시민과 지리, 사회와 문화
	진로	경제, 법과 사회, 국제 관계의 이해
	융합	사회문제탐구, 금융과 경제생활, 윤리문제 탐구
과학	일반	생명과학
	진로	–
	융합	융합과학탐구
	전문	–
기가/ 정보/ 제2외/ 한문/ 예체	일반	정보, 제2외국어(중국어), 음악
	진로	데이터 과학, 인간과 심리, 보건
	융합	지식 재산 일반, 인간과 경제활동
전문 (예/체)	진로	연극과 말
	융합	스포츠 행정 및 경영

3장 교과 영역의 평가 원리와 차별화 전략

경영학과에서 일반적으로 요구하는 역량은 '사회학적 상상력, 글로벌의사소통역량, 수리적 사고력, 이타적 기업가 정신'이라는 키워드로 요약된다. 이외에도 입학을 희망하는 대학의 경영학과가 어떤 비전을 표방하고 어떠한 교육과정을 운영하는지 학생이 직접 조사해 보는 시간을 가져볼 것을 권한다. 고려대학교 학과 가이드북의 내용 일부를 빌려오면 다음과 같다.

- 남 앞에서 발표하는 것을 좋아하고 다른 사람과 어울려 일하는 것을 좋아하는 학생
- 평소에 창의적이거나 기발한 생각을 자주하는 학생
- 영어뿐 아니라 다른 나라 언어에도 자신이 있고 세계로 나아가고 싶은 꿈이 있는 학생
- 가슴은 뜨겁지만 머리는 차가운 학생

위와 같은 학생을 대학이 원한다면, 학교생활기록부에서는 위와 같은 특징을 어떻게 찾아낼 수 있을까? 창의적인 관점에서 평소 관심이 있었던 사회문제의 원인을 학문적으로 분석하고 대안을 모색하는 일련의 활동을 교과목과 비교과활동을 통해서 나타내면 학업역량과 진로역량 측면에서 긍정적으로 검토될 수 있다.

이 사례의 경우 사회적 기업가를 목표로 하되, '어르신의 삶의 질 제고에 기여'라는 복지 차원의 테마를 표방하고 있다고 가정하면 어르신의 신체적·정서적 특징을 이해하고자 노력하는 모습을 생명과학, 보건, 심리학 등의 교과목 선택을 통해 강조할 수 있다.

포인트 | 학과 소개집이나 학과 가이드북은 학교에서 자체적으로 제작하거나 입학처에서 제작하는 등 경로가 다양하다. 후자의 경우 일부 대학에서는 학과 조교나 소속 학과 학생들, 홍보대사들이 작성하는 경우가 있으므로 학과 안내 자료의 내용만이 아니라 해당 학과의 공식 홈페이지에 기재된 내용을 함께 읽어볼 것을 권한다.

공학계열 지원 사례

- 희망 학과: 생명공학과
- 희망 진로: 바이오공학자
- 구체적인 진로목표: 지속가능한 바이오 연료 개발을 통해 기후
  위기 문제 해결에 기여
- 교육과정 선택 시 고려사항
  ① 수학, 과학 기초 교과 영역 충실히 이수 및 위계에 따른 과목
  선택
  ② 대학 진학 후 영어 논문 이해 및 작성을 위한 글로벌 의사소
  통역량 함양 노력
  ③ 생명공학 분야 기술, 학습이론의 응용력 향상을 위한 실험 기
  회 확보를 위한 과목 선택(미개설 시 온라인학교, 공동교육과정 및 창체활
  동 활용)
- 교육과정 선택 예시:

〈2015 개정 교육과정〉	
교과(군)	생명공학과 선택과목(일반/진로/전문)
국어	독서, 문학, 언어와 매체
수학	수학I~II, 미적분, 확률과 통계 / 수학과제연구 / 심화수학I
영어	영어I~II, 영어 독해와 작문, 영어 회화 / 심화영어작문I~II
사회	한국지리, 세계지리 / 사회문제탐구 / 지역 이해
과학	물리학I, 화학I~II, 생명과학I~II, 지구과학I / 융합과학탐구, 화학 실험, 생명과학 실험, 심화 생명과학, 과학과제연구
생활교양	정보 / 공학일반 / 환경생태 관리

〈2022 개정 교육과정〉		
교과(군)		생명공학과 선택과목(일반/진로/융합/전문)
국어	일반	화법과 언어, 독서와 작문, 문학
	진로	–
	융합	독서 토론과 글쓰기

〈2022 개정 교육과정〉		
교과(군)		생명공학과 선택과목(일반/진로/융합/전문)
수학	일반	대수, 미적분I, 확률과 통계
	진로	기하, 미적분II, 인공지능 수학
	융합	수학과제탐구
	전문	고급 미적분
영어	일반	영어I~II, 영어 독해와 작문
	진로	영어 발표와 토론
	융합	실생활 영어 회화
사회	일반	현대사회와 윤리
	진로	도시의 미래 탐구, 법과 사회
	융합	역사로 탐구하는 현대 세계
과학	일반	물리학, 화학, 생명과학
	진로	역학과 에너지, 물질과 에너지, 화학 반응의 세계, 세포와 물질대사, 생물의 유전
	융합	융합과학탐구, 기후변화와 환경생태
	전문	과학과제 연구(진로), 생명과학 실험(융합)
기가/ 정보/ 제2외/ 한문/ 예체	일반	정보, 제2외국어(독일어), 미술, 생태와 환경
	진로	로봇과 공학세계, 스포츠 과학, 논리와 사고
	융합	창의 공학 설계, 아동발달과 부모, 음악과 미디어
전문 (특성화고)	일반	에너지 공업 기초, 에너지 화공 소재 생산
	실무	바이오 화학제품 제조, 신재생 에너지 실무

생명공학과 진학을 희망하는 많은 친구들 중에서 눈에 띄기 위해서 차별화된 노력이 필요하다. 사회문제의식에 기반을 두어 바이오공학자라는 진로를 결정하게 되었다는 것이 진정성을 갖기 위해서는 바이오 관련 배경지식을 학습하고 지역사회에 관심을 갖고, 고등학생이 생각할 수 있는 수준에서 해결이 시급한 사회적 문제를 탐색한 후 이를 실천적인 노력으로 연결지어야 한다. 이러한 일련의 과정이 계기-과정-심화·확장 노력의 서사가 세특에 드러나도록 해 보자.

생명공학뿐 아니라 이공계열 진학을 희망하는 공학도에게는 사회문제의식, 문제해결의지와 창의적 문제해결역량도 높이 평가된다. 창의적 면모는 많은 학생들이 놓칠 수 있으므로 개인 발표 과제나 협업 시, 창의성을 부각시켜 차별화된 학교생활기록부로 만들 수 있다.

수학, 과학 과목만이 아니라 독서와 작문, 화법과 언어 등의 국어 교과목에서도 주제탐구역량을 보여 줄 수 있는데 예를 들면 다음과 같다.

환경위기에 대한 문제의식을 심층적으로 해소하기 위해 발표 시간에 '2050 거주 불능 지구'를 선택하여 발표함. 발표에 그치지 않고 환경개선노력을 촉구하기 위한 토의를 제안하여 다양한 의견을 수렴한 후, 기존의 환경위기시계, 생태발자국지수에 착안하여 시선을 끌면서 동시에 위기감을 강조할 수 있는 대안을 모색하여 '환경그림자'를 새로운 아이디어로 제시하고 바깥의 미세먼지를 측정하여 어두운 그림자로 형상화할 수 있는 스탠드를 고안함.

해당 교과목에 충실하면서 진로에 대한 관심과 뚜렷한 목표의식을 동시에 나타낼 수 있다. 이에 독창적인 아이디어와 참신함까지 더해져 매우 매력적으로 느껴진다.

만약 기계공학을 지원한다면 물리학뿐 아니라 공간지각능력 함양 노력을 어필하기 위해 기하와 미술을 이수하는 것도 좋다.

자연계열 지원 사례

- 유사 학과: 화학과
- 희망 진로: 화장품 연구원
- 구체적인 진로목표: 비건 화장품 개발 전문가
- 교육과정 선택 시 고려사항
  ① 데이터 분석력, 수해력 강화를 위한 수학의 기초, 위계를 고려한 과목 선택

② 물질의 구조 및 화학 변화의 원리를 실험·실습을 통해 학습할 수 있는 과목 선택(미개설 시 온라인학교, 공동교육과정 및 창체활동 활용)

③ 자연 현상, 화학 물질에 대한 탐구활동을 진행할 수 있는 과목

- 교육과정 선택 예시:

〈2015 개정 교육과정〉	
교과(군)	화학과 선택과목(일반/진로/전문)
국어	독서, 문학, 언어와 매체
수학	수학I~II, 확률과 통계, 미적분 / 기하, 심화수학I
영어	영어I~II, 영어 독해와 작문, 영어 회화 / 진로 영어 / 심화 영어 작문I
사회	경제, 생활과 윤리 / 사회문제탐구
과학	화학I~II, 생명과학I~II, 물리학I / 화학 실험, 과학과제연구, 제조화학
생활교양	기술·가정 / 보건학, 공학 일반, 지식 재산 일반

〈2022 개정 교육과정〉		
교과(군)		화학과 선택과목(일반/진로/융합/전문)
국어	일반	화법과 언어, 독서와 작문, 문학
	진로	–
	융합	독서 토론과 글쓰기
수학	일반	대수, 미적분I, 확률과 통계
	진로	기하, 미적분II, 인공지능 수학
	융합	수학과제탐구
영어	일반	영어I~II, 영어 독해와 작문
	진로	영어 발표와 토론
	융합	실생활 영어 회화
사회	일반	사회와 문화
	진로	경제
	융합	윤리문제 탐구
과학	일반	물리학, 화학, 생명과학
	진로	화학 반응의 세계, 물질과 에너지, 세포와 물질대사, 생물의 유전
	융합	융합과학탐구
	전문	과학과제 연구(진로), 화학 실험(융합)

〈2022 개정 교육과정〉		
교과(군)		화학과 선택과목(일반/진로/융합/전문)
기가/ 정보/ 제2외/ 한문/ 예체	일반	제2외국어(스페인어), 미술
	진로	정보, 생활과학탐구, 데이터 과학
	융합	창의 공학 설계, 지식 재산 일반, 인간과 경제활동
전문 (화학공업)	일반	제조 화학
	실무	화장품 제조

　　화학과 진학을 희망하는 경우 전공 기초에 필요한 교과목을 이수하는 것뿐 아니라 물리, 생명과학, 지구과학 등 과학 전반에 걸친 폭넓은 학습이 필요하다. 물·화·생·지를 모두 이수하지 않더라도 적어도 과학Ⅰ 과목 3개, 과학Ⅱ 과목 2개는 이수하여 과학적 사고와 탐구 능력을 개발하는 것이 좋다. 또한 수학 교과에서는 수학 Ⅰ, Ⅱ뿐 아니라 미적분과 확률과 통계를 이수하여 대학 진학 후의 학업에 대비해야 한다. 화학 교과와 관련하여 추가로 이수가 가능한 경우에는 전문교과 과학계열의 과목 중 화학 실험, 고급 화학, 과학과제 연구 등의 과목을 선택하여 실험·실습 기술과 연구 능력을 강화할 수 있다.

무전공

　　무전공이라고 해서 학교생활충실도만으로 선발하기에는 변별이 쉽지 않다. 무전공 지원을 희망하더라도 미래에 대한 뚜렷한 비전과 목표는 학교생활기록부의 일관된 방향성으로 제시되어야 한다. 대학 진학 후 집중적으로 이수하고자 하는 학문이 자연계열이라면 수학, 과학에서 더 많은 과목을 선택하고, 인문사회계열이라면 영어와 사회 관련 교과 위주로 이수해 두는 것이 학생부종합전형 평가뿐 아니라 추후 대학에서 학업을 이수하는 데에도 유리하다.

　　상위권 대학의 무전공학과는 높은 경쟁률이 예측되므로 단순히 성실하게 과목을 이수하고 높은 학업성취도를 득하는 것만으로는 합격을 담보할 수 없다. 무전공을 진학하고자 한다면 기초과목을 탄탄하게 이수하고, 한 과목을 선택하더라도 더욱 신중하고 의미 있게 선택해야 한다.

- 유사 학과: 자유전공학부 등
- 희망 진로: A+B → C

예) ① 사회과학+인류학+심리학 → 미래 예측 전문가
    ② 물리학+한국지리+지구과학+정책학 → 친환경 도시 설계가

- 교육과정 선택 시 고려사항
    ① 뚜렷한 학습 목표, 창의적 문제해결능력 강조
    ② 간학문적 통섭력, 융합적 사고력 부각
    ③ 희망 직업이 요구하는 직무 역량과 직접적으로 연결되는 과목 선택

- 교육과정 선택 예시:
    ① 미래 예측 전문가

〈2015 개정 교육과정〉	
교과(군)	무전공 ① 선택과목(일반/진로/전문)
국어	독서, 문학, 언어와 매체 / 고전읽기
수학	수학I~II, 확률과 통계, 미적분, 수학과제연구
영어	영어I~II, 영어 독해와 작문, 영어 회화 / 심화영어회화I, 심화영어작문I
사회	정치와 법, 생활과 윤리 / 사회문제탐구, 세계문제와 미래 사회
과학	지구과학I / 과학과제연구, 생태와 환경
생활교양	정보, 심리학

〈2022 개정 교육과정〉		
교과(군)		무전공 ① 선택과목(일반/진로/융합/전문)
국어	일반	화법과 언어, 독서와 작문, 문학
	진로	주제탐구 독서
	융합	독서 토론과 글쓰기

〈2022 개정 교육과정〉		
교과(군)		무전공 ① 선택과목(일반/진로/융합/전문)
수학	일반	대수, 미적분I, 확률과 통계
	진로	미적분II, 인공지능 수학
	융합	수학과제탐구
영어	일반	영어I~II, 영어 독해와 작문
	진로	영어 발표와 토론, 심화 영어
	융합	세계 문화와 영어
사회	일반	세계시민과 지리, 사회와 문화
	진로	도시의 미래 탐구, 정치, 법과 사회, 국제 관계의 이해
	융합	역사로 탐구하는 현대 세계, 사회문제탐구, 기후변화와 지속가능한 세계
과학	일반	지구과학
	진로	–
	융합	과학의 역사와 문화, 융합과학탐구
	전문	과학과제 연구(진로)
기가/ 정보/ 제2외/ 한문/ 예체	일반	기술·가정, 한문, 미술, 연극
	진로	정보, 데이터 과학, 음악 연주와 창작
	융합	창의 공학 설계, 인간과 심리, 인간과 경제활동
전문 (화학공업)	일반	발명과 메이커
	실무	빅데이터 분석

② 친환경 도시 설계가

〈2015 개정 교육과정〉	
교과(군)	무전공 ② 선택과목(일반/진로/전문)
국어	독서, 문학, 언어와 매체
수학	수학I~II, 확률과 통계, 미적분 / 기하, 인공지능수학 / 심화수학I
영어	영어I~II, 영어 독해와 작문, 영미 문학 읽기
사회	경제, 정치와 법 / 사회문제탐구, 세계문제와 미래 사회
과학	물리학I, 화학I~II, 지구과학I~II, 과학과제연구, 생태와 환경
생활교양	정보, 심리학, 미술 창작, 미술 감상과 비평

〈2022 개정 교육과정〉		
교과(군)		무전공 ② 선택과목 (일반/진로/융합/전문)
국어	일반	화법과 언어, 독서와 작문, 문학
	진로	주제탐구 독서
	융합	독서 토론과 글쓰기
수학	일반	대수, 미적분I, 확률과 통계
	진로	기하, 미적분II, 인공지능 수학
	융합	수학과제탐구
	전문	고급 기하
영어	일반	영어I~II, 영어 독해와 작문
	진로	영어 발표와 토론
	융합	세계 문화와 영어
사회	일반	세계시민과 지리
	진로	한국지리 탐구, 도시의 미래 탐구
	융합	여행지리, 기후변화와 지속가능한 세계
과학	일반	물리학, 화학, 지구과학
	진로	물질과 에너지, 화학 반응의 세계, 지구시스템과학
	융합	기후변화와 환경생태
	전문	과학과제 연구(진로)
기가/ 정보/ 제2외/ 한문/ 예체	일반	제2외국어(베트남어), 정보, 생태와 환경, 미술
	진로	정보, 로봇과 공학세계, 생활과학탐구, 미술 창작
	융합	창의 공학 설계, 소프트웨어와 생활, 미술과 매체
전문 (예체)	진로	드로잉, 조형 탐구
	융합	미술과 사회, 사진과 삶
전문 (특성화고)	진로	스마트 시티 기초
	융합	국토 도시 계획, 공간 정보 구축, 교통 계획·설계

과목별 진로 예시

한국교육과정평가원은 새로운 교육과정에 따라 학생들이 스스로 진로를 설계하고 학업 계획을 세울 수 있도록 돕기 위해 '진로·학업 설계 지도 안내서'를 배포하고 e진로·학업설계플래너 홈페이지(https://www.eplanner.kr/)를 구축하였다.

2022 개정교육과정에 대한 독자의 이해를 돕고 진로에 따른 과목 선택의 방법을 안내하고자 해당 안내 자료의 일부 교과목을 발췌 응용하였으며 과목 소개와 진로에 대한 추가 내용은 국가교육과정정보센터의 '교육과정 해설서'와 경기도교육청의 '2022 개정 교육과정 고등학교 과목 선택 안내자료'를 참고하였다. 교과목 내용 중 지식·이해와 과정·기능에 해당하는 요목 하나하나는 학생의 강점을 살리고 약점을 보완할 수 있는 탐구 주제로 활용 가능하니 유심히 살펴보자.

국어 교과(군)

〈주제탐구 독서〉

1) 과목 소개: 고등학교 공통국어1, 공통국어2의 읽기 영역을 심화 확장한 과목으로 인문·예술, 사회·문화, 과학·기술 분야 등에서 주제와 관련된 다양한 책과 자료를 탐색하고 읽기 전략을 활용하여 읽으면서 관련 주제를 탐구하는 능력을 기르고 독서 경험을 심화·확장하는 데

중점을 둔 과목임.

2) 역량: 학습과정에서 주제를 선정하고, 주제와 관련된 책과 자료를 탐색하여 깊이 있게 읽으며, 그 내용을 평가하고 종합함으로써 자신의 진로와 학업에 필요한 역량을 기름. 또한 관점과 견해를 형성하는 독서 능력의 중요성을 이해하며, 주제를 깊이 있게 탐구하는 독서 경험을 통해 비판적·창의적 사고 역량과 독서의 과정과 결과를 사회적으로 공유하는 경험을 통해 협력적 소통 역량을 함양할 수 있음.

3) 내용

지식·이해	· 주제탐구 독서의 의미 · 분야에 따른 책과 자료의 특성
과정·기능	· 주제탐구를 위한 독서 목적 설정하기 · 탐구할 주제를 선정하고 상세화하기 · 주제와 관련된 책과 자료를 다양하게 탐색하며 읽을 내용 선정하기 · 주제와 관련된 책과 자료의 이해·분석·평가·종합하기 · 주제에 대한 관점과 견해 형성하기 · 매체를 포함한 다양한 방법으로 주제탐구의 과정이나 결과를 공유하고 소통하기 · 관심 분야의 특성을 고려하여 주제탐구 독서 수행하기
가치·태도	· 주제탐구를 위한 주도적 독서 계획의 수립과 실천 · 주제탐구 독서를 통한 삶에 대한 성찰과 계발

4) 진로·진학

- 관련 학과: 국어국문학과, 국어교육과, 신문방송학과, 미디어커뮤니케이션학과, 언어학과, 문헌정보학과, 문예창작과 등
- 관련 직업: 관련 직업 언론인, 중등교사, 독서지도사, 출판물 편집자, 평론가, 프로듀서, 통역사, 문헌학자 등

수학 교과(군)

〈미적분Ⅱ〉

1) 과목 소개: 사회 및 자연 현상을 탐구하는 데 필요한 미적분 내용을 폭넓게 이해하고 탐구하는 과목으로 수열의 극한과 급수의 합, 여러 가지 함수의 미분과 적분을 효율적으로 구하는 방법을 다룸. '미적분Ⅱ'는 '미적분Ⅰ'을 학습한 후, 미적분과 관련된 더 높은 수준의 수학을 학습하기를 원하는 학생들이 선택할 수 있는 과목임.

2) 역량: 수열의 극한과 급수의 합을 구하는 방법을 직관적으로 이해하고 여러 가지 함수와 그 함수의 합성을 통해 얻은 새로운 함수의 미분과 적분을 효율적으로 구하는 방법을 다루어, 다양한 현상을 모델링할 때 나타나는 여러 가지 함수의 미분과 적분을 이해하고 활용할 수 있음. 나아가 사회 및 자연에서 나타나는 여러 가지 변화 현상을 수학적으로 해석하고 탐구하며 더 다양한 맥락에서 많은 분야의 문제를 해결하면서 미분과 적분의 유용성을 인식할 수 있음.

3) 내용

지식·이해	수열의 극한	·수열의 극한　　　　　　　　·급수
	미분법	·여러 가지 함수의 미분　　·도함수의 활용 ·여러 가지 미분법
	적분법	·여러 가지 함수의 적분법 ·정적분의 활용
과정·기능		·미적분의 개념, 원리, 법칙, 관계를 탐구하기 ·곡선의 위로 볼록과 아래로 볼록 등을 판정하기 ·극한값, 등비급수의 합, 이계도함수, 접선의 방정식, 부정적분, 정적분, 도형의 넓이, 입체도형의 부피 구하기 ·공학 도구를 이용하여 수열의 극한, 급수, 미분과 적분에 대해 탐구하기 ·극한, 미분, 적분의 개념, 원리, 법칙 등을 실생활이나 타 교과와 연결하기 ·다양한 함수를 미분하기 ·적절한 전략을 사용하여 문제해결하기 ·미분, 적분을 수학의 여러 영역의 내용과 연결하기 ·식, 그래프, 기호 등으로 표현하기
가치·태도		·무한을 수학적으로 다루는 방법에 대한 흥미와 관심 ·변화하는 현상을 이해하는 도구로서 미적분의 유용성 인식 ·극한을 이용해 체계적으로 사고하여 의사 결정하는 태도

4) 진로·진학

    – 관련 학과: 사회과학계열, 자연과학계열, 공학계열 학과 전체

    – 관련 직업: 경제학자, 기계공학자, 물리학자, 생명공학자, 수학자,
전기전자공학자, 컴퓨터공학자, 통계학자, 화학공학자, 화학자 등

<진로를 위한 과목 선택 예시>
1) 공통과목: 공통수학 1~2 / 기본수학 1~2
2) 일반 선택: 대수, 미적분I
3) 진로 선택: 미적분II
4) 융합 선택: 수학과제 탐구
5) 전문교과 과학계열 진로 선택: 고급 미적분

〈전문수학〉

    1) 과목 소개: 삼각함수와 미적분, 기하, 확률과 통계의 심화된
내용을 이해하고 탐구함으로써, 수학의 여러 영역의 내용을 이해하고
타 교과 학습의 기초를 마련하는 과목임.

    2) 역량: 미적분을 활용하여 자연 및 사회 현상을 분석하고 해석
하며 수학의 유용성을 인식할 수 있고, 도형의 성질을 추측하고 증명하
는 과정을 통해 공간 추론 능력을 기를 수 있음. 도형을 좌표공간에서
순서쌍과 방정식으로 나타냄으로써 수학 영역 사이의 연결성을 이해할
수 있음. 또한 경우의 수와 확률, 통계 지식을 바탕으로 자료를 목적에
맞게 수집, 변환, 종합하여 정리하는 과정에서 데이터 기반 소양을 함
양할 수 있고 적절한 교구나 공학 도구를 활용함으로써 정보처리 능력
을 기를 수 있음.

3) 내용

지식·이해	삼각함수와 미적분	· 삼각함수의 활용 · 삼각함수와 역삼각함수의 그래프 · 미분법 · 적분법
	기하	· 이차곡선 · 공간도형과 공간좌표 · 벡터
	확률과 통계	· 경우의 수 · 확률 · 통계
과정·기능		· 연역적 추론을 통해 삼각함수와 관련된 공식, 기하와 관련된 명제 증명하기 · 삼각함수의 그래프 그리기 · 삼각함수와 미적분, 기하, 확률과 통계의 개념, 원리, 법칙, 성질을 설명하기 · 수학의 개념, 성질, 공식, 규칙에 근거하여 값 또는 식을 구하기 · 삼각함수와 미적분, 기하, 확률과 통계의 개념, 원리, 법칙을 활용하기 · 도형을 방정식과 벡터로 표현하기 · 적절한 전략을 사용하여 문제해결하기 · 삼각함수와 미적분, 기하, 확률과 통계의 개념, 원리, 법칙, 관계를 탐구하기 · 적절한 공학 도구를 이용하여 수학적 대상 탐구하기 · 모평균 및 모비율을 추정하기 · 기하, 확률과 통계의 개념을 실생활과 연결하기
가치·태도		· 연역적으로 증명하여 논리성을 추구하는 태도 · 문제해결 도구로서의 이차곡선과 벡터의 유용성 인식 · 확률 및 통계적 근거를 바탕으로 합리적으로 의사 결정을 하는 태도

4) 진로·진학

- 관련 학과: 수학과, 수학교육과, 통계학과, 물리학과, 지구과학과, 건축학과, 기계공학과, 전자공학과, 조선해양공학과, 항공우주공학과, 산업공학과, 천문·대기과학 등

- 관련 직업: 수학자, 건축가, 기계 자동차공학자, 전자공학자, 컴퓨터공학자, 항공 및 해양 관련 분야, 물리천문학자, 산업공학자 등

<진로를 위한 과목 선택 예시>
1) 공통과목: 공통 수학 1~2 / 기본수학 1~2
2) 일반 선택: 대수, 미적분I
3) 진로 선택: 미적분II, 기하
4) 융합 선택: 수학과 문화, 실용 통계
5) 전문교과 과학계열 진로 선택: 전문 수학

영어 교과(군)

〈영어 발표와 토론〉

1) 과목 소개: 영어 듣기와 말하기 기능의 심화 과목으로, 기본적인 영어 구사 능력을 바탕으로 다양한 상황에서 적절한 의사소통 전략을 활용하여 영어로 발표하고 토론할 수 있는 능력을 기르기 위한 진로 선택 과목.

2) 역량: 발표 및 토론에 필요한 기본적인 표현을 익히고 발표 내용을 효과적으로 전달하며 다양한 견해에 대해 자신의 의견을 논리적으로 주장하고 토론할 수 있음. 또한 정치, 경제, 사회, 문화, 환경 등의 여러 문제에 대해 필요한 정보를 다양한 매체를 통해 수집, 분석, 평가하여 활용하는 능력과 비판적 사고력을 기를 수 있음. 토론 과정에서 언어·문화적 배경이 다른 사람들 간의 의사소통 방식을 이해하고 포용하는 태도를 갖추고, 다양한 견해에 대해 공감하고 협력적으로 상호 작용함으로써 세계시민으로서의 자질을 함양할 수 있음.

3) 내용

지식·이해	언어	·발표·토론를 위한 표현 및 기법 ·발표·토론의 구조와 방식
		·기본 어휘 관련 지침에 따른 학습 어휘 수 2,500단어 이내
		·발표·토론 관련 담화
	맥락	·기초 학문 분야 주제 및 사회적 이슈 ·다양한 문화권에 속한 사람들의 언어적·비언어적 의사소통 방식
과정·기능	발표	·사실, 가치, 정책 등 자신의 주장 설득하기 ·적절한 발표 기법 및 전략 적용하기 ·발표 과정 및 결과에 대해 평가하고 비판적으로 성찰하기 등
	토론	·학술 자료, 통계, 사례 등 주장에 대한 근거 제시하기 ·토론 논제에 대한 자신의 관점 설득하기 ·논증의 타당성 분석·평가하기 ·토론 과정 및 결과에 대해 평가하고 비판적으로 성찰하기 등
가치·태도	발표/토론	·청중 앞에서 말할 때와 상대방과 토론할 때의 자신감 ·상대방을 공감하고 배려하며 존중하는 태도 ·정보 윤리를 준수하며 말하는 태도

4) 진로·진학

- 관련 학과: 영어(영문)학, 영어교육학, 영어통번역학, 각종 언어 관련 학과, 인문학, 언론 및 미디어 계열 등 대다수 학부/학과 수업과 관련됨
- 관련 직업: 국제회의전문가, 외교관, 국제통상전문가 등

사회 교과(군)

〈사회문제 탐구〉

1) 과목 소개: 미래지향적이고 과학적인 이론과 실천을 체계화하여 공동체가 직면한 사회문제의 실태를 분석하고 해결 방안을 모색하는 과정으로 다양한 사회문제에 대해 학생이 주도적으로 해결 방안을 탐구하며, 이 과정을 보고서로 작성하는 실천적인 탐구 과목.

2) 역량: 사회현상으로서 사회문제의 의미와 이를 바라보는 다양한 관점을 비교하고 사회과학 연구 방법을 활용하여 탐구의 절차에 맞게 연구를 진행하는 과정에서 정보 활용 능력, 합리적 의사결정력, 비판적 사고력 등을 기름. 사회문제를 탐구하고 원인과 해결책을 공동으로 탐구하고 그 과정을 보고서로 발표함으로써 탐구력과 의사소통 및 협업 능력을 기르고 사회문제 해결을 위해 능동적으로 참여하는 태도를 기름.

3) 내용

지식·이해	사회문제의 이해와 탐구	· 사회문제의 의미와 특징 · 사회문제를 바라보는 관점 · 사회문제 탐구 방법 · 사회문제 탐구와 연구 윤리
	일상생활과 사회문제	· 성 불평등 문제 · 미디어 이용 과정에서 나타나는 문제
	변화하는 세계와 사회문제	· 저출산·고령화 관련 사회문제 · 인공지능의 발전과 사회문제
	사회문제 사례 연구	· 사회문제 탐구 절차 · 사회문제 탐구 계획 수립 방법 · 다양한 자료 수집 및 분석 방법

4) 진로·진학

- 관련 학과: 통계학과, 사회학과, 사회교육과, 문화인류학과, 행정학과, 경제학과, 경영학과, 정치외교학과, 신문방송학과, 미디어학과, 사회복지학과, 지역개발학과, 교육학과, 인공지능융합학과 등
- 관련 직업: 사회과학연구원, 조사전문가, 사회계열 교수, 공무원, 기자, 사회단체활동가, 인공지능전문가 등

```
<진로를 위한 과목 선택 예시>
1) 일반 선택: 사회와 문화
2) 진로 선택: 정치, 법과 사회, 경제, 국제관계의 이해
3) 융합 선택: 사회문제 탐구, 금융과 경제생활
```

과학 교과(군)

〈고급* 물리학〉

1) 과목 소개: 물리학의 학문적 체계와 내용을 심화된 수준으로

---

* 교육과정 해설서에서는 고급 물리학, 고급 화학, 고급 생명과학, 고급 지구과학은 '과학계열 고등학교 학생이나 일반계 고등학교에서 과학 과목 중점 교육과정을 이수하는 학생들이 심화된 수준으로 해당 학문의 학문적 체계와 내용을 학습하기 위한 과목'이라고 명시함.

학습하기 위한 과목으로 다양한 물리 현상을 통합적인 관점에서 파악할 수 있도록 역학, 전자기학, 광학, 현대 물리 4개의 영역으로 구성됨.

2) 역량: 물리학 분야의 전공과목을 이수하는 데 필요한 탐구 방법을 익히고 다양한 물리 현상을 통합적인 관점에서 파악할 수 있도록 역학, 전자기학, 광학, 현대 물리 4개의 영역으로 구성되며, 각 영역에서는 심화된 물리 내용뿐만 아니라 현재 활발하게 연구되고 있는 분야를 다루어 미래 사회의 책임 있는 민주시민이 갖춰야 할 과학적 소양과 역량을 기를 수 있음.

3) 내용

지식·이해	역학	· 입자계의 운동 · 선운동량과 각운동량 보존 법칙 · 보존력과 비보존력 · 이상 기체 방정식 · 열역학 제1법칙 · 열역학 제2법칙과 엔트로피
	전자기학	· 전기장과 전기용량 · 전류의 자기 작용과 전자기 유도 · 맥스웰 방정식과 전자기파 · 키르히호프 회로 법칙과 교류 회로
	광학	· 거울과 렌즈에 의한 상 · 빛의 간섭과 간섭계 · 회절과 분해능 · 편광
	현대물리	· 특수 상대성 이론과 일반 상대성 이론 · 상보성 원리와 불확정성 원리 · 핵분열과 핵융합의 기본 과정 · 물질의 기본 상호 작용
과정·기능	· 물리 현상에서 문제를 인식하고 가설을 설정하기 · 증거와 과학적 사고에 근거하여 자료를 분석·평가·추론하기 · 결론을 도출하고 자연 현상 및 기술 상황에 적용·설명하기 · 모형을 생성하고 활용하기 등	
가치·태도	· 자연과 과학에 대한 감수성 · 과학 창의성 · 과학 문제 해결에 대한 개방성 · 안전·지속가능 사회에 기여 등	

4) 진로·진학

 - 관련 학과: 물리학과, 물리교육과, 천문학과, 지질 지구물리학부,

공학계열(기계, 전기, 전자, 건축, 산업, 신소재, 컴퓨터, 정보통신, 나노, 화학공학, 자

동차 등)

 - 관련 직업 과학교사, 연구원, 전자, 반도체, 디스플레이 연구원,

기계, 우주항공, 자동차, 정보통신, 컴퓨터, 신소재, 나노바이오

관련 공학자 등

<진로를 위한 과목 선택 예시>
1) 일반 선택: 물리학
2) 진로 선택: 역학과 에너지, 전자기와 양자
3) 융합 선택: 융합과학 탐구
4) 전문교과 과학계열 진로 선택: 고급물리학
5) 전문교과 과학계열 융합 선택: 물리학 실험

〈화학 실험〉

1) 과목 소개: 고등학교 '화학', 고등학교 진로 선택 '물질과 에너지', '화학 반응의 세계'에서 다룬 화학 지식을 통합하여 실험적으로 탐구하는 능력을 갖추기 위한 과목으로 화학 실험의 기초, 물질의 성질, 화학 반응, 탄소 화합물의 합성과 특성 4개의 영역으로 구성되어 있으며 반도체, 전지, 의약품, 화장품 등 현대인의 삶과 공존하는 영역에서 활용된 화학적 원리를 이해하고, 지속가능한 사회와 문제해결을 위한 과학과 공학 기술 개발의 기초가 됨.

2) 역량: 21세기를 살아가는 데 필요한 핵심역량과 개인과 사회의 문제를 과학적이고 창의적으로 해결하는 전문가로서 갖춰야 할 역량을 기름. 이를 위해 물질 탐구 과정과 지식에 대한 통합적 이해를 바탕으로 데이터 해석과 실험 기구 사용 방법, 물질의 다양한 성질을 관찰하는 방법, 다양한 화학 반응에서 변화를 관찰하는 방법, 다양한 탄소 화합물의 성질과 합성 방법 등을 다루고 변인을 조작적으로 정의하

고 실험을 설계하는 역량, 정보 수집과 자료 분석 역량, 탐구 과정과 결론의 반성적 평가 역량, 디지털 탐구 도구 활용과 자료와 증거에 근거한 과학적 소통 역량을 기름.

3) 내용

지식·이해	화학 실험의 기초	· 데이터 처리 · 여러 가지 도구의 특징과 사용법 · 첨단 기자재 사용법
	물질의 성질	· 물질의 세 가지 상태와 특징 · 혼합물의 분리 · 묽은 용액의 성질
	화학 반응	· 화학 변화와 반응열 측정 · 화학 평형 · 산 염기 평형 · 산화·환원 반응 · 반응 속도
	탄소 화합물의 합성과 특성	· 탄화수소의 성질 · 탄화수소 유도체의 반응과 성질 · 방향족 탄화수소의 성질
과정·기능	· 물질 현상과 자료를 탐구하여 문제를 정의하고 가설을 설정하기 · 수집된 자료를 분석하여 규칙성과 자료 분석의 한계 파악하기 · 반성적 사고를 통해 탐구 과정과 결론의 타당성·신뢰도 판단하기 · 디지털 탐구 도구를 활용하여 모형을 만들고 수정하기 · 자료와 증거에 기초하여 논증이나 반론을 구성하기 등	
가치·태도	· 자연과 과학에 대한 감수성 · 과학 창의성 · 과학 문제 해결에 대한 개방성 · 안전·지속가능 사회에 기여 등	

4) 진로·진학
- 관련 학과: 화학과, 응용화학과, 화학공학과, 화학생명공학과, 생화학과, 정밀화학과, 환경화학과, 화학교육과, 화장품학과, 생명공학과, 의약학·보건계열(의예과, 약학과, 간호학과 등), 식품, 나노공학과, 신소재공학과, 재료공학과, 전자공학과 등
- 관련 직업: 화학연구원, 자연과학연구원, 약사 및 한약사, 의사, 간호사, 화학제품 제조원, 신재생에너지전문가, 화학교사, 석유화

학 기술사, 화학공학 기술자, 대체에너지개발연구원 등

<진로를 위한 과목 선택 예시>
1) 일반 선택: 화학
2) 진로 선택: 물질과 에너지, 화학반응의 세계
3) 융합 선택: 융합과학 탐구
4) 전문교과 과학계열 진로 선택: 고급 화학
5) 전문교과 과학계열 융합 선택: 화학 실험

체육·예술 교과(군)

〈스포츠 생리의학〉

1) 과목 소개: 운동생리학과 스포츠 의학이 융합된 스포츠 생리의학의 개념과 의의, 운동에 따른 신체 기관의 변화 과정과 효과, 운동처방에 따른 트레이닝 등을 주요 주제로 다룸으로써 스포츠 생리의학 분야에 대한 전문성을 함양하기 위한 자질을 기르기 위한 과목임.

2) 역량: 운동생리학과 스포츠 의학 분야에서 다루는 주제와 내용을 이해하고, 두 학문 간의 관계를 파악할 수 있음. 운동으로 인한 신체의 생리적 변화를 이해하고, 신체 질환을 생리의학적으로 관리하는 방법을 학습함. 스포츠 생리의학과 관련된 직업 세계와 준비 과정을 탐구함으로써 스포츠 생리의학의 중요성을 인식하고 스포츠 생리의학 전문가로서의 성장 의지를 발휘해 자신의 미래 진로와 연계할 수 있는 능력을 기를 수 있음. 이 과정에서 스포츠 생리 및 스포츠 의학 분야에서 다루는 주제와 관계를 폭넓게 이해하는 능력, 운동을 중심으로 한 생리학적 지식과 의학적 지식을 융합할 수 있는 능력과 같은 체육 전문가가 갖춰야 할 역량과 스포츠의 학문적 융합에 대한 적극적 관심과 스포츠 생리의학 분야로의 진로 진학 준비에 대한 적극성을 기를 수 있음.

3) 진로·진학
- 관련 학과: 스포츠의학과, 운동재활학과, 물리치료학과, 체육교육과, 체육학과, 스포츠과학과, 특수체육교육과, 생활체육학과, 사

회체육학과, 스포츠지도학과, 스포츠건강재활학과, 운동처방학과
등
- 관련 직업: 운동처방사, 응급구조사, 스포츠 테이핑지도사, 스포
츠 의학자, 코치, 체육교사, 체육교수, 생활체육 지도자, 스포츠
강사, 퍼스널트레이너, 체형관리사, 스포츠 트레이너, 특수체육교
사, 팀 주치의, 생체역학연구원, 스포츠 영양사 등

```
<진로를 위한 과목 선택 예시>
1) 일반선택 : 체육1, 2
2) 진로선택 : 운동과 건강
3) 융합선택 : 스포츠 생활
4) 전문교과 체육계열 진로 선택 : 스포츠 경기체력, 스포츠 교육 등
5) 전문교과 체육계열 융합 선택 : 스포츠 생리의학
```

〈미술과 사회〉

1) 과목 소개: 미술과 소통, 미술과 참여, 미술의 확장 등 3개의
영역으로 구성되며 미술의 사회적 역할과 소통 방식을 탐구, 미술을 인
간, 사회, 환경과의 관계 속에서 통합적으로 이해, 미술로 공동체와 지
역, 세계의 구성원으로서 사회에 참여하며 협력하는 능력을 함양함.

2) 역량: '미술과 사회'는 미술이 인간과 사회를 이해하는 토대
라는 인식에 기초하여 미술의 공동체적 역할과 가치를 중심으로 소통
과 참여의 방식에 대해 다룸. 이 과목의 학습을 통해 미술이 사회와 관
계 맺는 방식과 다양한 사회현상을 탐구하며 미술의 가치와 사회적 역
할을 모색함. 미술 작품의 창작부터 발표와 공유, 유통과 판매, 환경적
관점 등 사회적 관계의 대상으로서 확장된 미술의 기능과 가치를 파악
할 수 있음. 또한 삶의 문제를 미술로 표현하고 사회 변화에 주도적으
로 참여하면서 보다 확장된 관점에서 미술이 공동체의 문화 발전에 기
여하는 태도를 함양함.

3) 진로 진학

- 관련 학과: 커뮤니케이션디자인학과, 시각디자인학과, 멀티미디어디자인학과, 산업디자인과, AI디자인학과, 문화콘텐츠학과, 디자인학부 등

- 관련 직업: 커뮤니케이션 디자이너, 멀티미디어 디자이너, 시각 디자이너, 디지털 큐레이터, 광고 디자이너, 북 디자이너, 문화콘텐츠 전문가 등

<진로를 위한 과목 선택 예시>
1) 일반선택 : 미술
2) 진로선택 : 미술 감상과 비평
3) 융합선택 : 미술과 매체
4) 전문교과 예술계열 진로 선택 : 드로잉, 미술 전공 실기, 조형 탐구 등
5) 전문교과 예술계열 융합 선택 : 미술과 사회, 미술 매체 탐구 등

기술·가정/정보/교양 교과(군)

〈창의 공학 설계〉

- 과목 소개: 공학의 문제해결 과정을 체험하고 우리의 삶 속에서 다양한 창의 공학 설계 문제를 찾아 학생 스스로 낸 아이디어 제품을 실제로 설계하고 제작해 보는 과목임.

- 관련 학과: 건축, 교통 운송, 기계 금속, 산업, 소재 재료, 전기 전자, 정밀 에너지, 컴퓨터 통신, 토목 도시, 화학 공학 등 공학계열 전 학과

- 관련 직업: 공장자동화설계자, 제품개발연구원, 시각디자이너, 컴퓨터그래픽디자이너, 건축 기계 장비설계기술자, 생산공정관리매니저, 모든 공학(기계, 건설, 수송, 전기, 전자, 통신, 에너지 등) 분야의 연구·개발·설계·시공 관련 직군

〈인간과 심리〉

- 과목 소개: 인간의 마음과 행동을 과학적으로 탐구하는 심리학

적 접근을 토대로 자신과 타인을 이해하고 실생활에 접목 활용하여 행복한 삶을 주도적으로 설계할 수 있는 역량을 함양하기 위한 과목.

- 관련 학과: 상담심리학과, 심리학과, 심리상담치료학과, 산업심리학과, 재활학과 등
- 관련 직업: 상담교사, 정신건강상담전문가, 교정직공무원, 기자, 놀이치료사, 아동발달전문가, 미디어콘텐츠제작자, 산업심리전문가, 범죄심리전문가, 결혼상담원, 놀이치료사, 마케팅사무원, 미술치료사, 언어치료사 등

세부능력 및 특기사항 차별화 방안

참여 수업으로 씨뿌리기

2015 개정 교육과정은 크게 2가지 비전으로 요약된다. 하나는 '미래 사회가 요구하는 창의융합형 인재 양성'이고 다른 하나는 '학습경험의 질 개선을 통한 행복한 학습의 구현'이다. 이 2가지 비전을 달성하기 위해 수업 방법의 변화가 요구되었고, 학습 몰입력을 높이기 위한 방안으로 학생 참여 수업이 대두되었다.

2022 개정 교육과정의 새로운 비전은 '포용성과 창의성을 갖춘 주도적인 사람'이다. 주도성 향상을 위해, 학교 차원에서는 학습자의 삶과 성장을 지원하는 맞춤형 교육과정의 설계가 전제되어야 한다. 학생 차원에서는 스스로 학습 목표를 설정하고, 자신의 학습 현황을 진단할 수 있어야 하며 적절한 학습 전략을 선택하고 실행하는 등 학습과정 전반에서 주도성을 발휘해야 한다.

참여 수업을 통해 세특을 돋보이기 위한 방법으로는 어떤 것들이 있을까? 세특에는 학생이 수업에 참여한 학습의 과정과 학습의 결과가 기재된다. 교사는 학습과정에서 학생이 기울인 노력, 수업 활동 참여도, 학업 수행과정에서 나타난 역량 수준 등을 기재하게 되는데 참여식 수업이 아닌 경우에는 과목별 성취기준 도달 정도와 과목별 핵심 역량의 정도로만 기재하게 되며 이는 상당히 추상적으로 읽히게 된다.

그러므로 발표, 토의, 토론, 실험 등 참여 수업을 진행하고 누가

기록함으로써 세특에서도 자기주도적 학습과정에서의 성장 노력을 구체적으로 기술할 수 있게 된다.

배움 중심 수업이 아닌 학생 참여형 수업이 강조되고 과정 중심 평가가 강조됨에 따라 학생의 과정을 관찰할 수 있는 수업 내 활동이 바로 발표, 토론, 실험실습 등이다.

입학사정관이 해당 항목을 평가하는 과정에서는 주로 '교사의 관찰 내용과 평가'를 중심으로 학습 내용에 대한 학생의 적응, 응용, 활용 능력을 확인함으로써 학생의 우수성을 변별하고자 한다.

참여 수업에 대한 기재 내용은 다른 항목에 비해 지원자가 수행한 활동에 대한 객관적인 기술이 가능하며, 지원자가 수강한 교과의 학습 내용 중에서도 타 지원자와 구분되는 학생의 우수성이나 강점을 드러내기 용이하다.

동일한 과목에서 동일한 내신등급을 받은 학생 A와 B가 있을 때, A는 이해력은 뛰어나지만 다소 수동적으로 학습에 임하고, B는 적극적으로 진취적인 태도로 발표와 토의를 리드하는 모습을 보인다면 세특에서의 기재 내용 역시 아래와 같이 달라진다.

| A | '~~' 단원의 자료조사 및 요약 과정에서 높은 이해력이 돋보임. |
| B | 지적 호기심이 충만하여 '~~'단원의 모둠 발표를 주도적으로 이끌어 감 |

학생의 교과 성취 수준에 대한 교사의 평가는 수업 참여 사례가 구체적일수록 더욱 높은 신뢰도를 가진다. 특히 자연계열의 경우 수학과 과학 분야의 진로선택과목과 전문교과는 실제 수업 내용이 어떻게 이루어졌는지도 서류평가의 대상이 되므로 수업 내용과 더불어 학생이 어떤 성취를 보였는지 기술되는 것이 좋다.

세특에서 나타나는 참여 수업의 기재유형을 문학 교과의 사례를 통해 비교해 보자.

문학: 수업 태도가 가장 모범적인 학생으로, 배울 작품의 전문을 미리 읽어 오는 등 수업 준비를 철저히 하는 성실함이 몸에 배어 있음. 문학 작품에 나타난 작가의 개성을 이해하고 작품을 감상할 수 있으며, 여러 가지 타당한 근거를 통일성과 응집성을 갖춘 글을 쓰고 다양한 가치를 비평적으로 이해하고 실현하는 능력이 뛰어남.

교사의 긍정적인 평가는 기재되어 있으나 이와 관련된 구체적인 근거가 없고 역량을 파악하기 어렵다. 학업역량의 세부지표인 자기주도 성과 지적 역량의 평가 근거를 찾아보기 어렵기 때문이다.

문학: 수업 태도가 가장 모범적인 학생으로, 수업 준비를 철저히 하는 성실함이 몸에 배어 있으며 작품에 대한 감상뿐만 아니라 비평을 하는 데도 탁월한 역량을 가지고 있음. 그 예로 〈무정〉(이광수) 등 학습한 작품의 전문을 찾아 읽고, 계몽의 당위성만 제시될 뿐, 구체적인 방법의 부재를 지적하는 등 자신만의 새롭고 독자적인 의견을 담은 비평문을 작성하여 제출함.

작품명이 등장하여 구체성을 더하고 있으며 수업 태도에 대한 교사 평가의 근거로서 평상시 수업에 임하는 모습을 상상하며 평가할 수 있다.

문학: 수업 태도가 가장 모범적인 학생으로, 수업 준비를 철저히 하는 성실함이 몸에 배어 있으며 작품에 대한 감상뿐만 아니라 비평을 하는 데도 탁월한 역량을 가지고 있음. 그 예로 〈혈의 누〉(이인직) 등 학습한 작품의 전문을 찾아 읽고, 작가의 편협한 시대정신에 대한 비평문을 작성하여 발표함. 이후, 문학이론에 대한 관심을 두던 중 문학작품 이해의 '외재적 접근'을 접하고, 이를 응용하고자, 〈친일 문학론〉(임종국)을 찾아 읽고 작가의 삶과 작품의 관계적 관점으로 파악함. 시대적 배경에

대한 이해와 작품 활동에서의 사회적 구속성 등을 바탕으로 작품을 재해석하며 문학 감상의 폭을 확장한 내용을 발표하여 동료평가에서 최고의 발표로 선정됨.

적극적 수업 태도와 더불어 작품 분석 및 이해 노력 과정에서의 비판적 사고력을 평가할 수 있으며 나아가 후속 심화활동에 대한 의지를 통해 자기주도적 학업역량과 지적 호기심, 문학에 대한 열의를 확인할 수 있다.

자칫 발표에 참여하는 것만으로도 우수성을 드러낼 수 있다고 생각할 수 있다. 발표 등의 참여 수업을 통해 세특에 생동감을 줄 수 있다는 것이지 발표 수업 자체가 기재된다고 해서 평가 우위를 점할 수 있는 것은 아니다.

참여 수업을 통해 기재할 수 있는 '좋은 세특의 구조'는 다음과 같다. 이때 단순히 일회적인 발표만으로는 학생의 성장과 변화를 나타내기 어렵다. 학년 간 연계 노력, 과목 간 융합 노력을 보이기 위해서는 학생 스스로 3년간 이수하게 될 교육과정을 펼쳐놓고 과목 간 상관관계와 학생의 진로와 목표가 각 과목과 어떻게 연계되는지 깊이 있게 탐색해 보아야 한다.

> 〈좋은 세특의 구성 방식〉
> ① 수업 중 학생이 참여한 활동(발표, 토론, 실험 등)
> ② 학생이 맡은 역할
> ③ 학생이 드러낸 학습 역량(성취 기준에 비추어 어느 수준인지, 노력, 수행평가 결과물 수준)
> ④ 학생이 보여 준 성장과 변화

자료조사와 발표 과정에서는 어떤 학습활동을 할 수 있을까? 차별화 포인트는 '남과 다름'과 '한 발짝 더 나아감'에 있다. 수업 시간의 참여 수준이 다른 학생과 어떻게 달랐는지, 수업 과정에서 던진 질문의 수준이 어떻게 달랐는지, 궁금증 해결 과정에서 어떤 자료를 수집하였는지, 수집한 자료를 분석하는 과정이 다른 학생과 어떻게 달랐는지,

교과 수업 시간에 배운 것을 활용하는 과정에서 어떤 특징을 나타냈는지 등이다.

나아가 참여 수업 활동 과정에서 어떤 점을 어려워했고, 그 어려움을 극복하기 위해 어떤 방식으로 해결방안을 모색했는지도 주된 차별화 포인트가 된다. 입학사정관의 관점에서 수업 내용에 대한 이해와 더불어 가장 궁금한 점은 궁극적으로는 참여 수업을 통해 학생의 가치관이 어떻게 달라졌는지, 목표가 어떻게 달라졌는지 등이다.

수행평가로 북돋우기

수행평가의 비중은 10~60%로 학교마다 편차가 큰 편이다. 하지만 내신 성적에서 차지하는 비중이 점차 높아지고 있으며, 뿐만 아니라 2028 대입개편안과 관련하여 논·서술형 평가를 확대하겠다는 교육부의 발표가 있었다.

수행평가에 성실히 임함으로써 높은 등급을 받는 것도 중요하지만 수행평가를 자신의 교과 지식과 진로탐색의 깊이를 더할 수 있는 기회로 활용하는 것은 학생 자신의 리더십과 자기주도적 학업역량을 뽐내는 방법이다.

수행평가의 취지는 학생 학습과 성장 촉진을 위한 과정 중심 평가이다. 과정 중심 평가란 '교육과정의 성취기준에 기반을 둔 평가 계획에 따라 교수학습과정에서 학생의 변화와 성장에 대한 자료를 다각도로 수집하여 적절한 피드백을 제공하는 것'으로 정의 내려진다.

과정 중심 평가의 구성요소를 평가기준, 평가시기, 평가내용으로 나누어 보면 크게 5가지의 특징을 가진다. 평가의 기본 요소는 ① 학습자의 학업성취도 확인, ② 교육과정의 평가와 개선, ③ 교육정책 관련 의사결정을 위한 기반 제공이다. 학업성취도를 확인하기 위해 많은 학교에서 지필고사를 치르고 점수 순으로 상대적인 순위를 확인한다. 그렇다면 지필고사와 수행평가 간의 차이점은 무엇일까?

먼저 고등학교에서 이루어지는 모든 평가의 기준은 교육과정에 명시된 성취기준에 기반을 둔다. 한편, 과정평가가 이루어지는 시기는 '수업 중'으로 국한된다. 수행한 결과물만이 아니라 수행과정에서 학생이 보이는 태도에 대한 교사의 평가가 이루어지는 것이 가장 큰 특징이라 할 수 있다.

평가의 내용은 인지적 차원과 정의적 차원으로 구분해볼 수 있다. 인지적 차원으로는 학생이 수행평가 과정과 결과물을 통해 활용한 지식의 수준을 평가하고 정의적 차원에서는 기능, 태도를 아우르는 종합적인 평가가 진행된다.

내신에서의 성취도가 다소 아쉬운 학생이라 하더라도 수행평가에서의 성실성과 남다른 열정을 나타내고 해당 내용이 세특에 기재된다면, 학생부종합전형의 정성평가를 통해 만회할 수 있다. 수행평가는 학생이 가지고 있는 지식, 기능, 태도 등의 능력을 구체적인 과정을 통해 확인할 수 있기 때문이다. 수행평가에는 지필고사를 통해서는 확인하기 어려운 '성장 과정에 대한 지속적인 평가'가 가능하다는 특징이 있다. 이는 결과만이 아닌 과정을 함께 평가한다는 점에서 학생부종합전형의 취지와 일맥상통한다.

또한 수행평가는 혼자만의 능력뿐 아니라 의사소통·협업 등의 공동체의식과 대인 능력을 어필할 수 있는 도구로도 활용할 수 있다. 수행평가에 임하는 태도뿐 아니라 관심 주제를 조사, 분석하는 과정을 통해 미래역량을 강조하는 것도 가능하다. 문·이과 계열을 통틀어 공통으로 요구되는 미래역량 중 하나가 바로 데이터 리터러시이다. 데이터 리터러시란 '다양한 방식으로 데이터를 읽고, 이해하고, 사용하는 능력'이다. 여기에는 데이터를 수집, 가공하는 것뿐 아니라 분석하고 시각화하는 역량까지 포함된다. 이러한 데이터 리터러시 함양 노력을 보여 줄 수 있는 과목은 확률과 통계, 인공지능 수학, 정보, 데이터 과학이 대표적이다.

해당 교과의 과목 소개와 목차를 보고, 학생의 진로목표와 연계할 수 있는 교과 내용을 확인하여 수행평가에 충실하게 임함으로써 학업성취도와 학업역량, 진로역량, 공동체역량 등 학생부종합전형의 모든 지표에서 평가 우위를 점할 수 있다.

교육부, 경기도교육청, 한국교육과정평가원이 공동으로 제작한 '학생의 성장을 돕는 과정 중심 평가-수행평가 문항 자료집'에서 수행평가의 사례를 발췌하고, 이를 일부 모집단위에 맞추어 제시해 보고자 한다.

1) 국어

① 교과: 고전 / 화법과 작문

② 영역: 고전, 작문

③ 과제명: 고전에 대한 토의와 비평문 작성

④ 평가 유형:

　☑ 서술·논술 □ 구술·발표 ☑ 토론·토의 □ 프로젝트

　□ 실험·실습 □ 포트폴리오 □ 자기평가 □ 동료평가

　□ 보고서 □ 기타

⑤ 성취기준

－ 31064-3. 고전에 담긴 지혜와 통찰이 오늘날에 가지는 의미를 평가할 수 있다.

－ 310322-2. 주장하는 내용과 관점이 명료하게 드러나도록 글을 쓸 수 있다.

⑥ 핵심역량: 비판적·창의적 사고역량, 의사소통 역량

⑦ 학과별 예시

희망학과	수행평가 주요 내용
영문학과	《위대한 유산》(찰스 디킨스)을 읽고 주제, 인물 분석, 문체, 시대적 배경 등을 탐구한 후 유사한 다른 문학작품과 비교분석 실시
경영학과	《국부론》(애덤 스미스)을 읽고 시장 경제와 자본주의의 기초를 탐구하고, 이를 현대 경영 전략과 연결 지어 '22세기 국부론' 작성
미디어학과	《미디어의 이해》(마셜 매클루언)를 읽고 '미디어 기술의 진화가 인간의 지각과 사회 구조를 변화시키는가?'를 토의주제로 선정
기계공학과	《모든 순간의 물리학》(카를로 로벨리)을 읽고 '보어-아인슈타인 논쟁'을 수업 시간에 구현하고 EPR 역설에 대해 조사하여 발표
생명과학과	《바이올리니스트의 엄지》(샘 킨)를 읽고 인간의 뇌가 큰 이유를 주제로 토의 후 지능과 뇌의 크기 간의 관계에 대해 조사하고 뇌의 크기와 학업성취도 간의 관계에 대한 보고서 작성
의예과	《히포크라테스 선서》(히포크라테스)를 읽고 히포크라테스의 원칙을 현대 의학 윤리와 비교분석하고 현대 세계의 가치관과 불합치한 부분은 없는지 토론 후 학생들의 의견을 수렴하여 새롭게 재창작
국어교육과	《에밀》(루소)을 읽고 개인의 자유가 사회적 관습과 규범에 의해 억압받고 있는가에 대한 토의를 진행하고 사회적 책임에 대한 교육방안을 탐구하여 교수학습계획안으로 구성하여 제출

2) 사회

① 교과: 법과 정치

② 영역: 정치 참여의 의의와 방법

③ 과제명: 주요 정책에 대한 의견이나 제안을 정치 과정에 반영하는 정치 참여 체험하기

④ 평가 유형:

　　□ 서술·논술 □ 구술·발표 ☑ 토론·토의 □ 프로젝트

　　□ 실험·실습 □ 포트폴리오 ☑ 자기평가 ☑ 동료평가

　☑ 관찰 및 기록

⑤ 성취기준: 법1223. 현대 민주 정치에서 정치 참여가 갖는 의의와 중요성을 설명하고, 다양한 정치 참여 방법을 실제 사례를 들어 설명할 수 있다.

⑥ 핵심역량: 비판적 사고력, 문제해결력, 창의적 사고력, 의사소통 및 협업 능력

⑦ 학과별 예시

희망학과	수행평가 주요 내용
영문학과	독서 진흥 정책의 국제 비교분석 시행 및 우리나라 실정에 부합하는 독서 진흥방안을 창의적으로 설계
경영학과	기업가형 소상공인 육성을 위한 민간 주도 상권회복 방안을 모색하기 위해 급우 대상 설문조사 및 인터뷰 시행
미디어학과	공영방송의 공공성 확립을 위한 사회적 책무 강화 방안을 모색하고 악용 사례 조사 및 발표
기계공학과	양자 암호통신망, 위성항법시스템 등 초연결 과학기술 인프라 구축을 방안 모색
생명과학과	바이오헬스 규제 샌드박스 현황조사 및 개선방안 모색
의예과	필수 의료 분야 인력 확충 대책 및 중증·희귀질환 치료제 의료비 부담 완화 방안 모색
국어교육과	디지털 인재 양성을 위한 국어교육과정 설계 및 모의 수업 운영

3) 수학

① 교과: 확률과 통계

② 영역: 확률분포(이항분포, 정규분포)

③ 과제명: 이항분포와 정규분포를 활용한 문제 해결하기

④ 평가 유형:

　　☑ 논술 □ 구술 □ 토론·토의 ☑ 프로젝트 ☑ 실험·실습

　　□ 포트폴리오 □ 자기평가 □ 동료평가 ☑ 관찰 및 기록

⑤ 성취기준

 - 확률과 통계1313. 이항분포의 뜻을 알고, 평균과 표준편차를 구할 수 있다.

 - 확률과 통계1314-1. 정규분포의 뜻을 알고, 정규분포를 나타내는 곡선의 성질을 이해한다.

 - 확률과 통계1314-2. 표준정규분포와 표준화의 뜻을 알고, 표준정규분포를 활용하여 정규분포의 확률을 구할 수 있다.

⑥ 핵심역량: 문제해결, 추론, 의사소통

⑦ 학과별 예시

희망학과	수행평가 주요 내용
영문학과	리얼리즘 사조의 영문학 작품을 선정하여 '극복, 회복' 두 단어의 등장 빈도를 통계적으로 탐구하여 작품의 주제와 단어 빈도 사이의 상관관계를 분석
경영학과	SNS의 웹사이트 방문자의 체류 시간 분포도를 수집하여 계산함. SNS별 소비자 선호의 패턴을 도출하고, 마케팅 전략을 수립
미디어학과	아이돌의 친환경 주제 SNS 게시물의 '좋아요' 수를 수집하고 해당 데이터가 이항분포를 따르는지 분석하고, 정규분포를 적용하여 평균 인기도를 추정
기계공학과	이항분포에 대해 학습 후 공장에서 100개의 제품을 생산했을 때 불량품의 수를 계산해 보고 기계의 고장 시점을 예측하는 생존분석 방법론에 대해 추가로 학습
생명과학과	가족력 질병 발병확률을 조건부 확률의 개념을 활용하여 계산
의예과	공개 의료 데이터의 인구 통계학적 변수와 질병 발생률 사이의 관계를 통계적으로 탐구하고 예방 전략을 제안
국어교육과	학교 주변 유해 환경과 학교 폭력 및 학업 중단 간의 관계 분석 후 교외 유해 환경 시설 차단 촉구

교과연계 주제탐구로 꽃피우기

주제탐구는 특정 주제에 대해 깊이 있게 연구하는 것을 말한다. 연구(研究)란 '어떤 일이나 사물을 깊이 있게 조사하고 진리를 따져보는 일'이다. 그렇다면 탐구보고서는 왜 써야 할까?

학생 입장에서는 사회 현상에 대한 비판적 사고력을 함양할 수 있을 뿐 아니라 논리적인 의사소통역량을 키워나갈 수 있으며 입학사정관의 입장에서는 문제의식을 느끼고 스스로 주제를 선정하여 관련 서적이나 자료를 통해 나만의 지식으로 흡수하는 과정 전반을 평가할 수 있기에 유용하다.

백지상태에서 주제를 찾는 일이 어렵다면, 학생이 진학하고자 하는 학과의 교수님들이 주로 소속되어 있는 학회의 홈페이지를 찾아보라. 어떤 학회가 있는지 모르겠다면 학과 홈페이지의 사이트맵이나 연관 홈페이지를 보면 도움을 받을 수 있다. 아래 표의 주요 참고 사이트는 최근 연구 동향이나 탐구 내용 목차를 수립할 때 유용하다. 표 27

표 27 탐구활동을 위한 추천 사이트		
도서관	1. 국립중앙도서관 2. 국가전자도서관	https://www.nl.go.kr/ https://www.dlibrary.go.kr/
논문	1. 구글 스칼라 2. RISS 3. DBPIA 4. 국회 전자도서관 5. ScienceON	https://scholar.google.co.kr/ https://www.riss.kr/ https://www.dbpia.co.kr/ https://dl.nanet.go.kr/ https://scienceon.kisti.re.kr/
정책	1. PRISM(정책연구) 2. 국가정책연구포털 3. 대한민국 정책브리핑	https://www.prism.go.kr/ https://nkis.re.kr/ https://www.korea.kr/
통계	1. 국가통계포털 2. OECD 3. World Bank	https://kosis.kr/ https://www.oecd-ilibrary.org/ https://data.worldbank.org/

주제 선정부터 보고서 작성에 이르기까지 나를 돋보일 수 있는 주제탐구활동 방법에 대해 순서대로 살펴보자.

자신만의 주제탐구로 차별화하기

1) 주제 선정

① 교과서 소단원 및 수행평가 과제에서 착안하여 핵심 키워드로 문헌 분석

② 제목 + 초록 등을 함께 읽으며 관심 주제 찾기

2) 연구·실험 설계 및 연구 목적 확인

- 관심 있게 본 선행 연구의 마지막 장인 '제언'을 나만의 연구 주제로 확장할 수도 있으므로 평소 염두에 두었던 주제의 논문이나 정책보고서를 볼 때는 결론의 내용과 참고문헌을 꼭 챙겨 읽는 것이 좋다.

3) 자료 수집 및 분석

① 가장 유사성이 높은 논문의 참고문헌 확인하기

② 참고문헌 중 인용도 높은 서적을 읽으며 이론적 배경 정리하기

③ 제목, 초록, 목차, 참고문헌 등의 자료를 엑셀이나 엔드노트(Endnote) 등을 활용하여 관심 있게 읽었던 논문들을 나만의 데이터로 구축해 놓으면 추후 다른 수행평가 과제를 할 때도 유용하다. 정보 검색 시간을 절약하기 위해 정리해 볼 것을 권한다.

논문, 학술지 발표 자료를 참고할 때는 공인된 기관의 자료를 엄선하여 보는 것이 좋다. 구글 스칼라에서 검색 시에는 출판연도를 확인하고, 파일이 열리지 않는 경우에는 RISS 사이트를 활용하여 재검색해 본다. 일부 고등학교에서는 구독권을 구입하여 유료 학술정보도 다운로드가 가능하도록 지원하고 있다. 고등학교에서 지원받지 못하는 경우에는 대부분의 대학에서 전자 학술자료를 다운받을 수 있는 권한을 부여하는 경우가 많으니 참고하기 바란다.

4) 제목 정하기: 핵심 키워드와 키워드에 대한 나의 중심 생각을 단어로 요약하되 추상적인 문구는 배제하고 명료하게 전달할 수 있는 제목으로 정한다. 주제를 구체화해야 자료조사와 실험 계획의 방향도 선명해진다.

예) 잠을 많이 자는 것과 성적 사이에는 어떤 관계가 있을까?
10대 청소년 수면의 양이 학업성취도 향상에 미치는 영향

5) 목차 설정 및 결과보고서 작성
교과 연계 주제탐구 보고서의 목차는 탐구 주제, 관련 교과(단원), 연구 목적 및 필요성, 이론적 배경, 연구 방법, 연구 목차 등으로 구성할 수 있는데 보다 세부적인 사항은 p.256-258의 〈Self Design 주제 탐구 보고서〉에서 확인할 수 있다. 연구 목적 및 필요성 부분에서는 내가

NO	교과목	관련 학습 내용
	표28 탐구 방법에 대해서 학습할 수 있는 교과목	
1	주제탐구 독서	주제와 관련된 책과 자료의 이해, 비교/분석 등의 의미 확장 과정 학습 및 평가·종합의 습관화 훈련
2	수학과제 탐구	사례 조사, 수학 실험, 개발 연구 등 과제 탐구의 방법과 절차
3	사회문제 탐구	사회문제 탐구 방법, 탐구 절차, 자료 분석 방법 등
4	윤리문제 탐구	가치갈등, 가치분석, 콜버그 딜레마 토론, 역할놀이 등
5	과학과제 연구	과학 연구 방법론, 과학 실험 데이터 수집 및 자료 변환 등 학습
6	논리와 사고	추론과 논증, 연역 논증과 귀납 논증, 논증 분석과 논술, 연역 논리와 코딩, 과학적 추론과 확률·통계 등 학습

주제를 선택하게 된 이유와 어떤 측면이 나의 흥미를 끌었는지를 기술하라. 기존 연구에서 다루지 못한 부분, 시대의 흐름이 반영되지 못해 최신화가 필요한 부분 혹은 새로운 관점에서의 재평가가 필요한 부분 등 학생 본인이 선택한 주제의 독창성을 강조하면 좋다.

연구 방법에서는 어떤 방법으로 탐구하고자 계획하고 있는지 순서에 따라 구체적으로 작성해 보기 바라며 교과 수업에서 배웠던 방법론을 최대한 활용해 보는 것이 좋다. 주제탐구과정에서 사용할 수 있는 방법론에 대해 학습할 수 있는 교과목으로는 주제탐구 독서, 수학과제 탐구, 사회문제 탐구, 윤리문제 탐구, 과학과제 연구, 논리와 사고 등이 있다. 세부 학습 내용은 **표28** 을 참고하기 바란다.

연구 목차 부분에서는 기존 문헌의 목차를 활용하거나 생성형 인공지능의 도움을 받는 것도 좋다. 다만 기존의 것과 인공지능의 답변을 그대로 흡수하는 것이 아니라 자신만의 관점으로 재구성하는 것이 반드시 필요하다.

연구 문제를 기술하기 위해서는 현실 상황에 대해 간략하게 요약하고 개선방안을 제시함으로써 A의 실태와 개선방안이라는 연구의 취지를 잘 담아낼 수 있다.

과제를 마쳤다면 스스로의 과제물을 제3자의 입장에서 **표29** 의 체

표29 주제탐구 자체 점검 체크리스트		
문항	YES	NO
① 주제는 교과 내용에 적합한가?	☐	☐
② 주제는 진로에 부합되는가?	☐	☐
③ 주제와 연구내용은 창의적인가?	☐	☐
④ 탐구내용을 잘 이해하고 급우들 앞에서 발표할 수 있는 준비가 되어 있는가?	☐	☐
⑤ 응집성과 논리성을 잘 갖춘 구조로 작성되었는가?	☐	☐
⑥ 문헌자료는 정확하게 인용되었는가?	☐	☐

크리스트를 활용하여 점검해 보자.

수학 과목의 경우는 어떤 방식의 주제탐구를 진행할 수 있을까? "수학을 사회문제에 어떻게 응용해야 해요?"라고 학생들은 종종 묻는다. 이 질문이 무색할 만치 세상은 숫자로 가득하다. 한 사람의 개인을 설명하는 숫자만 해도 주민등록번호, 학번, 전화번호가 있고 사회 특성을 설명할 때도 숫자는 빠지지 않고 등장한다.

맛집 평가도 별점이라는 숫자로 평가한다. "엄청 맛있었어."보다 "5점 만점에 4점이야."라고 말하면 더 객관적이고 설득력도 높은 것처럼 느껴진다. 그만큼 수치를 눈에 보이는 그대로가 아닌 비판적으로 수용하는 태도도 중요하다. 수학의 중요성을 강조하기 위해 유네스코는 2019년 3월 14일을 '세계 수학의 날'로 지정한 바 있다.

이뿐 아니라 G7 국가 중 하나인 영국은 NNO(https://www.nationalnumeracy.org.uk/)을 운영하며 국민 수해력 증진을 위한 각종 프로그램을 제공하고 영국 수리 지수(UK Numeracy Index)를 개발하기도 하였다. 문해력, 청해력뿐 아니라 수해력도 놓치지 않아야 하는 이유가 여기에 있다. 복잡다단하고 불확실한 세상에서 우리 청소년들이 스스로 정보를 수집, 선정, 분석, 평가하고, 이를 바탕으로 의미 있는 결정을 내리며 살아가는 데 문해력, 청해력, 수해력은 필수불가결한 요소이다. 수학이 어렵다고 수학적 탐구마저 어려워할 이유는 없다.

한국교육과정평가원의 〈고교학점제에서의 2022 개정 교육과정 실행을 위한 교과지도 자료집〉 중 수학 교과목에 해당하는 내용을 찾아보면 '영화 리뷰, 맛집 후기 등 다양한 텍스트 데이터의 감성 정보를 분석하고, 텍스트들 사이의 유사한 정도를 분석하기', '인공지능에서 수학을 활용한 역사적 사례를 탐구하기', '인공지능이 이미지를 자동으로 분류하는 수학적 방법 탐구하기' 등 흥미로운 탐구 주제를 얻을 수 있으니 참고하기 바란다.

다른 교과목에서 던질 수 있는 탐구 주제

제이 맥타이와 그랜트 위긴스의 《핵심 질문》(사회평론)과 유발 하라리의 《호모데우스》(김영사)의 서문에 제시된 내용 중 일부를 살펴보자.

[수학]

• 우리가 계산하는 것은 우리의 계산 방법에 어떻게 영향을 미치는가?

• 유클리드 기하학은 우리가 사는 공간에 최상의 '지도'를 제공하는가?

• 허수는 유용한가?

[역사/사회]

• 정부는 개인의 권리와 공익 사이에서 어떻게 균형을 맞춰야 하는가?

• '정당한' 전쟁이 존재할까?

• 사회주의는 새롭게 부상하는 비노동 계급을 어떻게 대할까?

[언어]

• 유능한 작가는 어떻게 독자들의 관심을 끌고 유지하는가?

• 다른 장소와 시대에 쓰인 이야기는 내게 무엇을 말해 주는가?

• 호밀밭의 파수꾼은 희극인가, 비극인가?

[과학]

- 노화는 질병인가?
- 눈으로 볼 수 없는 것을 가장 잘 측정하려면 어떻게 해야 하는가?
- 우주는 팽창하고 있는가?
- 우리의 다양한 신체 체계는 어떻게 상호작용하는가?

[예술]

- 예술 작품은 문화나 사회에 관해 무엇을 말할 수 있는가?
- 관객은 예술가에 대한 책임이 있는가?
- 예술의 의미는 누가 결정하는가?

[외국어]

- 외국어를 배울 때 머릿속은 어떻게 움직여야 하는가?
- 단어를 전혀 모를 때 나는 나 자신을 어떻게 표현할 수 있을까?
- 원어민과 그 언어를 유창하게 사용하는 외국인은 어떤 차이가 있는가?

위와 같은 핵심 질문의 공통적인 특징은 분석, 추론, 평가, 예측 등의 고차원적인 사고를 요구한다는 점이다. 질문을 받으면 대답을 어떻게 할지를 고민하지만, 질문을 만들어야 하는 상황이 되면 어떤 질문을 해야 하는지에 대한 배경지식을 확보하기 위해 자료조사를 시작한다. 스스로 질문을 만들면서 학생들은 정보를 단순히 받아들이는 것에서 벗어나, 깊이 있는 분석과 평가를 수행하고 분석과 추론을 통해 질문을 던진다. 어떤 답변이 나올지 예측하고 그에 대한 대처는 어떻게 하면 좋을지를 심사숙고한다. 학생들은 스스로 질문을 개발하는 과정에서 사고가 촉발되고 지적으로 몰입하게 된다.

우리 사회는 질문을 잃어버린 사회였다. '나만 모르는 것일까 봐', '질문했다가 면박을 당할까 봐', '궁금한 것을 질문으로 표현하기가 어려워서', '나중에 따로 찾아보면 되니까' 등 질문을 참는 이유는 다양하다. 이스라엘 울프 재단 리타 벤 데이비드 대표가 "질문하는 것도 배워야 할 수 있습니다. 질문하지 않는 것은 교육 방법이 잘못됐기 때문입니다."라고 논평하였듯이, 질문을 회피하는 문화와 질문을 잘난 척하는 행위로 간주하는 잘못된 사고방식의 변화는 교육 현장에서부터 뿌리내려야 한다. 스스로 질문을 만들면서 학생들은 교과 내용을 더 깊이 있게 탐구할 수 있기 때문이다. 질문을 만들고 답을 찾는 과정에서 학생들은 학습의 깊이를 더할 뿐 아니라 보다 폭넓은 지식을 구축해 나갈 수 있다.

주제탐구활동 세특 기재법

그렇다면 주제탐구활동은 세특에 어떻게 기재되는 것이 좋을까? 먼저 탐구할 내용의 주제를 해결하는 데에 교과 지식을 어떻게 활용했는지 기재되는 것이 관건이다. 교과와 연계한 주제탐구는 학업역량과 진로역량에서 평가될 수 있지만, 교과 지식과 무관한 낮은 난도의 단순한 진로 탐구활동은 진로역량에서도 '활동의 다양성' 측면으로만 고려될 여지가 높다.

또한 학생이 수행한 활동과 심화·확장 과정은 객관적으로 기술하되, 타 수강생과 구분되는 학생의 우수성이나 강점은 교사의 주관적인 평가로 기술한다. 부각시키고자 하는 학생의 강점을 기술하되 해당 역량은 구체적으로 어떠한 활동과 탐구를 통해 발전시켜왔는지 과정의 기술에 대한 구체성이 요구된다. 탐구활동 진행에 대한 사실만 기록하기보다 교사의 관찰과 평가가 함께 기술되어 있을 경우 가장 우수한 평가를 받을 수 있다. 그러므로 주제탐구 결과를 평가하는 교사가 명시한 평가기준을 바탕으로 중점을 두어야 할 영역이 어디인지 확인하고 주제 설계를 시작하는 것이 좋다. 다음은 참고할 만한 탐구 수업의 평가계획 사례이다.

표30 주제탐구활동 점수 부여 방식			
평가기준			점수
과정평가 (30)	적절한 대주제 및 소주제를 체계적으로 선정하여 다양한 매체를 통해 자료를 풍부하게 탐색하고 구조화시킴		30
	탐구과정 및 중간 제출물에서 미흡한 부분이 있을 경우, 항목 및 정도에 따라 0.5점~2점씩 감점함		5.5~29.5
	미참여 및 미제출		0
독서활동 (20)	탐구과정에서 탐구 주제와 관련된 독서활동을 1권 이상 수행함		20
	탐구과정에서 독서활동을 1권 이상 수행했으나 탐구 주제와의 관련성이 없음		2~19.5
	탐구과정에서 독서활동을 수행하지 않음		0
결과평가 (30)	개요 및 초고, 피드백 내용을 반영하여 주어진 조건에 맞게 매체 이용과 표현 윤리를 준수한 양질의 결과물을 완성함		30
	최종 제출물에서 미흡한 부분이 있을 경우, 항목 및 정도에 따라 0.5점~2점씩 감점함		5.5~29.5
	미제출		0
자기평가 (20)	자기평가 내용이 탐구내용에 근거하고 충실함		20
	자기평가 내용이 탐구내용에 근거하고 있으나 충실하지 않음		10~19.5
	자기평가 내용이 탐구내용에 근거하고 있지 않음		2~9.5
	미제출		0

※ 백지 답안은 미제출로 간주한다.
※ 카피킬러 검사 결과 표절률 30% 이상, 출처를 밝히지 않고 무단 표절, 타인 결과물 도용 등의 부정행위 시 20점을 감점한다.

　　표30의 점수 부여 방식 사례를 보면 풍부한 자료 탐색과 구조화 방법, 탐구 내용과 관련된 독서활동, 연구 윤리 준수 등의 주요 평가기준이 눈에 띈다. 각 학교마다 세부적인 평가기준은 다를 수 있으므로 반드시 해당 교과목 담당 교사의 평가 지침을 사전에 꼼꼼히 확인하기 바란다.

계열별 주제탐구 예시

지금부터는 주요 모집 계열별로 주제탐구의 예시를 들어 보고자한다. 세특은 기존의 우수 사례와 주요 대학교의 학생부종합전형 가이드북에 제시된 사례를 바탕으로 재구성하였다.

1) 상경계열(경영학과)

구분	내용
탐구 주제	ESG경영 확대를 통한 소외계층 지원방안
과목(단원)	현대사회와 윤리(실천윤리학과 다양한 윤리적 쟁점), 기존 생활과 윤리
탐구 계기	이윤 추구를 위한 기업의 갑질에 대한 보도자료
참고 문헌	ESG 생존 경영(이준희 외)
탐구방법	급격한 산업화로 인한 인간성 상실 문제의 원인을 분석하고 양적 성장만을 추구하는 것이 아닌 소외계층을 돕는 ESG 경영의 중요성에 대해 조사하여 발표
새롭게 배운 점	기업 비리나 부당한 경영방침에 대한 비판적 의식을 갖게 되었고, 법과 사회경제적 측면에서 정당한 경영 마인드의 중요성을 인식함
보고서 내용 요약	- 기업의 부정부패, 비윤리적 관행 사례 - 비윤리적 이윤추구 행위 규제 방안 - 사회적 책임 경영의 의미와 중요성
한계 및 제언 (후속활동)	가상의 회사 창업 및 ESG경영의 실제적 적용 기회 모색

위 탐구활동에 대한 평가는 다음과 같은 구조로 구성될 수 있다.

집중력과 이해력이 좋고 관심 분야를 교과와 연계하여 사고하는 능력이 돋보임.	종합평가
기업의 비윤리적행동이 시장경제에 미치는 영향에 대해 조사하고 소외계층을 배려하는 ESG경영 방안에 대해 탐구하여 발표함. 자신만의 경영철학에 대해 묻는 교사의 질문에 미리 준비한 윤리 헌장을 발표하는 모습에서 준비된 리더십을 엿볼 수 있었음	평가근거
이론 윤리학, 실천 윤리학, 메타 윤리학, 기술 윤리학을 구분하고 실천 윤리학자인 피터 싱어에 관점을 조사하고 보다 일상적인 사안에 응용하여 이해를 도모함	평가교과 연계활동
ESG 경영에 대한 의지를 실무에 적용하고자 친환경 생활복 판매 사업을 기획하고 상품 마케팅 및 역할 분담을 주도적으로 전담하고 솔선수범하여 협업을 이끌어냄	진로 연계활동
현대의 윤리 문제를 다루는 새로운 접근법 및 동서양의 다양한 윤리 이론들을 비교·분석하고, 이를 다양한 윤리 문제에 적용하여 윤리적 해결방안을 도출할 수 있다.	성취기준

2) 사회과학계열(미디어학과)

구분	내용
탐구 주제	소득 격차의 현황과 완화 방안
과목(단원)	사회와 문화(사회 계층과 불평등), 기존 사회문화
탐구 계기	국민기초생활보장법에 대한 제시문을 읽던 중 소득 격차가 어느 정도인지 궁금증이 생김
참고 문헌	우리는 가난을 어떻게 외면해 왔는가(조문영)
탐구방법	정책연구보고서 등 문헌 연구
새롭게 배운 점	사회적 약자 대상의 생계비 지급 확대, 기본소득제 등 정책적 차원의 노력에 대해 알게 되었으며 보편적 복지와 선별적 복지로 구분하여 실효성을 파악
보고서 내용 요약	-빈곤을 양산하는 사회 구조의 문제점 -미디어에 나타난 최저생계비 지원에 대한 국민 여론 분석 -최소한의 삶을 보장하는 지원방안에 대한 사회적 인식 형성 방안 제안
한계 및 제언 (후속활동)	소득 재분배 정책의 실효성에 대한 경제 분야 탐구를 후속활동으로 계획. 현재 소득 재분배 정책들의 장단점과 실효성을 탐구 및 개선방안 모색

위 탐구활동에 대한 평가는 다음과 같은 구조로 구성될 수 있다.

지적 호기심이 풍부하여 수업 시간에 발문하는 횟수가 많고 개념을 정확히 이해하고 지속적으로 탐구해 나가는 등 학습에 대한 몰입이 우수함.	종합평가
소득 양극화에 대한 제시문을 읽고 우리 사회의 빈부격차에 대한 데이터를 찾는 과정에서 뛰어난 과제 집착력을 보였으며 빈부격차가 점차 심화되는 상황의 심각성을 데이터에 기반하여 제시하고 해결방안을 촉구하는 논리적인 정책제안서를 작성함	평가근거
-다양한 사회 불평등 양상을 조사하고 그와 관련한 차별을 개선하기 위한 방안을 모색한다. -기능론과 갈등론을 활용하여 사회 불평등 현상을 설명하고 각 이론의 특징을 비교한다.	성취기준

3) 이공계열(기계공학과)

구분	내용
탐구 주제	두 달걀이 충돌하면 두 달걀이 모두 깨질 것이다.
과목(단원)	물리학(힘과 에너지), 기존 물리학I
탐구 계기	달걀 낙하 실험 후 수평의 상태에서 서로 충돌하는 경우에 대해 과학적 호기심을 갖게 됨
참고 문헌	물리학자의 시선 (김기태)

구분	내용
탐구방법	두 달걀이 충돌하는 조건 설정 속도, 각도를 고려하여 촬영 및 관찰 결과 기록 달걀의 깨짐 패턴과 충돌 조건 간의 상관관계 분석
새롭게 배운 점	가설이 틀렸음을 실험을 통해 증명. 난각에서 힘이 분산되어 다른 달걀이 받는 압력이 크게 감소하는 충돌 물리 현상의 이해.
보고서 내용 요약	구조적 무결성, 충돌 지점의 스트레스 분포, 충격 흡수 능력 등
한계 및 제언 (후속활동)	탄성 충돌과 비탄성 충돌의 차이에 대한 추가 학습의 필요성을 느낌

위의 주제탐구를 열심히 수행했다면, 학생의 활동 내용은 아래의 세특처럼 작성될 수 있다.

꼼꼼하고 철저하게 학습 내용을 정리하고 과학적 원리를 터득하는 능력이 탁월함. 교사의 작은 발문 하나에도 귀 기울여 탐구 계기로 삼는 모습이 자주 관찰됨.	종합평가
운동량과 충격량에 대해 학습한 뒤 달걀이 충돌하면 두 개가 모두 깨질 것이라는 가설을 세우고 직접 실험 계획을 수립하고 상관관계의 검증을 교사에게 요청하고 실험을 한 번 해 보는 것에 그치지 않고 《물리학자의 시선》(김기태)를 찾아 읽으며 학습을 응용할 수 있는 방안에 대해 다각도로 모색하는 등 학습에 대한 강한 의지가 돋보임.	평가근거

4) 자연계열(화학과)

구분	내용
탐구 주제	수소 에너지 상용화에 기여하는 나노촉매 기술
과목(단원)	물질과 에너지(역동적인 화학 반응), 기존 화학II
탐구 계기	물 분해 기본 원리에 대해 학습 후 최근 물분해 기술에 대해 궁금증이 생김
참고 문헌	《수소 에너지 백과사전》(이원욱 외)
탐구방법	문헌 연구, 가상 시뮬레이션 실험
새롭게 배운 점	루테늄-그래핀, 미세나노튜브 등의 나노촉매 기술을 통한 물 분해 원리
보고서 내용 요약	수소 에너지의 중요성 전기화학적 물 분해 과정과 나노촉매가 물 분해 효율에 미치는 영향 분석
한계 및 제언 (후속활동)	나노촉매 기술의 현재 한계와 효율성, 비용, 안정성 관련 문제에 대한 해결방안 모색

앞의 탐구활동에 대한 평가는 다음과 같은 구조로 구성될 수 있다.

교사의 발문에 적극적으로 고민하는 등 수업 태도가 진지하고 수업 참여도가 높으며 집중력과 과학적 사고력이 우수함. 학습 내용을 재구조화하여 자신의 것으로 소화하고자 노력함.	종합평가
평소 지속 가능 에너지에 대해 관심이 많아 물 분해 원리에 대해 학습 후 수소 연료 전지 효율을 향상시키는 나노촉매 합성 기술에 대해 조사하여 발표함. 수소 에너지의 생산단가가 낮아지고 안정성을 높임으로써 상용화 가능성이 높아졌다는 점을 강조함.	평가근거

5) 의약학/보건(의예과)

구분	내용
탐구 주제	의학 진단에 푸리에 변환(Fourier transform, FT)은 필요한가?
과목(단원)	대수(함수), 기존 수학I
탐구 계기	초음파, 엑스레이, 자기공명 등 의료기구에 숨은 수학적 원리에 대한 호기심
참고 문헌	Fractional 푸리에 변환을 이용한 심박변이도 분석
탐구방법	문헌 연구 및 자료조사 결과 시뮬레이션
새롭게 배운 점	MRI 장치는 신체의 반응신호를 시간에 따라 변화하는 파동으로 캡처하며, 이러한 파동을 푸리에 변환을 통해 분석하여 이미지로 생성
보고서 내용 요약	샘플단과 기준단 간의 차이에서 발생하는 간섭 신호를 측정하여 주파수 성분만을 추출. 이를 디지털화하여 푸리에 변환, 분산보정 등의 신호처리를 통해 깊이와 방향의 이미지를 구성
한계 및 제언 (후속활동)	미적분 학습 이후《STEIN 푸리에 해석학》을 읽고 기본 개념을 다시 공부한 후 심박변이도 분석을 위해 푸리에 변환을 통해 시간 정보를 주파수 영역으로 해석하는 방법에 대해 분석하고자 함

위의 주제탐구를 열심히 수행했다면, 학생의 활동 내용은 아래의 세특처럼 기록될 수 있다.

어려운 문제에 대해 끊임없이 탐색하고 도전하는 과제집착력이 우수함. 수학 개념과 난도 높은 문제 풀이를 다른 학생들에게 설명하는 능력이 우수하며 수학적으로 해석하는 의사소통능력이 우수함.	종합평가
동물의 지적 능력을 구할 때 지수함수가 사용되고, 노이즈 캔슬링 기술에 삼각함수가 활용된다는 것을 학습한 이후 이를 확장시켜 '의학진단에 푸리에 변환(Fourier transform, FT)은 필요한가?'라는 주제탐구를 실시함. 푸리에 변환을 활용하면 뇌파, 심전도 등 자연의 불규칙한 파동들도 여러 개의 단순한 파동으로 분리하여 주기함수로 나타낼 수 있음을 알게 되었고, 미적분 학습에 대한 강한 의지를 피력함	평가근거

6) 사범(국어교육)

구분	내용
탐구 주제	스키너와 비고츠키의 언어습득이론 비교와 적용
과목(단원)	교육의 이해(학습과 교수의 원리), 기존 교육학
탐구 계기	언어학습은 반복과 연습이 중요한지 사회적 상호작용이 더욱 중요한지 의문을 품게 됨
참고 문헌	《생각과 말》(비고츠키), 심리학적 탐구
탐구방법	스키너의 언어 습득 이론에 대한 글을 분석하여 핵심 내용을 발표하고, 스키너와 비고츠키를 비교하여 중등 국어교육에 적용함
새롭게 배운 점	'강화'가 온라인 교육에서 학생들의 집중도와 참여도가 낮은 문제점에 대한 해결방안이 될 수 있다는 아이디어를 얻었으며 토론, 협력학습 등의 수업방식을 통해 의사소통 능력을 개발할 수 있음
보고서 내용 요약	스키너의 강화와 처벌을 통한 언어학습의 메커니즘과 비고츠키의 사회문화적 접근과 상호작용을 통한 언어의 내면화 개념 정리 및 초등학교 국어교육에서의 두 이론을 통합하는 방안, 선택적으로 적용하는 방안 제시
한계 및 제언 (후속활동)	스키너의 프로그램 학습 이론을 에듀테크 기술과 접목하고, 외적 동기를 내적 동기로 내면화하는 교수법을 개발하고자 함

위의 탐구활동을 성실하게 수행했다면 학생의 활동은 아래의 세특처럼 작성될 수 있다.

교육의 순기능에 관심이 많은 학생으로 열악한 교육환경을 개선할 수 있는 정책을 조사하고 실천을 촉구하는 등 교육자로서의 사명감이 투철함.	종합평가
교육학 이론을 학습하는 데 그치지 않고 스키너와 비고츠키의 언어 습득 이론을 깊이 있게 비교분석하고 국어 교수법에 구체적으로 적용하는 방안을 조사하여 발표함. 나아가 《생각과 말》을 찾아 읽고 창의적인 국어 교수법을 개발하고자 노력함.	평가근거

학교생활기록부를 차별화할 수 있는 방법을 두 단어로 요약하면 호기심과 추진력이다. 사회 현상과 뉴스 보도뿐 아니라 문제집을 풀다가 만나게 되는 양질의 제시문에서 호기심의 토양을 넓혀 나가고 교과 수업 중에 새로운 지식이라는 씨앗을 뿌려 잎이 풍성한 나무로 키워나가는 추진력이 토론, 토의, 실험, 발표, 창작 등의 다양한 활동으로 표현되는 것이다. 그러므로 수업 시간에 수동적으로 지식을 흡수하는 것이 아니라 마치 대학교 졸업 논문 주제를 탐색한다는 기분으로 수업에 참여하며 나만의 특별함이 담겨 있는 학교생활기록부를 만들어 나가길 바란다.

탐구-실행-성찰 과정 프레임워크

깊이 있는 이해를 위해서 학생이 명확하게 문제를 이해하고 탐구과정에서 지적 호기심을 유발하는 질문이 중요하다. 아울러 사실과 주제에 대해 학생들이 끊임없이 질문을 만들고 답하면서 문제를 깊게 파고들며 탐구할 수 있도록 설계가 필요하다. 이를 위해 ADDIE* 모형에 따라 탐구-실행-성찰 과정을 담은 깊이 있는 수업을 위한 프레임워크 전략을 아래와 같이 개발하여 적용하였다.

<1단계> 교과 교육과정 분석하기	▶ [핵심 아이디어] 영역에서 학습하는 핵심 개념 및 역량 구성 ▶ [지식이해, 과정기능, 가치 태도] 개념 및 탐구, 성찰 방법 재구조화 ▶ [삶의 맥락] 학생의 삶과 수업을 연계하기 위한 맥락 초점화 삶의 맥락(8가지) ① 인권 및 사회 정의 ② 환경 및 지속 가능성 ③ 사회 및 문화 ④ 과학과 디지털 기술의 혁신 ⑤ 보건 및 의료 ⑥ 경제 및 무역 ⑦ 교육 및 연구 ⑧ 정치 및 국제 관계 초점화
<2단계> 탐구 질문 개발하기	▶ [탐구 질문] 학생들의 사고력을 자극하여 깊이 있는 탐색을 유도하는 탐구적 성격을 　가진 질문으로 핵심 아이디어 연계하여 재구성 ▶ [탐구 질문 1-사실/이해] 　사실(Fact)에 관한 질문, '왜', '어떻게', '무엇이' ▶ [탐구 질문 2-개념/탐구] 　개념을 깊이 이해할 수 있는 가교 역할, 개념 간의 연관성, 개념의 본질을 파악하기 　위한 질문 ▶ [탐구 질문 3-토론/논쟁] 　쉽게 대답하지 못하고 다양하게 고찰해야 하며, 사람마다 관점과 경험에 따라 다양한 　의견이 나올 수 있는 질문
<3단계> 삶과 연계된 수행과제 개발	▶ [삶의 맥락 연계] 삶의 경험과 맥락을 반영하는 수업을 설계하기 위해서는 무엇보다 　많이 가르치고자 하는 핵심 개념과 삶의 맥락을 연결 ▶ [총괄평가로서의 삶과 맥락과 연계된 수행과제 개발] 내용 요소와 핵심 질문, 핵심 　개념을 분석하여 총괄평가 과제를 구성 <table><tr><td>G</td><td>R</td><td>A</td><td>S</td><td>P</td><td>S</td></tr><tr><td>gole</td><td>role</td><td>audience</td><td>situation</td><td>product</td><td>standard</td></tr><tr><td>목표</td><td>역할</td><td>청중</td><td>상황</td><td>결과물</td><td>준거</td></tr></table>
<4단계> 탐구-실행- 성찰 적용하기	▶ [탐구-실행-성찰 과정] 학생 스스로 개념과 개념과의 관계를 '발견'하여 전이될 수 　있도록 탐구-실행-성찰 과정을 포함한 수업 설계 ▶ [탐구과정] 탐구 질문 개념 호기심, 탐구과정 구체적인 상황 제시 및 실행. 　구체적 맥락 개념 간 관계 이해, 총괄평가 수행

(출처: 경기도교육청 '2022 개정 교육과정 기반 수업 설계 도움 자료')

*　**ADDIE 모형은 교수 체제 설계 과정의 일반적 형태로 5단계로 이루어진다.**
　① **Analysis 분석** ② **Design 설계** ③ **Development 개발** ④ **Implementation 실행**
　⑤ **Evaluation 평가**

진로연계 독후활동으로
열매 맺기

　"독서는 이제 안 보는 것 아닌가요?" 교사연수에서 이렇게 질문하는 분들을 만나곤 한다. 답은 단호하게 '아니요'이다.

　독서는 지식과 지혜를 얻는 가장 효과적인 방법이며 교과 지식을 자신만의 지식으로 재창조할 수 있는 다양한 방법 중 유일하게 주어진 교육 여건의 한계를 극복할 수 있는 방법이기도 하다. 책을 통해 학생들은 생각하는 힘을 키우고 읽고 또 읽어가는 다독의 과정에서 맥락을 읽어내는 힘을 길러낼 뿐 아니라 다양한 주제에 대한 자신의 의견을 발전시켜나갈 수 있다. 그러므로 책을 읽는다는 것은 어휘력과 문장력을 발전시키고 표현능력을 향상시키는 학습의 연장이다. 이때 독서권수가 중요한 것은 아니다. 한 권의 책을 읽더라도 그 책을 왜 읽었으며, 읽고 나서 나에게 어떤 변화를 주었는지를 통찰하는 습관이 더욱 중요하다.

　단, 여기에서 주의할 점은 독서를 통해 학업역량과 진로역량을 부각시킬 수 있는 것은 맞지만 더욱 중요한 것은 해당 교과목의 내용에 충실한 기록이라는 점이다. 독후활동뿐 아니라 교과학습내용도 균형 있게 포함되어야 한다. 따라서 500자라는 교과 세특 글자 수 안에서 교과와 심화·확장 영역 간의 적절한 균형을 유지하는 것이 중요하다.

　2022 학교생활기록부 기재요령을 보면 독서활동상황 유의사항에서 "단순 독후활동(감상문 작성 등) 외 교육활동을 전개하였다면, 도서명

Q1 단순 독후활동 외 교육활동을 전개한 경우 도서명을 포함하여 그 내용을 독서활동상황 외 다른 영역에 기재할 때 도서명 또는 저자명에 포함된 특수문자나 상호명 등을 그대로 기재해도 되는지 아니면 구체적인 상호명, 기관명은 OO 처리해야 되는지?

A1 도서명과 저자명은 표기 그대로 기재한다. 독서활동상황 이외에 도서명을 입력할 때 저자명은 필수 입력 사항이 아니다.

Q2 수학 교과의 세특에 단순 독후활동 외 교육활동을 한 도서의 도서명이 입력되어 있다. 같은 도서가 과학 교과의 세특에도 단순 독후활동 외 교육활동 내용과 함께 도서명이 입력되어 있다. 같은 도서명을 여러 교과의 세특에 또는 교과의 세특과 창의적체험활동 특기사항에 중복해서 입력해도 되는가?

A2 기재 근거가 다르므로 입력할 수 있다. 독서활동상황은 단순 독후활동(감상문 작성 등)을 근거로 하는 것이고, 그 외 영역에서 도서명을 언급하는 경우는 단순 독후활동 외의 활동을 근거로 하기 때문이다. 해당 교과의 성취기준에 맞는 교육활동이나 해당 영역에 맞는 활동으로 단순 독후활동 외 교육활동을 하였다면 여러 교과 또는 교과와 창의적체험활동 특기사항 등에 중복해서 입력할 수도 있다. 다만 중·고등학교의 '독서활동상황'란에는 전체 학년 동안 동일한 책을 중복하여 입력하지 않도록 해야 한다.

Q3 교과 시간에 독서를 하고 단순 독후활동 외 교육활동(모둠 토론, 서평 쓰기)을 전개할 경우, 완독이 아닌 경우, 책 일부만 읽어도 기재 가능한가?

A3 단순 독후활동(감상문 작성 등) 외 교육활동을 전개하였다면, 도서명을 포함하여 그 내용을 다른 영역(교과세특, 창의적체험활동 등)에 입력할 수 있다. 학교생활기록부 기재 요령에는 교육활동 중 도서 완독 여부에 관해서는 다루지 않고 있으므로, 입력 주체인 교과 담당 교사가 판단하여 입력 여부를 결정하시기 바란다.

Q4 단순 독후활동이 '독후감' 쓰기 활동이라고 알고 있다.
수행평가로 진행한 '서평 쓰기'는 독후감에 포함되는가?
000책을 읽고 ~에 대해 생각함. ~에 대해 알아봄.
000책을 읽으며 자신의 진로를 탐색함.
000책을 읽고, ~에 대해 생각해 보는 기회를 가짐.
이런 서술어는 기재가능한가?

A4 귀하의 질의 내용은 '서평 쓰기 활동의 교과세특 기재 가능 여부'에 대한 것으로 이해된다. 또한 단순 독후활동 외의 교육활동은 토의, 토론 등 다양한 형태로 진행될 수 있으며 이에 대한 세부적인 판단은 입력 주체인 교과 담당 교사에게 달려있다.
만약 단순 독후활동만 진행하여 학생이 독후감, 독서기록장 등을 제출하였다면 이를 근거로 독서활동상황란에 도서명과 저자명을 기재해야 한다.

(출처: 2022년 학교생활기록부 종합지원센터 질의회신 사례집 및 학교생활기록부 종합지원포털(https://star.moe.go.kr))

을 포함하여 그 내용을 다른 영역(교과 세특, 창의적체험활동 등)에 입력할 수 있음"이라고 기재되어 있다. 학교생활기록부 기재요령을 읽을 때는 "입력할 수 있음"이라고 설명되어 있는 부분들은 "잘 활용하면 좋음"으로 치환해 읽어 보기 바란다. 또한, 아래 표는 독서활동을 학교생활기록부에 어떻게 기재해야 하는지와 관련해서 학교생활기록부 종합지원포털에 자주 올라오는 질문을 발췌한 것이다. 독서 세특 기재에 관해 궁금한 점이 있을 경우 해당 사이트에 올라와 있는 FAQ를 활용하거나 질문 게시판에 직접 질의를 남겨 담당자의 답변을 받는 것을 추천한다.

계열별 진로 독서 활용방안

각 대학은 도서관 홈페이지와 입학처의 학과안내 가이드북을 통해 학과별, 연령대별로 양서들을 추천해 주고 있다. 추천 도서 리스트를 수용하여 책을 선정하는 것도 강력하게 권장하는 방법이지만 더 좋은 방법은 집 가까운 도서관을 찾아 잔뜩 쌓여 있는 보고들에서 나의 상황과 진로에 맞는 책을 스스로 찾는 것이다. 다음 도서들은 필자가 만약 이 계열에 지원하는 학생이라면 어떨까 하는 마음으로 동네 도서관에서 고른 책들이다. 일부 학과의 예시를 통해 독서를 통해 진로를 탐구하는 방법을 소개하고자 한다.

1) 법학과/행정학과/정책학과

국어/사회/기술·가정 등 다양한 수업과 연계하여 응용 가능한 책을 예시로 들어 보겠다. 해당 도서에는 현실 속에서 청소년들이 접할 수 있는 다양한 법률 사례가 제시되어 있다. 책에 잘 정리된 내용을 정리하고 발표하는 것만으로 선생님의 눈에 띄긴 어렵다. 학교생활기록부를 차별화하기 위해서는 관심 주제를 포착하고, 관련법에 대한 심화·확장으로 발전시켜야 한다. 층간소음, 반려동물, 도박게임, 저작권 등 여러 흥미로운 사례가 제시되어 있으므로 학생의 관심 분야를 선택해서

법 적용의 범위와 판례를 세부적으로 조사해 보면 좋다. 그중 하나의 사례로 학교폭력 부분을 확장해 보면 다음과 같은 독후활동을 계획해 볼 수 있다.

○ 선정도서: 《동물농장 법률 이야기》(성림원북스, 2021)

(1) 탐구 주제: 학교폭력이 사라지지 않는 이유

(2) 탐구 계기가 된 내용: p.97-98 요약

학교폭력 방관 시 가해자를 지지하는 셈이 된다. 학교폭력을 알게 된 사람은 선생님께 알리거나 학교폭력신고센터에 신고해야 한다.

(3) 활동계획: 관련법인 학교폭력예방 및 대책에 관한 법률(약칭: 학교폭력예방법) 제20조에 대한 논문 및 정책보고서 문헌조사 및 FGI를 통한 개선 방안 연구

(4) 심화 확장 방법 예시:

- 사이버 학교폭력 실태 및 대처방안 모색
- 신고 의무와 부작위범에 대한 사례 조사 및 논평 작성
- 착한 사마리아인 법 채택 필요성에 대한 찬반 토론 및 의견문 작성

　　2) 지리학과/지리교육과

　　지리 교과 이수를 통해 인문사회, 자연계열을 통틀어 학업역량에서 지리에 관한 관심뿐 아니라 융합적 측면을 드러낼 수 있다. 지리 과목의 특성상 인문학적 요소와 자연, 공학적 차원으로 발전될 가능성이 크기 때문이다.

　　역사에 관심이 높은 친구라면 지리에 근거한 역사의 흐름을 이해할 수 있고, 사회 변화에 관심이 많은 친구는 경제사회적 관점에서 인간과 환경 간의 관계를 조사해 볼 수 있다. 기후변화에 관심이 있는

친구라면 지리와 지구과학을 선택하여 이수함으로써 지질학, 기후학을 공부하는 데 필요한 토대를 닦을 수도 있다.

《지리를 알면 보이는 것들》에서는 역사, 철학, 경제, 사회, 문화 측면에서 지리에 대한 다양한 관점을 제시하고 있다. 그 중 한 장을 포착하여 아래 활동과 같은 독후활동을 기획해볼 수 있다.

○ 선정도서:《지리를 알면 보이는 것들》(보누스, 2023)
⑴ 탐구 주제: 친환경, 다원사회 등 테마도시 설계도 수립 활동 및 경관의 기호화를 적용한 도시 설계 작업

⑵ 탐구 계기가 된 내용: p.138-145
경관, 공간, 장소는 정체성과 가치를 전달하기 위한 수많은 기호를 내포하고 있음. 브라질은 십자가와 비행기를 형상화한 디자인으로 신수도인 브라질리아를 설계하였고 중심부에 대통령 집무실, 국회 등의 정부기관을 배치하여 비행기를 운전하듯 올바르게 운영하라는 의미를 담았다고 함.

⑶ 활동계획: 모둠을 구성하여 각자가 희망하는 가상의 도시를 설계하고 도시 설계 과정에서 공공공간, 주거지역, 산업지역의 배치, 공존을 위한 커뮤니티 등을 고려하되 책에 제시된 경관과 공간의 기호화를 적극 활용하고자 함.

⑷ 심화 확장 방법 예시: 도시 설계 프로젝트를 글로벌 버전으로 확장/스마트시티 정책 추진 공무원, 도시공학자, 건축가 등 초청 워크숍 기획

한 권의 책이 반드시 하나의 계열하고만 연계되는 것은 아니다. 동일한 도서를 통한 다른 계열에 대한 예시를 들어 보면 다음과 같다.

○ 계열별 활동 예시

- 경제학: 경제 발전의 지리적 불균형 실태와 극복방안
- 고고학: 문명 발전의 기원과 지리의 상관관계
- 사회학: 미국 도시미화운동의 성과와 미래도시의 지향점

3) 예체능 계열

창의적 아이디어의 면모를 강조할 수 있는 책을 찾아보았다. 해당도서는 디자이너가 아이디어를 발견하는 기술에 대해 소개하고 있다. 작가만의 신박한 아이디어가 많이 등장하여 읽는 이로 하여금 책을 덮는 것이 아쉬워지게 만드는 흥미로운 책이다. 저자는 "아이디어라는 게 잃어버린 물건하고 똑같아요. (중략) 잃어버렸다는 사실을 잊어버릴 즈음 전혀 예상하지도 못했던 곳에서 튀어나오는 것처럼 말이죠.(p.56)"라며 뭉뚱그려보기, 시점 옮기기, 당연한 것의 배합, 잊는 기술, 고의적인 배반, 재조합, 빛나는 조연, 룰 흐트러트리기, 아웃풋을 위한 환경 만들기 등의 아이디어 발굴 전략에 대해 소개하고 있다. 이 부분을 포인트로 잡아 아래와 같은 독후활동을 추진할 수 있다.

○ 선정도서: 《넨도의 문제해결연구소》(컴인, 2017)

(1) 후속활동 사례:

- 학급에 필요한 물건 탐색(분리수거 휴지통)
- 작가의 아이디어 적용(고의적 배반: 휴지통이 아닌 것처럼)
- 뭉뚱그려보기 전략: 휴지통 주변 사물을 돋보이게

(2) 창작활동으로 연계 사례: 나만의 아이디어를 추구하여 새로운 장을 추가로 작성해 보기

(3) 심화 확장 방법 예시: 평가회를 개최하여 서로의 아이디어에 대해 실현 가능성, 창의성, 문제 해결 기여도 등에 대해 피드백을 주고받고,

4) 통계학과/수학과

통계학과나 수학과를 지망하는 학생이 독서를 통한 탐구활동을 성공적으로 수행했다면 다음과 같은 세특을 기대해 볼 수 있다.

"《수학자가 알려주는 전염의 원리》(세종서적, 2021)를 읽고 1906년 봄베이의 흑사병 아웃브레이크 SIR모형에 대해 학습하고 프랑스령 폴리네시아의 지카 바이러스와 SARS의 전파 동역학을 재현해 보고자 필요한 데이터와 정보를 주도적으로 찾아봄."

이 세특을 읽은 입학사정관은 해당 학생이 학습 내용에 대한 지적 호기심을 독서를 통해 해소하고 추가적으로 알게 된 지식에 대해 직접 응용해 봄으로써 수학적 사고력을 발전시켰다고 평가할 것이다. 위에 제시된 사례처럼 수학을 현실에 재미있게 응용할 수 있는 다양한 사례들이 제시된 책을 한 권 찾아보았다.

○ 선정도서: 《딱 하루만 수학자의 뇌로 산다면》(위즈덤하우스, 2023)
⑴ 탐구 주제: 소리 이동 경로의 수학적 계산 및 공명 주파수의 변화에 대한 기하학적 분석

⑵ 탐구 계기가 된 부분: p. 54-55. 샤워할 때 부르는 노래가 잘 부르는 것처럼 들리는 이유

⑶ 활동계획: 소리의 속도, 파장, 주파수 등 개념 이해 및 소리 이동 경로에 대한 수학적 계산 수행. 교내 특정 공간 3~4곳을 선정하여 특정 공간에서의 소리 반사를 관찰하고 공명 주파수의 변화를 기하학적으로 분석

⑷ 심화 확장 방법 예시: 음악실의 음향 설계를 탐구하고 수학과 물리

위 사례 외에도 동일한 독서를 활용한 계열별 독후활동 아이디어를 나열해 보면 다음과 같다.

○ 계열별 활동 예시
- 디자인 계열: 부정적분으로 옷 한 벌에 필요한 천의 양 계산
- 경제, 금융 계열: 수익 극대화를 위한 평균-분산 포트폴리오 이론 탐구
- 의학계열: 라마누잔 급수를 활용한 MRI 작동 원리

진로를 막론하고 수학적 사고를 발전시키기 위한 차원의 독서 노력은 많을수록 좋다. 수학 성적이 우수한 학생은 개념을 심화시키고 응용시키기 위한 방법으로서 독서를 활용하고, 수학 성적이 다소 아쉬운 학생은 그럼에도 수학을 놓지 않고 수학적 사고를 발전시키고 개념을 쉽게 이해하고자 꾸준히 노력하고 있음을 독서로 나타내기 바란다.

수학을 인문학 차원에서 접근하는 방법도 추천한다. 한 예로, 《수학의 배신》은 수학에 대한 작금의 극찬 세태에 대해 제동을 거는 책이다. 그렇다고 수학의 무용성에 대해 주장하는 것은 아니고, 과도하게 어려운 수학이 입시와 취업에 필요조건으로 간주하는 것을 경계하고 PATH(철학, 예술, 신학, 역사)가 배제되는 것에 대한 우려를 표현하고 있다. 이 책을 읽고 할 수 있는 독후활동으로는 어떤 것들이 있을까?

○ 선정도서: 《수학의 배신》(동아엠앤비, 2019)
(1) 탐구 주제: 국내 수학 열풍의 진단과 개선 방안
(2) 탐구 계기가 된 부분: p.66-82, 제4장 생각만큼 수학은 중요하지 않다
(3) 저자의 주장 요약: 의대 입학에는 미적분이 필요하나 해부학, 약리

학 등을 공부하고 의사가 된 이후에는 미적분이 더 이상 필요하지 않다. 컴퓨터과학 분야 전문 강의에서도 수학기호나 방정식은 언급되지 않는다.

(4) 독후활동 예시:

- 수해력 향상에 필요한 수학 교육과정 운영 방법

- 수포자를 양산하지 않는 교육과정의 재설계 방안

5) 식품공학/식품자원 계열

당연한 것에 의문을 품는 것은 주제탐구의 시작이다. 해당 도서는 막연히 받아들였던 기존의 정보에 대해 파문을 제기하고 있다. 식품 관련 진로를 희망하는 학생이라면 다음과 같은 후속활동을 계획해 볼 수 있다.

○ 선정도서:《우리는 모두 조금은 이상한 것을 믿는다》(바다출판사, 2022))

(1) 탐구 주제: MSG가 신경계에 미치는 부정적 영향

(2) 탐구 계기가 된 내용: p. 94~102, 밀가루, MSG에 대한 부정적 인식은 잘못되었다는 저자의 지적

(3) 활동 계획: 사전사후 실험 설계 계획 및 밀가루로 구성된 식단으로만 1주일 생계유지 실험

(4) 심화 확장 방법 예시:

- MSG와 밀가루에 대한 일반적인 인식과 과학적 연구 결과를 비교 분석하는 연구 보고서 작성

- 음식에 대한 미신(사회적 인식)이 형성되는 과정을 조사하고 건강한 식습관의 중요성 캠페인 기획

모둠 독후활동은 꼭 유사한 계열의 학생들로 구성해야만 효율적일까? 계열이 유사할수록 시너지를 발휘하는 경우도 있지만, 독후활동을 통해 공동체의식을 보여 주기 위해서는 서로 상이한 진로희망을 가

진 친구들과 한 권의 도서를 MECE적 관점에서 어떻게 활용하고 지식을 공유하는지를 제시하면 좋다.

심리학자 지망생이라면 감각적이거나 직관적인 것처럼 2가지 속성을 대비시키지만, 인간의 성향은 더욱 복잡하게 세분화될 수 있다는 점 등 MBTI에 대한 맹신에 비판적 관점의 접근이 필요하다는 메시지를 던질 수 있다. 이처럼 하나의 책을 읽더라도 자신의 관심사에 따라 확장해 나갈 수 있는 방법은 무궁무진하다.

강점을 강화하고 약점을 보완하기

자신에게 부족한 역량을 강화하기 위한 방법으로 독서를 활용할 수도 있다. 부족한 역량을 진단하기 위해 학기가 끝날 때마다 자기소개서를 써보며 학생부종합전형 체크리스트에 맞추어 자신의 학교생활을 점검해 보기 바란다. 이때 학업역량, 진로역량, 공동체역량의 세부지표를 보며 어느 한 영역이 다소 부족하다고 느껴지면 그 부분을 채우기 위해 다방면으로 노력했다는 점을 학교생활기록부에 담아내도록 학교활동 계획을 수립해야 한다. 약점 보완을 위한 독서 계획은 ① 자기계발·자아성찰을 녹여내기, ② 인문학적 사고력 함양 노력, ③ 롤모델 찾기 등 3가지 전략으로 구분해볼 수 있다. 하나씩 자세히 살펴보자.

1) 자기계발·자아성찰을 녹여내기

어문·인문계열이라면 데이터 리터러시나 수해력을 향상시키기 위해 독서를 통해 노력했다는 점을 어필할 수 있다. 《이과형 두뇌 활용법》(문학동네, 2021)은 수리적, 분석적 사고력 향상을 위한 학습법에 대해 폭넓게 소개하고 있다. 일부 내용을 발췌하면 다음과 같다.

- 아인슈텔룽 효과: 기존의 잘못된 접근법에 사로잡혀서 어떤 문제를 풀거나 개념을 이해하는 데 방해를 받아 꼼짝 못 하는 현

상. 집중모드에서 분산모드로 사고모드를 전환하면 이 효과에서 자유로워질 수 있음. 유연한 사고의 필요성을 강조.(p.45)

- 밑줄 긋기 하지 않기: 강조 표시나 밑줄 긋기는 비효율적일 뿐 아니라 잘못된 길로 이어질 수도 있다. 핵심 개념을 미리 파악한 뒤 최소한으로만 표시하도록 훈련. 한 단락에 최대 한 문장으로 요약. 핵심 개념을 머릿속에서 상기하면 수동적으로 재독을 하는 경우보다 더욱더 효율적이고 집중적으로 학습할 수 있다.(p.88~89)

- 인터리빙학습(다양한 문제 섞어 풀기): 다양한 전략을 요구하는 여러 유형의 문제를 뒤섞어 연습. 똑같은 주제, 기법, 기술을 한 자리에서 오래 공부하기보다 짧은 시간 동안 여러 번에 걸쳐 노력을 분산하는 것이 효과적.(p.102-105)

- 포모도로 기법: 25분짜리 한 세션을 수행하는 것에 집중.(p.134)

- 시험 준비 체크리스트 활용, 나만의 체크리스트 제작.(p. 291)

이 책을 읽고 나만의 자기주도학습 방법을 만들고 체크리스트를 만들어 학급에 공유하면 어떨까? **표31** 학습 방법에서의 자기성찰을 드러내고 스스로 부족한 점을 진단하고 발전을 꾀하는 모습은 상위권 대학에서 선호하는 인재의 모습이다.

2) 인문학적 사고력 함양 노력
이공·자연계열을 희망하는 학생들은 수학, 과학 과목을 집중적으로 선택하고 비교과활동도 과학과 관련한 활동들로 채워나간다. 상위권 대학은 융·복합적 인재를 선호하므로 과학을 잘하면서도 인문학적 소양

표31 '공부'를 공부하는 나만의 체크리스트		
문항	YES	NO
✓ 시험 직전 5회독을 위한 스케줄을 수립했는가?	☐	☐
✓ 잘 아는 문제만 반복하지 않고 어려운 문제에 도전했는가?	☐	☐
✓ 예상 문제를 출제해봤는가?	☐	☐
✓ 정답을 맞힌 문제를 다른 방식으로 다시 풀어 보았는가?	☐	☐
✓ 숙제를 하다가 이해가 안 되는 문제가 있을 때 수업 시간에 질문했는가?	☐	☐
✓ 친구들과 서로 질문하고 해설해 주며 복습해 보았는가?	☐	☐
✓ 시험 전날 숙면을 취했는가?	☐	☐
✓ 수동적으로 다시 읽기만 반복하지는 않았는가?	☐	☐
✓ 운 좋게 맞춘 답을 정확히 잘 알고 있다고 착각하고 있지는 않은가?	☐	☐
✓ 벼락치기가 나한테 맞는 스타일이라고 변명하고 있지는 않은가?	☐	☐

이 뛰어나고, 수학 성적이 우수하면서도 철학적으로 사고해 보고자 노력하는 학생을 선발하고자 한다.

과학, 수학과 연계하면서 인문학적 사고를 기르고자 노력하는 모습을 국어, 인문학과 윤리, 한문 고전 읽기, 인간과 철학 등의 과목을 통해 보여 줄 수 있지만, 비교과에서의 독서활동으로도 나타낼 수 있다.

한 예로, 《빅히스토리》(웅진지식하우스, 2022)를 희망 진로와 다른 학문 간의 융합 프로젝트를 수립하게 되는 계기로 활용할 수 있다. 해당 도서에서 독자에게 제기되는 물음은 하나의 활동으로 발전시키기에도 매우 적합한 문항들이다. 빅뱅, 별과 원소, 생명 등에서 제시된 일부 질문을 발췌해 보면 다음과 같다.

- 우주의 모든 물질과 에너지가 한 장의 종이 위에 있는 '가장 작은 점보다 더 작은 점'에 응축되어 들어가 있는 것이 가능하다고 생각하나요?
- 펜지어스와 윌슨은 우주배경복사와 우연히 마주쳤습니다. 우연에 의해 발견된 또 다른 중요한 것이 있다면 무엇인가요?
- 복잡한 것에는 다양한 요소, 정교한 배열, 새로운 특성의 출현이 있습니다. 별은 어떻게 복잡한 것의 특징을 보여 주고 있나요?

- 여러분의 삶 속에서 전에 했었던 것을 반복하려고 노력은 했지만 실패하고 하지만 이에 못지않거나 더 좋은 결과를 낳은 다른 어떤 것을 만들어낸 적이 있나요?
- 컴퓨터에 있는 소프트웨어 이외에 어떤 것이 DNA와 같을까요?
- 진화과정을 중단시키기 위해 인간이 할 수 있는 혹은 하고 있는 것이 있나요?*

3) 롤모델 찾기

'롤모델이 누구이며, 롤모델을 닮기 위한 어떤 학업적, 비교과적 노력을 기울였는지 하나씩 말해 주세요.'라는 질문은 서류 기반 면접에서 종종 받게 되는 면접 문항이다. 진로 목표의 구체성과 더불어 꾸준히 진로탐색을 해왔는지 점수에 맞추어 주변에서 추천하는 학과에 막연히 지원한 것인지를 가려내기 위해서이다. 어떤 학업 노력을 했는지에 대한 대답이 나오기도 전에 학생들은 고개를 갸우뚱한다.

"대답하기 어려운가요?" 물으면 "롤모델이 딱히 없어서요."라는 답이 나오는 일이 부지기수이다. 존경하는 인물이 있냐고 물으면 부모님을 답하거나, 부모님 외에 또 존경하는 인물이 있냐고 물어도 대답은 마찬가지이다.

롤모델의 부재는 경쟁에 지친 우리 현대사회의 슬픈 자화상이다. 왜 우리 아이들에게서 롤모델이 사라진 걸까? 롤모델을 만날 수 있는 기회가 줄어들었기 때문일까?

글쎄, 그건 아닐 것이다. 현재는 80~90년대보다 정보가 범람하는 정보 홍수의 시대이다. 하지만 흥미 위주의 콘텐츠에 노출되고 협업 필터링 때문에 가볍고 재미있는 가십거리에 치중하다 보니 간접적으로라도 존경하는 인물을 만날 수 있는 기회는 점점 줄어든다.

---

*   《빅 히스토리》, 데이비드 크리스천, 신시아 브라운, 크레이그 벤저민, 이한음 역, 웅진지식하우스, 2022, p.95, p.118, p.300

John D. Krumboltz의 계획된 우연이론은 사람들의 진로와 성공은 우연한 기회와 사건에 크게 영향을 받을 수 있다는 것을 강조한다. 필자는 아이들이 학교에서 만나게 되는 책과 활동들이 이런 '계획된 우연'의 연장선 상에 있다고 생각한다. '롤모델 찾기' 활동 역시 그중 하나다. 물론 '롤모델 찾기 활동을 했다.'라고 학교생활기록부에 기재되어 있어야 한다는 말은 아니다. 예를 들어 《천재들의 과학노트》(지브레인, 2017)를 읽고 다음과 같은 주제탐구로 확장시켜 나갈 수 있다.

1) 해부학과 지질학의 선구자였던 니콜라우스 스테노의 삶에 매료되어 그가 정립한 3가지 원리인 누중의 법칙, 고유 수평성의 원리, 측면 연속성의 원리를 직접 실험해 보고자 실험 계획을 수립함.

2) 단속평형설을 제안한 스티븐 제이 굴드의 혁신적인 관점에 깊은 인상을 받아 스티븐 제이 굴드의 《판다의 엄지》(사이언스북스, 2016)를 추가로 찾아 읽고 요약한 후 비평문을 작성함.

학생들이 롤모델을 꿈꾸며 희망찬 글귀를 책상에 적어 두고 공부는 고통이 아니라 내일의 꿈을 위해 반드시 가야만 하는 길이라고 받아들이고 오히려 즐기기를 바란다.

목표 설정은 스스로의 진로 설계를 위해서뿐 아니라 학교생활기록부의 방향을 설정하는 데에도 매우 유효하다. 그렇기 때문에 학생들이 반드시 롤모델을 찾고, 존경하고 따르고 싶은 인물의 학업적 발자취와 다양한 경험을 학교생활 속에서 찾아나가고 닮아가고자 노력하는 모습을 보여 줄 것을 권장한다.

탐구활동 자료를 꼭 정리해 두자

국제학과 진학을 희망하는 학생이라면 관계부처 홈페이지 방문으로 탐구활동의 물꼬를 틀 수 있다. 사실 이와 같은 활동은 전혀 새로운 것이 아니다. 학교에서는 충분히 탐구의 기회와 계기를 제공한다. 중요한 것은 그 '기회'를 포착하여 나의 진로탐색의 '계기'로 삼는 것이다. 더불어 나의 노력과 열정이 실질적으로 학교생활기록부에 반영되고 핵심 키워드가 함께 기재되어야 한다.

위의 학생이 외교부 홈페이지에서 아이디어를 발굴한 후, 공통의 관심사를 가진 팀원들을 꾸렸다고 가정해 보자. 그 시간에 내신 대비를 하겠다는 친구들을 설득하여 겨우겨우 팀을 조직하고, 짬짬이 시간을 내 열심히 탐구주제를 정해서 조사하고 나름대로 해결방안을 제시하는 데까지 이르렀는데 정작 학교생활기록부에는 "외교부 홈페이지를 방문함" 이라는 한 줄로 끝나버린다면 얼마나 허무하고 속이 상할까.

세특의 글자 수는 과목별로 제한되어 있기 때문에 학생 본인의 활동이 꼭 기재되길 바란다면 평소 자료를 잘 정리해 두는 습관이 필요하다. 일기, 성찰록, 자기평가서 등을 통한 기록으로 참여한 활동을 정리해 둔다면 세특 기술에도 도움이 될 뿐더러 서류 기반 면접에서 관련 활동에 대한 질문을 받게 되더라도 기-승-전-결의 구조로 논리적인 대응이 가능하다.

이러한 사태가 발생하더라도 회복이 가능하기 위해서는, 침착하게 본인이 했던 활동 내용과 증빙 자료 및 사진을 미리 차곡차곡 정리하여 두고 평소 성실한 모습을 보이는 것이 필요하다. 혹여 글자 수의 제한 때문에 부득이하게 한 줄로 기록되어 있더라도 입학사정관은 행간을 읽으며 학생의 진면목을 평가하려고 노력할 것이다.

4장

비교과영역,
전략적으로 경쟁 우위를
선점하라!

비교과영역 평가의
구체적인 사례

자율·자치활동

자율·자치활동은 학생의 자기주도성과 민주 시민성 함양을 위해 이루어지는 영역으로, '자율활동'과 '자치활동'으로 구성되어 있다. 자율활동에는 주제탐구활동, 적응 및 개척활동, 프로젝트형 봉사활동 등을 포함하여 자기주도성과 창의성 함양을 증진하고 봉사활동과 연계하여 구성할 수 있도록 제시하였다. 또한 자치활동에는 기본 생활 습관 형성 활동, 관계 형성 및 소통활동, 공동체 자치활동 등을 포함하여 민주시민으로서 살아갈 수 있는 역량을 함양하도록 구성하였다. 학생들은 자율활동과 자치활동에 참여함으로써 창의적인 주제를 스스로 선택하여 해결하는 경험, 다양한 변화에 적응하고 개척하는 경험, 프로젝트 봉사 활동에 참여하는 경험, 관계를 형성하고 소통하는 경험, 공동체의 문제를 해결하는 경험 등을 할 수 있다.

자율·자치활동은 학급 전체가 함께 참여하는 활동이 많다 보니 학교생활기록부에 기재된 내용이 비슷해 개인의 역량을 찾기 어렵다. 그러면 어떻게 해야 할까? 먼저 단체 활동에 참여할 때 '남들 하는 대로 따라만 가면 된다.'라는 생각에서 벗어나, 스스로 계획하고 적극적으로 실천하는 모습을 보여 주어야 한다. 같은 행사에 참여하더라도 배우고 느낀 점과 활동에 따른 행동 변화는 다를 수 있다. 추상적이고 일반적인 진술보다는 구체적 활동 사실과 활동 태도 및 노력에 의한 행동

변화, 성장 등을 기록하면 활동이 개별화되어 의미 있는 평가를 받을 수 있다.

　　최근에는 학교별로 특색 있는 교육활동을 중심으로 교내에서 자체 운영하는 자율 활동이 증가하면서 개인의 특성이 잘 드러나는 내용이 많아졌다. 특히 학급별로 자유롭게 탐구활동이나 진로활동 등에 참여하는 학급 특색활동이 활성화되고 있고, 진로 관련 분야의 주제탐구 수행이나 프로젝트 학습 등 주제 선택 활동도 활발하게 이루어지고 있다. 이러한 활동에 집중하여 개별화된 개인의 특성이 드러나도록 기록하면 좋은 평가를 받을 수 있다. 다음 자율·자치활동 특기사항 사례를 살펴보자.

학교폭력예방 다짐 결의대회에서 예방 방안에 대해 학급대표로 발표하였으며, 흡연예방교육 동영상을 시청한 후 교내에서 실시한 흡연예방 캠페인에 직접 참여하여 학생들에게 적극 홍보함. 학교 축제에서 사물놀이 공연에 참여하여 자신의 재능과 끼를 보여 줌.
　　현장체험학습활동에서는 친구, 선생님과 함께 사진을 찍는 인증샷, 친구와 함께 줄넘기, 친구와 가위바위보 해서 업어주기 등의 활동을 통해 서로를 이해하고 정을 나누는 친교와 추억의 시간을 가짐.
　　한마음건강 체육활동에서는 조금은 부족하지만 자신의 능력을 최대한 발휘하며 학급 화합을 위한 보탬이 되고자 노력함.

　　자신이 입학사정관이라면 어떤 평가를 할 수 있을까? '모범생으로서 여러 활동에 충실하게 참여했군.' 정도의 평가? 실제로 여기에서는 모든 학생이 참여한 일반적 활동이 단순하게 나열되어 있을 뿐이지 구체적 활동 내용이나 역할, 지원자의 개별적 역량을 파악하기 어렵다.

　　다음은 학급 내 특색활동을 통해 논리적 사고력 등의 기초 학업 역량을 기르기 위한 노력과 학습을 주도적으로 수행한 모습을 엿볼 수 있다. 구체적으로 살펴보자.

1학기 학급 회장으로서 점심시간에 자습을 감독하는 역할을 맡아 최적의 학습 분위기를 조성하고 질의응답 등의 상호작용을 통해 교학상장하는 모습을 보이는 리더로서의 자질을 갖춘 학생임. 환경미화 활동으로 단순한 미적인 부분뿐만 아니라 학급의 쾌적한 환경을 고려해 테이블 야자, 아이비와 같은 공기정화식물과 직접 제작한 공기 정화 식물 설명집을 배치해 학우들과 공기정화식물의 효능 및 특징을 공유하고 학급 공기정화에 기여함.

자율과제연구 시간에 교내 환경 벤처기업 설문조사를 진행해 다양한 분야의 벤처기업이 존재하고 직접 참여할 수 있다는 것을 모른다는 점에 안타까워하며 이를 알리기 위한 캠페인을 주도함. 다양한 환경 벤처기업의 특징들과 각 벤처기업의 사업의 참여 방법들을 정리해 직접 제작한 적정기술, 사회적 기업, 환경벤처기업 연결 홈페이지인 '나눔 Planting'을 공유해 학생들이 관련 정보를 쉽게 접하고 꾸준히 관심을 이어나갈 수 있는 환경을 제공함. 나눔Planting의 미래와 자신이 설립하고 싶은 새로운 환경에너지벤처기업의 형태를 제시함.

이 학생은 학습 분위기 조성에 힘쓰고, 학급 친구들과 질의응답 등의 상호작용하는 모습을 통해 공동체에 기여하는 리더십역량을 보여준다. 또한 자율 과제연구 시간에 설문조사를 통해 도출된 결과에 대해 캠페인을 주도했다는 점, 다른 학생들이 환경 벤처기업에 대한 꾸준한 관심을 갖도록 노력한 점, 나아가 자신이 설립하고 싶은 새로운 환경에너지 벤처기업의 형태를 제시했다는 점에서 자기주도성과 경험의 다양성 등이 잘 나타난다고 할 수 있다. 다음 예를 살펴보자.

학급 주제탐구 시간을 통해 Scott Dinsmore의 '당신이 좋아하는 일을 어떻게 찾을까'를 소개하며 자신이 좋아하는 것을 찾기 위해 중요한 점을 스스로 찾고, 흥미와 열정을 가져 노력한다면 무엇이든 해낼 수 있다는 자신의 생각을 발표함. 인문 고전 읽기 프로젝트에서 《탈무드》와

《논어》를 읽고 철학적인 물음에 생각을 공유함. 특히 '탈무드의 귀'를 읽고 마음은 인간의 감정을 제어하고 모든 기관과 상호작용을 하는 것이기에 스스로의 마음을 알고 기르는 연습을 해야 한다고 제시한 의견이 인상 깊음.

(출처: 2024 영남대학교 학생부종합전형 가이드북)

자율·자치활동에서 주제탐구활동 및 독서를 통해 폭넓은 영역에 대한 탐구 노력을 보여 주는 사례이다. 특히 자신의 진로와 연계된 활동은 아니지만 활동에 임하는 모습을 통해 자기주도성을 발견할 수 있다.

집합교육 혹은 단체교육을 나만의 진로탐색 기회로 활용할 수 있는 방법으로는 어떤 게 있을까? 다음 예를 살펴보자.

금연 교육에 참여한 후 흡연 예방과 금연 실천을 위한 시를 작성하여 학생들 앞에서 발표함. 담배꽁초 뭉치의 형상을 국화꽃에 비유하여 흡연자의 장례식장 모습으로 연결 짓는 창의적이고 독특한 감성이 인상적이었음. 나아가 금연 홍보 프로그램의 효과성에 대한 궁금증을 해소하고자 질병관리청에서 실시한 '청소년건강행태조사' 데이터를 활용하여 연간 금연 홍보 인지율과 흡연 시작 연령 간 상관관계를 조사하여 발표함.

'금연교육'이라는 일반적인 제재를 다루면서 '금연의 필요성을 느꼈다.'라는 일상적이고 추상적인 차원에 머무르지 않고, 후속 연계활동으로 이어가고 있다. 여기에서는 학급 전체가 참여하는 활동 안에서도 개인의 참여 내용과 지원학과에 대한 자기주도적 학습 경험을 확인할 수 있다.

결국 자율·자치활동은 단순한 활동 참여 사실을 양적으로 채우기보다는 해당 활동을 통해 어떤 발전을 이루고 어떻게 기여할 수 있을지

고민하고 실천하는 것이 중요하다. 그리고 전공 분야에 대한 관심도를 보여 줄 수 있는 활동을 선택, 집중하는 것이 좋다. 이러한 내용이 포함된 자율·자치활동은 학업의 주도성, 전공적합도, 인성 및 사회성 등 다양한 영역의 평가에 참고 자료가 된다.

동아리활동

동아리활동은 흥미, 관심, 소질, 적성, 취미, 진로 등이 유사한 학생이 집단을 이루어 다양한 방식으로 체험하거나 나눔을 실천하는 영역으로, '학술·문화 및 여가활동'과 '봉사활동'으로 구성된다.

동아리활동에서는 동아리 참여를 통한 진로 탐구의 심화·확장 노력을 평가한다. 간혹 정규 동아리 개설의 한계로 본인이 희망하는 진로와 무관한 동아리활동을 하게 되는 경우도 있다. 그래도 너무 좌절할 필요는 없다. 입학사정관은 이러한 개별 학교의 각기 다른 사정들을 고려하여 전공과 밀접한 동아리가 아니더라도 계열 적합성으로 폭넓게 평가하고자 노력한다. 다만 그러한 역경에 굴하지 않고 본인만의 진로를 찾아 나가는 모습은 나타나야 한다. 1-1학기에 전공에 관한 관심이 나타나고, 1-2학기에 전공에 필요한 역량 계발을 위한 활동이 나타나며 2학년 이후로는 점진적으로 심화·확장시켜 나가는 모습이 보인다면 긍정적인 평가를 받을 수 있다. 다음 사례를 입학사정관의 입장에서 평가해 보자.

급우들에게 도움이 되고자 교과와 비교과영역에 대한 정보를 조사 및 수집한 자료를 체계적으로 정리, 제작하여 배포함으로써 나눔 정신을 실천함. 제작한 자료를 바탕으로 정보 제공 앱을 제작하는 과정에서 대부분 AI 검색을 활용해서 코드를 베껴오는 학생들이 많았는데, 몇 번의 오류가 나는데도 원인을 찾아내며 수정하고 끈기 있게 자신만의 답을 찾아냄.

진로를 명시하지 않더라도 사범계열 진학을 희망하는 학생이라는 사실을 짐작할 수 있다. 혹은 뚜렷한 목표 학과는 아직 없지만, 교육과정에도 관심이 있고, 컴퓨터를 잘 다루는 강점을 가진 학생일 수도 있다. 교육학과든 컴퓨터공학과든 희망 전공과 무관하게 주어지는 정보를 소극적으로 수집하는 것에 그치지 않고 최근 이슈에 관심을 가지고 이를 조사하여 친구들에게 정보를 공유하고자 하는 노력은 학업태도와 공동체의식 측면에서 긍정적으로 평가될 수 있다. 또한 자료를 찾아보기 쉽도록 어플로 제작해 보려고 하는 의지 또한 컴퓨팅사고력 함양 노력과 실천 의지를 확인할 수 있는 대목이다. 하지만 아주 우수한 점수를 부여하기에는 아쉬움이 있다. 그 이유는 무엇일까?

먼저 단순 검색을 통한 일반적인 조사내용으로 진로탐색의 심화·확장 노력이라고 보기에는 어렵다. 또한 고교 블라인드 도입 이후, 지원자의 우수성을 드러내고자 소속 고교의 학업 분위기를 부정적으로 평가하는 것은 되레 자기잠식으로 이어질 수 있다.

차별화된 학교생활기록부는 지식을 소극적으로 흡수하는 것에서 나아가 자신의 삶에 응용하고 적용해 봄으로써 학습한 지식을 온전히 자신의 것으로 내재화하고자 얼마나 노력하는지에 달려 있다. 다른 사례를 보자.

화학 교과의 학습 내용을 내재화하고자 하는 의지가 높고 총 7개의 실험을 기획하고 실행하는 과정에 포기하지 않는 끈기를 보임. 식초별로 상이한 총 산도에 대한 호기심에서 출발하여 산과 염기의 중화적정실험을 기획하고 뜻하지 않게 변수가 계속 발생하였음에도 pH 센서를 보정하며 실험을 이끌어 나감. 이후 학교 매점에서 소비량이 높은 음료수 5개를 선정하여 성분을 검출하고 건강음료를 추천하는 추가 실험을 진행함.

위 학생의 동아리활동에서는 화학 과목에 대한 열정과 깊이 있는 지식탐구 노력이 드러난다. 학습 내용에 의문을 품고 가설을 수립하고 직접 실험을 통해 해소하려고 하는 노력이 훗날 연구과제에 몰입하는 연구원의 모습을 연상케 한다. 또한 일회적인 노력에 그치지 않고 꼬리에 꼬리를 물고 자신의 관심 분야를 일상생활 속에서 찾아 실험을 통해 검증하는 모습을 통해 학업역량과 진로역량에서 좋은 점수를 받을 수 있을 것으로 예상된다.

과학 실험은 수업에 대한 흥미를 끌기 매우 유용한 수업방식이지만 안타깝게도 실험할 수 있는 여건이 갖춰져 있지 않은 학교도 있다. 그렇다고 포기해서는 안 된다. 주어진 교육환경 속에서 최선을 다하는 학생을 선발하고자 사정관들은 눈에 불을 켜고 학교생활기록부의 Top to Toe를 읽어낼 것이기 때문이다.

직접 실험을 하지 못하더라도 실험에 대한 의지를 독서활동을 통해 발현하고, 실험보고서를 읽어 나만의 실험 계획서를 작성하고, 가상 실험 사이트를 활용하여 간접적으로나마 실험을 통해 교과에서 학습한 내용을 검증해 보는 노력을 보여 준다면, 학생들의 노력은 충분히 평가될 수 있을 것이다. 사회과학 계열의 동아리활동 예시도 살펴보자.

각국의 대외정책에 대해 조사하던 중 남북한 평화전략에 집중하여 한미일 삼각안보협력의 강화, 중앙아시아와의 경제협력을 통한 비핵화 평화 통일 지향을 주제로 영문 의견서를 작성하여 각국 대사관 이메일로 전송함. 인식 조사를 위해 지역 고교생 대상으로 설문조사를 실시함. 통일에 대한 부정적 시각이 과반이라는 점에 착안하여 통일인식 차이 원인을 분석하고 통일의식 제고를 위한 고등학생의 실천 방안을 모색함.《정치학 개론》을 읽고 제5장 '정치체제'를 중심으로 요약 발표하고 냉전 이후의 전환된 정치체제의 특징을 근거로 이스라엘-하마스 전쟁이 미칠 영향에 대해 예측하여 발표함.

외교, 정치에 대한 단순한 관심이 아니라 남북한의 관계에서 한·

미·일의 관계로 확장해 나가고 이를 다시 중앙아시아 내 경제협력에 관한 관심으로 발전시켰다. 이처럼 다양한 주제의 탐구활동을 통해 통찰력과 전략적 사고를 드러내고 있으며 설문조사를 통해 통일에 대한 인식을 조사하고 실천 방안을 고민하는 등 복잡한 사회 이슈에 대한 적극적인 관심과 해결책 모색 능력을 보여 준다.

금융사기에 대한 NIE 활동 후 부원들과의 토의 과정에서 예적금 가입 경험이 거의 없는 청년을 대상으로 '현명한 투자 매뉴얼' 제작 계획을 수립함. 사전 조사를 위해 《소비자 행동과 심리》를 읽고 안정성, 수익성, 유동성을 기준으로 금융상품(적금, 주식, 펀드, 채권)에 대해 알기 쉽게 설명함. 이어 청소년 뷰티용품 소비에 대한 분석 활동을 기획함. 청소년들의 뷰티용품에 대한 인식, 구매 동기, 사용 빈도, 선호 브랜드 및 제품 유형 등을 조사 후 청소년 뷰티 시장 확대를 위한 전략적 제안을 도출하고자 함. 이를 발전시켜 청소년층 소비자 물가지수를 계산하고 청소년층 체감 인플레이션 변동을 분석함.

이 학생은 경영·경제 분야에 대한 관심이 깊은 것으로 판단된다. 금융경제 관련 이슈를 탐구하고 본인만의 진로에 맞추어 다양하고 심도 있는 활동을 수행했다. 독서를 통해 교과 지식을 심화·확장하고 책을 꼼꼼히 분석하여 소비자의 성격과 소비 행동 간의 연결고리를 탐구했다. 이를 통해 소비자 심리학의 기본 원칙을 이해하고, 이 지식을 실제 금융상품 분석 시스템에 적용하였다. 또한 주변에서 흔히 볼 수 있는 뷰티용품 소비 현상을 학문적으로 분석하고 청소년층의 체감 인플레이션 변동을 분석하며, 경제학적 이해와 데이터 분석 능력을 보여 주었다. 일련의 활동들을 통해 학생은 경영학과 지원에 있어서만 아니라, 경제학, 금융학, 심리학의 다양한 분야에 걸친 광범위한 지식과 실용적인 적용 능력을 입증했다고 볼 수 있다. 이처럼 학생의 진로에 관한 관심과 열정은 특정 학과를 시작으로 획일화된 활동에 의해 평가되는 것이 아니다. 졸업 후 진로에 대한 학생의 고민이 느껴지고 그 고민과 연계된 실질적인 활동이 추후 학문적으로 발전하는 모습이 더욱 매력적으로 평가될 수 있다.

어떤 동아리에 들어야 할지 모르겠다면

고입에서는 자율동아리의 활동과 자기소개서 간 연계의 중요성이 여전히 유효하지만, 대입에서는 자율동아리가 반영되지 않으므로 정규동아리를 통해 진로역량과 공동체의식을 돋보이게 해야 한다. 하지만 동아리활동의 선택권은 고등학교마다 보장 범위가 다르며 학교마다 운영하고 있는 정규동아리의 현황도 상이하다.

3년간 같은 동아리활동에 참여하는 것만 우수하게 평가되는 것은 아니지만, 서로 연계되는 동아리활동을 이끌어 나갔을 때 학생의 성장과 지원 분야에 대한 일관된 열정을 표현할 수는 있다.

희망 학과별로 활동할 수 있는 동아리의 사례는 **표32** 와 같다. 하지만 학과별로 권장 동아리가 존재하는 것은 아니며, 단 하나의 모범답안은 아니므로 주어진 학교 상황에서 최선을 다하는 모습을 보여 준다면 입학사정관들은 생활기록부의 행간 속에 숨어 있는 학생의 땀과 눈물을 읽어낼 것이다.

아직 진로를 탐색 중인 경우에는 동아리활동을 통해 학생이 자신이 있는 교과목을 선정하여 멘토링을 하는 동아리활동이나, 반대로 자신없는 교과목이지만 실력향상을 위해 노력하는 모습을 나타낼 수 있다.

또한 다방면의 독후활동과 사회 현안에 대한 토론·토의 활동을 펼침으로써 우연처럼 진로가 찾아오길 기다리는 것이 아니라 적극적으로 진로를 탐색하고 있음을 드러낼 수 있다. 토론 활동은 각종 사회, 경제, 정치, 문화 이슈 중에서 ① 주제 선정 ② 발제 준비를 위한 정보 분

희망 학과	활동 동아리 예시
영문학과	영어토론반, 문예창작반, 문학사회탐구반, 비교문학세미나반, 동화번역봉사, 시사영어탐구반, 영화제작반, 영어프레젠테이션반
경영학과	경영탐구반, 경영경제토론반, 통계경제분석반, 주식투자반, 금융시장수학분석반
미디어학과	미디어창작반, 미디어비평반, 시사평론반, 사회통계분석반, 사회문제탐구반
기계공학과	수리공학논문탐구반, 수학칼럼작성반, 발명반, 전산물리학탐구반, 공학기술탐구반
생명과학과	생명화학실험탐구반, 화학심화탐구반, 생명화학저널탐구부, 과학실험반, 과학멘토링반
의예과	생명과학심화탐구반, 생명윤리탐구반, 논증적글쓰기반, 응용심리반, 의학저널반, 고급의학탐구반, 응급의학탐구반
국어교육과	교육봉사반, 문학감상반, 인터랙트, 교육탐구, 교지편집반, 문예연극반, 문학사회탐구반
무전공	독서토론반, 모의법정반, 모의국무회의반, 융합사례탐구반, 유네스코반, 모의유엔반, 국제사회문제연구반, 심화주제탐구반, 고전철학탐구, 미래융합아이디어창출부

표32 희망 학과별 동아리 예시

석 ③ 다양한 관점 비교를 수행하는 과정에서 자신이 관심 있는 주제가 어떤 분야인지에 대해 자각할 수 있을 뿐 아니라 자신의 의견을 명확하게 전달하고, 또 다른 사람의 의견을 경청하는 의사소통 능력을 기를 수 있다. 뿐만 아니라 글로벌 이슈에 대한 인식을 높이고, 국제적인 직업 기회를 모색하는 데에도 도움이 된다.

두 사례에 해당하는 기록은 다음과 같다.

1) 학습의 심화·확장을 강조하는 사례

수학멘토링(48시간) 수학I, II의 심화학습과 고난도 미적분 문제 풀이 과정에서 깊이 있고 다양한 풀이 방식을 습득하기 위해 노력함. 특히《미적분의 쓸모》(더퀘스트, 2022) 발제 시 한계효용 파트를 담당하여 다양한 질문 상황을 가정하여 부원들의 이해를 도움. 협력적 멘토링을 운영하며 폭넓게 교과 지식을 연계하는 학습 방법을 익히고, 수학 난제에 도전하며 바젤문제를 탐구하는 데 무리가 없을 만큼 수학적 성장을 보임.

2) 진로가 불확실하더라도 사회 문제의식과 공동체의식을 나타 내는 사례

독서시사토론(36시간) 《핀란드 교육혁명》(비아북, 2009) 등 총 6권의 책을 읽고 시의성 있는 주제를 선정하여 토론 활동을 펼침. 현 정부의 교육 정책과 국제 비교분석 후 개선방안에 대해 토의하였으며, 소년법 폐지 를 반대하며 재반박 과정에서 타당한 논거를 제시하고 상대방의 논리 적 오류를 지적하는 등 논리적 의사소통능력이 뛰어남. 지역 초등학생 을 대상으로 진행하는 재능나눔 독서토론교실을 직접 기획하고 《초3부 터 진로코칭》(넥서스, 2020)을 읽으며 배경지식을 습득하며 어린 학생들에 게 도움이 될 수 있는 책을 선정하고자 노력함.

포인트

심리학자 레프 비고츠키는 단순히 정보를 암기하는 것을 넘어서, 개인이 경험을 통해 새로운 지식을 자신의 기존 지식 체계와 통합하는 '지식의 내 재화'를 강조하였다. '지식의 내재화'란 정보를 받아들인 개인이 새롭게 알 게 된 지식과 정보를 자신의 이해와 능력에 맞게 변형하고 다양한 상황에 서 유용하게 활용하고 적용할 수 있는 능력을 의미한다.

비고츠키가 주로 개인의 학습과 발달에 중점을 둔다면 이쿠지로 노나 카는 지식 창출과 지식의 조직 내 전파에 중점을 두고 있다. 노나카와 히 로타카 타케우치가 개발한 'SECI 모델'은 지식의 창출 과정을 사회화 (Socialization), 외재화(Externalization), 결합(Combination), 그리고 내재화(Internaliza-tion)의 4단계로 설명한다.

독자 여러분도 지식을 내재화하는 나만의 방법을 한번 새롭게 개발해 보면 어떨까?

진로활동

진로활동은 학생이 자아 이해를 바탕으로 긍정적인 자아개념을 형성하고, 자신과 직업 세계에 대한 이해를 바탕으로 흥미와 적성에 따른 진로를 탐색 및 설계하는 영역으로, '진로탐색 활동'과 '진로 설계 및 실천활동'으로 구성된다. 진로활동을 통해 자신의 흥미, 소질, 적성 등을 파악하면서 자아정체성을 확립하고, 진로를 개발하여 지속적으로 발전시킬 수 있다.

진로활동 특기사항은 진로희망과 관련된 학생의 자질, 진로에 대한 계획, 노력한 결과들을 기록하는 항목이므로, 진로에 대한 적극적인 탐색을 통해 진로를 찾아가는 과정이 중요하다.

진로활동은 다양한 교내활동과 연계하여 관심 분야와 관련된 구체적인 진로탐색 노력을 파악하여 평가한다. 즉 진로희망과 관련된 자질, 수행한 노력과 활동을 바탕으로 학생의 활동 참여도, 적극성, 태도의 변화 등 진로활동과 관련된 사항을 평가한다. 진로활동은 학교생활기록부의 타 영역과 연계하여 전공에 관한 관심과 진로탐색에 대한 의지 등을 판단할 수 있는 중요한 역할을 한다.

입학사정관은 구체적 진로활동 사례와 더불어 동아리활동, 세부능력 및 특기사항 등 학교생활기록부 곳곳에 기재된 내용을 통해 종합적으로 평가한다. 1학년부터 확고한 진로를 가지고 관련된 활동을 한 학생은 당연히 긍정적인 평가를 받겠지만, 진로활동을 통해 자신의 진로를 결정하고 그 진로를 위해 노력한 모습이 학교생활기록부의 다른 영역에서도 잘 드러나는 학생 역시 긍정적으로 평가된다. 특히 넓은 영역의 관심사가 진로활동으로 인하여 명확해지고, 최종적으로 지원하는 전공과의 연관성이 높아지는 모습이 잘 나타난다면 긍정적으로 평가될 것이다. 다음 진로활동 기록 사례를 살펴보자.

생명과학 분야에 대한 꿈을 바탕으로 관련 분야에 대한 진로탐색을 매우 적극적으로 진행하였으며, 여러 가지 생명체에 대해 알아가면서 얻는 보람과 기쁨에 대한 소감을 발표함. 장래 희망에 대한 나의 이야기라는 발표를 통해 새로운 면역체계와 인체에서 모든 병에 유연하게 적용할 수 있는 백신 또는 치료제를 개발하여, 코로나19 펜데믹 현장에서 고생하고 있는 환자들에게 도움이 되는 연구를 진행하고 싶다고 포부를 밝힘. 진로 독후활동 시간에 《이것이 이공계다》(해나무, 2018)를 읽고 진로에 대한 자신의 태도를 돌아보았으며, 자신의 꿈을 지나치게 한정하지 말고 개인 역량으로 꿈에 도달할 수 없다면 다른 사람과 힘을 합쳐서 도전하면 된다는 신념을 갖게 되었다고 발표함.

　　다양한 과학 분야에 대한 체험활동에 적극적으로 참여하였으며, 의·생명 분야 활동에 참여하여 인공 세포막을 이용한 투석에 관해 탐구하고 투석과 관련된 과학적 원리인 삼투 현상이 일상생활 속에서 적용된 사례를 찾아보며 관심 분야에 대한 흥미를 높이고 배경지식을 습득함. 아스피린, 제산제를 이용한 산·염기 농도 분석 실험을 통해 교과에서 배운 내용을 확장하여 적정과 관련된 다양한 지식을 습득하고 오차의 발생 원인을 분석하는 활동을 통해 과학적 사고력을 신장시킴. 팀원이 함께 선정한 '헤론의 분수를 이용한 유압 장치의 원리 이해 실험' 물품을 포장하여 초등학교, 중학교 학생들에게 배부하는 과학 재능 기부활동에 참여함.

　　팀원들의 의견을 귀담아들으며 조율하는 등 이 학생의 리더십을 엿볼 수 있었으며 아이들의 눈높이에 맞추어 실험 원리를 설명하고 실험 방법을 소개하는 영상을 제작하여 배포함.

　　진로활동에서 입학사정관은 지원자의 진로의 구체화 과정을 확인하고자 한다. 제시된 사례에서는 구체적인 진로를 바탕으로 생명과학 분야에 대해 깊이 있게 탐색한 모습이 잘 드러나 있다. 다음 사례를 살펴보자.

원예치료의 효과에 대한 실험보고서와 인터넷 기사를 찾아 읽고 원리와 의미에 관해 탐구한 뒤 기숙사 실내에 식물을 배치하여 학업 효율을 높일 수 있는 프로젝트를 기획함. 이를 위해 4D 메카트로닉스와 할로코드로 식물공장을 만들고 수위 측정 센서로 물이 일정 높이에 차오르면 서브모터가 직각 회전하여 물을 주는 시스템과 주기적으로 온습도를 측정하는 센서를 부착하고 안내하도록 프로그래밍함. 나아가 학업 효율성을 극대화시키기 위해 노이즈 캔슬링과 푸리에 변환을 활용해 소음의 파장을 분석해 보고 반대 단파로 상쇄시켜 봄. 또한, 식물도 소음이 심한 환경에 영향을 받을 것이라 생각하여 탐구함. 식물의 생장변화에 영향을 주는 주파수에 대한 연구결과를 읽고 특정 주파수에서 식물성분의 변화가 생긴다는 것을 알게 됨.

식물성분의 변화가 생기는 원리를 탐구한 뒤 식물공장에 특정 주파수로 인위적인 수정을 촉발시켜 개체군을 유지해 보는 아이디어를 냄. 소음 외 극한 환경에서 살 수 있는 식물에 대해 탐구하여 열악한 환경에 견딜 수 있도록 하는 식물 유전자가 존재함과 할로파이트종의 유전자적 특징을 학습하였고 인터넷 강연을 통해 이를 활용한 바이오 연료를 개발하는 연구에 대해 알게 되어 연구실에서 환경을 인위적으로 조작할 수 있는 기기와 원리를 알아보며 식물유전자에 대한 연구와 환경에 구애받지 않는 식물품종 개발에 대한 의지를 다짐. 또한, 오가노이드에 대해 학습하며 진로역량을 발전시킴.

농업과 관련된 진로 분야를 심도 있게 탐색하기 위해 노력한 모습을 학교생활을 하면서 실제로 접한 활동 경험을 구체적으로 서술하고 있다.

행동특성 및 종합의견

행동특성 및 종합의견 영역은 학교생활 전반을 바탕으로 학생의 특성과 태도, 성향 등을 총체적으로 확인하고 이해할 수 있는 항목이다. 담임교사가 지원자를 가장 가까이에서 지켜보고 평가한 누가기록을 바탕으로 다양한 분야에서의 구체적인 변화와 성장 등을 종합적으로 기재한 행동특성 및 종합의견의 내용은 교사 추천서의 역할을 대신한다고 볼 수 있다.

행동특성 및 종합의견은 학생을 총체적으로 이해할 수 있도록 잠재력, 인성, 인지적 특성, 자기주도적 학습능력, 창의성, 예체능활동 등을 종합적이고 구체적으로 입력한다. 학생의 학교생활 전반을 평가할 수 있으며, 기재된 내용을 바탕으로 다른 평가항목들과 연결하여 학생의 이미지를 구체화할 수 있다.

행동특성 및 종합의견은 담임교사가 학교생활 전반을 평가한 내용이라는 측면에서 입학사정관은 지원자를 종합적으로 이해하는 자료로 활용한다. 특히 교과 및 비교과에서 드러나기 어려운 개별 특성이 잘 나타날 수 있는 항목이므로 지원자의 관심이나 학습태도, 인성 및 사회성, 발전 가능성 등을 종합적으로 평가에 활용할 수 있다. 다만 행동특성 및 종합의견만을 근거로 하여 평가하지는 않고 기재된 내용을 바탕으로 창의적체험활동, 세부능력 및 특기사항 등 다른 평가항목의 내용과 연계하여 학생의 모습을 그려 종합적으로 평가한다.

그런데 행동특성 및 종합의견은 학교생활에 대한 종합적 의견이 기술되는 영역으로 추천서의 성격을 지니므로, 1년 동안 담임교사가 바라본 지원자의 인성적 측면에서의 우수성을 언급하면서 학교생활의 충실성을 함께 평가하는 내용도 의미를 지닐 수 있지만 다른 항목에서 충분히 언급될 가능성이 있으므로, 자기주도적이고 능동적인 학습태도를 통한 우수한 학업역량과 탐구력, 진로역량 등을 적극적으로 기술하면 '나'의 본모습을 보여 줄 수 있고 종합적 평가의 근거가 될 수 있다.

다음 행동특성 및 종합의견 특기사항 기록의 사례를 살펴보자.

평소 유연하고 창의적인 발상이 돋보이는 학생으로, 과학적 호기심이 많아 현상을 관찰하고 능동적으로 탐구하는 것을 좋아하는 연구적 성향을 가지고 있음. 이런 성향이 자율적으로 진행한 학급 자치 프로그램에 잘 드러났는데, 자신의 반려묘를 주제로 고양이의 습성, 키우기 적합한 환경 등 주제와 관련하여 관찰한 내용을 급우에게 소개하는 활동을 진행하고, 다양한 측면으로 확장하여 생명의 소중함과 윤리성을 강조함으로써 학급 친구들에게 교훈을 주었으며, 유전병이 심한 고양이를 소개하며 유전병을 고치는 데 도움이 되고자 하는 꿈을 밝히며 진로에 대한 진정성과 깊이 있는 탐구 정신을 보여 주었음. 학급 사진 도우미를 맡아 기억에 남을 순간을 사진으로 남겨 친구들에게 추억을 선물해 주었으며, 학급에 일손이 필요한 일이 생기면 망설임 없이 참여하고, 급우들에게 애정을 가지고 소통하여 학급 소통 활동에서 '어디에서도 잘 살아남을 것 같은 친구' 부분에 선정됨. 이해가 안 가는 부분이 생기면 질문을 통해 해결하고자 하고 자신의 학습 성향을 분석하여 가장 효율적인 공부법을 찾아 효율성을 높이는 등 학업에 대한 열의 또한 높아 미래 사회 인재상이라고 판단되어지며 앞으로의 발전이 매우 기대됨.

과학적 호기심이 많아 사물을 능동적으로 탐구하는 역량이 있음을 평가하고 있는데 이를 통해 전공수학능력이 있음을 확인할 수 있다. 전체적인 내용을 통해 인성적 요소뿐만 아니라 진로역량이라는 요소에서도 좋은 평가를 받을 수 있다.

다음 사례는 진로 분야와 관련하여 학업역량이 얼마나 우수한지를 보여 주고 있다.

자기절제력과 집중력이 좋아 관심 분야에 몰입하여 깊이 탐구하는 것을 좋아하고 자기주도적인 학습 계획과 실천능력이 매우 우수함. 정서가 안정되어 있어 자신의 감정과 행동을 잘 통제하는 학생으로 활동적인 것을 좋아하고 매사 성실하고 책임감이 강함.

수업시간에 배운 지식을 단순히 이해하고 암기하는 데에 그치지 않고 몇 단계 더 나아가 주어진 사실을 비틀어 보거나 지식을 확장하려는 탐구정신을 가지고 있는 학생임. 끊임없이 '왜'라는 질문을 자주 하는 학생으로서 자신이 가지고 있는 질문을 체계적으로 정리하고 논리적인 메커니즘을 통해 내린 소기의 결론을 자신의 언어로 표현하는 모습이 인상적임. 수업 시간에 교과 내용이나 문제 풀이법과 관련한 비판적 질문을 제기함으로써 다른 학생들도 함께 토론에 참여할 수 있는 계기를 마련하기도 함.

특히 논리적 사고에 기반하여 사물과 현상에 호기심을 가지고 탐구하는 능력이 우수하다는 점을 바탕으로 그러한 역량이 중요한 사회과학 분야의 전공에 적합한 지원자의 모습을 확인할 수 있다.

창의적체험활동 영역에서
경쟁 우위를 잡아라

PBL을 통한 학교생활기록부 차별화

세계경제포럼(World Economic Forum, WEF)은 2020년에 발표한 '미래의 일자리 보고서*'를 통해 복합 문제 해결 능력, 비판적 사고, 창의력, 인적자원 관리 능력, 협업 능력, 감성 지능, 의사결정 능력, 서비스 지향성, 협상 능력, 인지적 유연성을 미래 역량으로 제시하였다. 또한 'OECD 교육 2030: 미래교육과 역량 프로젝트**'는 미래 사회를 살아갈 변혁적 역량으로 새로운 가치 창조하기, 긴장과 딜레마에 대처하기, 책임감 갖기 등을 제시하고 있다. 두 국제기구에서 제시하는 공통적인 미래 역량은 창의적 문제해결역량, 유연한 상황대처능력, 공동체에 대한 공감과 책임감이다.

이러한 미래 역량을 학교생활기록부에 가장 잘 표현할 수 있는 방법이 바로 PBL(Project Based Learning)이다. 각 과목별로 사회 현안을 적용할 수 있는 내용을 찾아 학생 수준에서의 해결방안을 모색하는 과정을 드러내고 이를 해당 과목에 필요한 지식을 탐구해 나가는 과정과 접목시켰을 때 학업역량과 진로역량, 공동체역량 등 3가지 지표의 평가 근거로 활용될 수 있기 때문이다.

---

*   관련 링크 https://www.weforum.org/publications/the-future-of-jobs-report-2020/
**   관련 링크 https://www.oecd.org/education/2030-project/

프로젝트 기반의 PBL과 문제(Problem) 기반의 PBL은 동일한 약자를 사용한다. 이를 구분하기 위해 일부 학자들은 명확하게 표현하기 위해 PjBL(Project Based Learning)로 사용하기도 한다. 이 책에서는 프로젝트 기반과 문제 기반의 PBL 수업 간 경계를 허물어 학생이 교과 단원과 연계하여 스스로 관심 있는 주제를 선택하고 자기주도적으로 구체화해 나가는 수업 방식을 총칭한다. PBL은 디자인 씽킹(Design Thinking), 액션 러닝(Action Learning) 등의 용어를 포괄하고 있으며 교과, 비교과 전반에서의 주제탐구, 토의·토론 등의 형태로 교실 안에서 실현된다.

PBL 방식의 수업은 지식의 전이를 극대화하는 교육방식이다. 지식의 전이는 학습자가 스스로 문제를 찾고, 해당 문제의 원인과 해결방안을 찾기 위해 진취적으로 계획을 수립하고 탐구와 협업을 통해 결과를 산출해 나가는 과정에서 이루어지기 때문이다. 단순히 지식을 흡수하고 지필고사를 통해 오답 여부를 확인하는 형태의 학습만으로는 창의적 문제해결자로 성장할 수 없다.

PBL에 기반하여 작성된 학교생활기록부 평가의 핵심은 누군가에 의해 떠 먹여진, 기존에 만들어져 있는 문제의식이 아니라 학생들 스스로가 찾아가는 문제의식에 있다. 문제의식은 주변에 대한 관찰로부터 시작된다. 격변의 시기를 살아갈 앞으로의 미래인재에게는 지식을 얼마만큼 알고 있느냐가 아닌 지식을 어떻게 활용할 수 있는가가 평가의 기준이 되어야 한다. 그렇다면 PBL 수업은 구체적으로 어떻게 구성할 수 있을지 살펴보자.

창의적체험활동에서 PBL은 어떻게 구현될 수 있는가?

PBL 수업에는 3P가 있어야 한다. Problem, Project, Prompt가 그것이다. 먼저 Problem은 주변에 대한 관심에서 출발한다. 주변에 대한 관심은, 사회에 대한 관심으로 발전하고 나아가 사회 발전에 기여하고자 하는 사회적 책임감으로 발전될 수 있다. Project는 협업을 통한 체계적인 문제해결과정을 의미한다. 이때 협업은 관심 분야가 동일한 친구들보다는 다양한 진로희망의 학생들이 한 팀인 것이 좋다. 더욱 이상적인 것은 지역의 리빙랩과 협업하여 세대 간의 융합을 도모하는 것이다.

프로젝트 기반 학습 설계를 위한 7가지 요소*는 ① 의미 있는 어려운 문제나 질문, ② 실제성, ③ 지속적인 탐구, ④ 학생의 의사와 선택권, ⑤ 성찰, ⑥ 비평과 개선, ⑦ 공개할 결과물(산출물) 이다. 이 7가지 필수 요소가 담기도록 정교하게 설계된 PBL을 통해 학생들의 미래 사회 필요역량을 길러낼 수 있다. 학습자는 PBL 과정 속에서 수동적으로 학습 내용을 수용하는 것이 아니라 스스로 지식을 탐구하고 내재화해 나간다.

PBL은 어떻게 이루어지는가?

PBL이 이루어지는 과정을 단계별로 확인해 보자. 이는 학교에서뿐 아니라 가정에서도 도전해 볼 수 있다.

〈PBL 단계〉

① 주변을 관찰한다.
② 지금까지 당연하다고 여겼던 모든 것들에 의문을 제기해 본다.
③ 개선이 필요한 부분을 찾는다.
④ 정확한 문제점을 MECE**적 관점에서 파악한다.
⑤ 문제의 원인을 로직 트리(Logic tree) 프레임으로 분류한다.
⑥ 각 원인에 해당하는 해결방안을 강구한다.

---

*　　출처: 골드 스탠다드 PBL(https://www.pblworks.org/)
**　　MECE(Mutually Exclusive Collectively Exhaustive): 상호배제와 전체포괄을 의미하는 용어로 각 요소가 겹치지 않고 누락되지 않으면서 빠짐없이 분해하여 사고하는 방식

PBL의 주제 선정은 주변에 대한 관찰에서 시작한다. 교실 안, 교실 밖, 내가 사는 지역사회, 내가 속한 단체, 우리나라, 세계 등으로 점진적으로 확장해 나갈 수 있다. 처음에는 교실 안의 문제 해결부터 시작하는 것이 좋다. 일례로, 친구들이 학기 초에 비해 의욕을 상실해 가는 모습을 보고 초심을 되찾기 위한 방법을 고민해볼 수 있다.

문제 상황을 파악했다면 먼저 문제에 대한 정의를 내려야 한다. 문제가 어디에 있는지에 대한 분석이 철저히 이루어져야 마땅한 대책이 제시될 수 있기 때문이다. 그러므로 주제를 선정한 이후에는 문제 현상을 MECE적 관점으로 분석하고 로직 트리에 따라 분류한 원인과 그 원인에 따른 해결방안을 다각도로 찾아나간다.

MECE적 관점에서 원인을 분석한다는 것은 문제의 다양한 원인을 명확하고 구조적으로 파악하는 것을 말한다. 문제 상황을 세부적으로 분류하고, 원인을 규명한 후 그에 따른 해결책을 빈틈없이 도출하는 과정에서 학생들은 사회적 이슈에 대해 깊이 있게 이해할 수 있고 비판적 사고력과 논리적 표현력을 개발할 수 있다.

각 영역별 원인을 로직 트리 프레임으로 구성하면 복잡다단해 보였던 문제가 가시화된다. 로직 트리는 원인 분석에 적용되는 Why Tree, 과제의 세부 사항을 파악하는 What Tree, 그리고 해결책을 모색하는 How Tree로 구분할 수 있다. Why Tree는 문제 발생원인을 탐색하는데 사용된다. '어떤 상황이 발생했는가?', '이 문제의 근본 원인은 무엇인가?' 등 문제의 원인을 탐색하고 규명하는 것이 핵심이다.

What Tree는 특정 상황이나 문제의 구성 요소를 세밀하게 분해

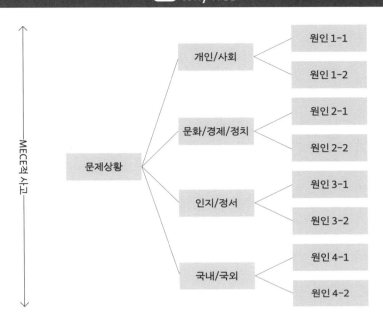

표33 Why Tree

개인/사회 — 원인 1-1, 원인 1-2

문화/경제/정치 — 원인 2-1, 원인 2-2

문제상황

인지/정서 — 원인 3-1, 원인 3-2

국내/국외 — 원인 4-1, 원인 4-2

MECE적 사고

할 때 사용되며 각각의 역할이나 확인해야 할 사항들을 명확히 할 때 유용하다. How Tree는 문제에 대한 해결 방안을 모색할 때 주로 활용된다. 문제의 근본 원인을 파악한 뒤, 그 해결책을 도출하고 해결책의 타당성을 검증하기 위해 '그래서 어떻게 해야 하나?', '이유는 무엇인가?'와 같은 지속적인 질문을 던지며 논리를 정교하게 다듬어나가는 작업이다.

예를 들어, 전학생이 학교에 쉬이 적응하지 못하는 상황을 해결하기 위해 로직 트리를 적용시켜 보면 문제를 세부적으로 분석해볼 수 있다. 교내/교외, 개인/집단/사회, 문화/경제/정치, 인지/정서 등으로 구분하여 분석해 보면 부적응 원인을 적절한 전학생 적응 지원 프로그램 부재, 소극적인 성격, 딱딱한 교실 분위기 등등 원인을 각각의 세부 사항으로 가지치기를 하다 보면 창의적이고 기발한 해결방안 아이디어의 창안으로까지 이어질 수 있다.

원인을 분석하고 원인에 따른 해결방안을 모색하는 구체적인 방법은 계열별로 다르게 나타날 수 있다. 상담학, 심리학 전공 희망 학생이라면 어떤 방식으로 프로젝트를 계획할 수 있을까? 다음 예시를 보자.

▷ 관찰내용: 중간고사 이후 학습 의욕을 잃은 친구들을 관찰함
▷ 문제의식: 학습 의욕 고취 방안
▷ 프로젝트 방안: 《어떻게 의욕을 끌어낼 것인가》(한경비피, 2014)를 읽고 다음의 순서로 활동을 진행
  1) 인간의 성향에 대한 이론을 탐구
  2) 성취지향과 안정지향으로 구분하여 의욕 고취 방안 탐색
  3) 학급 프로젝트로 건의
  4) 프로젝트 실행
  5) 시뮬레이션 및 보완사항 검토
  6) 결과 성찰 및 후속활동 기획

좀 더 자세히 살펴보면, 해당 도서의 저자는 성취지향형(promotion focus)은 낙관적인 메시지와 칭찬의 메시지로 동기를 부여받고, 도전정신과 창의성을 발휘한다고 밝히고 있으며, 안정지향형(prevention focus)은 타인의 비판과 실패에 대한 두려움으로 의욕을 고취한다고 설명한다.

다시 말해, '잘하고 있어!'라는 칭찬 카드와 '너라면 할 수 있어!'라는 격려 카드는 성취지향형의 친구들을 움직일 수는 있지만 안정지향형의 친구들에게는 큰 효과가 없을 수도 있다는 의미이다. 안정지향형의 친구들의 의욕을 고취하기 위해서는 칭찬이나 격려보다는 친구들의 방어적인 비관론을 지지해 주고 '지금보다 더 열심히 하지 않으면 실패할지도 몰라!'라는 경계심을 주는 전략이 필요하다. 표34 의 2가지 사례를 비교해 보자.

A와 B 학생을 비교해 보면 B 학생이 상대적으로 경쟁력이 있다. B 학생의 활동이 조금 더 매력적으로 보이는 이유는 무엇일까? 문

	A		B
동기	중간고사 이후 침체된 학급 분위기를 띄우고 싶다.	=	중간고사 이후 침체된 학급 분위기를 띄우고 싶다.
과정	1) 임원진과 협의하여 분위기 증진을 위한 게임 종류를 조사한다. 2) 다수결로 선정된 마니또 게임을 구체적으로 기획한다.	vs	1) 성향에 대한 문헌분석을 실시한다 2) 성향에 따른 의욕고취방안을 탐색한다 3) 탐색결과로 도출된 방안을 학급 내에서 실천할 수 있는 현실적인 방안에 응용한다.
결과	마니또 게임을 수행 후 리커트 척도로 만족도 조사를 실시한다.	=	1) 프로젝트 수행 전 사전조사와 수행 후 사후조사를 통해 프로젝트의 효과성을 검증한다. 2) 사전사후 조사 결과를 토대로 선정된 5인의 FGI 조사를 실시하여 양적/질적 평가를 모두 수행한다.
성찰	70%이상이 4점 이상으로 평가하는 등 대체로 만족도가 높게 나온 것에 만족한다.	vs	1) 심리유형을 보다 세분화하여 개별화할 수 있는 방안을 모색한다. 2) 행동과학에 관심을 갖게 되어 더욱 자세히 공부해야겠다고 결심한다.
심화·확장	2학기에 더 재밌는 마니또 게임을 준비한다.		이전 단계에서 결심한 내용을 실천한다. 1) 프로젝트 과정과 결과에 대한 분석보고서를 작성한다. 2) 한국행동과학연구소의 연구내용을 살펴본다(https://https://www.kirbs.re.krr).

표34 문제 해결 활동 사례 비교

제의식을 갖고 해결을 위해 노력했다는 점은 두 학생 모두 긍정적으로 평가될 수 있는 요인이지만 이때 해당하는 평가지표는 인성 혹은 공동체의식 지표에서만이다. 반면, 이를 보다 전문적으로 접근하기 위해 관련 서적을 찾고, 자신에게 필요한 정보로 재창조해 나가는 과정이 나타난 B 학생의 경우 예전에 해봤었던 활동들 중에서 쉽게 아이디어를 찾는 A 학생보다 더욱 도전적이고 학구열이 뛰어난 학생으로 보인다. 이처럼 사소해 보이는 학급 활동이어도 얼마나 더 '잘'하려고 노력했는지에 따라 진로역량에서 평가될 수 있다.

그렇다면 B 학생의 진로역량이 적용되는 학과는 어디일까? 심리를 분석했으니 심리학과? 재미있는 학급 프로그램을 기획했으니 문화엔터테인먼트학과?

B 학생이 수행한 활동의 본질은 '인간에 대한 관심'에 있다. 그러므로 B 학생이 인간 행동 분석에 대한 관심에서 출발하여 장차 학습동기 유발과 학습력 제고 등의 교육적 효과를 창출해내는 일에 기여하고자 한다면 해당 학생의 진로역량은 교육학으로 이어질 수 있고, 인간과 문화의 다양성과 보편성에 대한 관심으로 확장된다면 인류학과 진학으로 이어질 수도 있으며, 인간에 대한 관심으로 사회현상에서 풀어내고자 한다면 사회학과에서의 진로역량 평가의 근거로도 충분히 유효하다.

강조컨대, 학생부종합전형에서 말하는 진로역량은 진학하고자 하는 학과의 명칭이 학교생활기록부에 얼마나 많이 등장하냐가 아니다. 모 대학의 모 학과에 진학하여 장차 어떤 진로목표를 가지고 있고 그 목표를 실현하기 위해 어떠한 노력을 기울여 왔느냐가 관건이다.

포인트

'심리학과 진학을 희망하는 학생으로서~' X
'장차 심리 공부를 하고 싶어 하기 때문에~' X
↓
'사제동행 독서프로그램에서 《긍정심리학》(학지사, 2008)을 읽고
정신 건강의 구성요소에 대해 학습한 후 성장모델에 관심을 갖게 됨.
이후 긍정 심리치료 방법에 대해 추가적으로 조사하고
효과성에 대해 토의함

생성형 인공지능을 활용한 PBL 주제 선정

프로젝트 주제가 떠오르지 않을 때 인공지능 검색도구를 통해 아이디어를 얻는 것도 방법이다. 하지만 어디까지나 조력자로서 도구를 활용할 뿐 학생의 궁극적인 성장은 스스로 설계하고 탐구과정을 한 단계씩 이행해 나감으로써 이뤄질 수 있다는 점을 간과해서는 안 된다.

성균관대학교는 홈페이지(https://chatgpt.skku.edu/)를 통해 '챗GPT의 올바른 활용과 학습윤리'를 게재하고 있다. 해당 게시물에서는 맹목적인 질문을 지양하고 맥락을 제시해가면서 '스텝 바이 스텝으로 답변을

해 달라.'고 요청할 것을 권하며 '챗GPT가 작성한 결과물을 그대로 제출하는 것은 학습윤리에 어긋나는 행위'라고 명시하고 있다. GPT제로 (Zero)같은 AI탐지 프로그램으로 챗GPT의 문장과 인간의 문장을 변별할 수 있으므로 쉽게 과제를 해치우는 방법으로 오용하는 일은 없기 바란다. 또한 챗GPT의 답변은 오류와 왜곡이 있을 수 있으므로 반드시 검증이 필요하다. 신뢰성과 타당성 확보 차원에서 서로 다른 3가지 이상의 자료를 비교 분석하는 삼각검증을 추천한다.

챗GPT에 "고등학생에게 적합한 프로젝트 주제를 추천해 달라."고 입력하면 다음과 같은 답변을 얻을 수 있다.

〈챗GPT 답변 사례〉

▷ 지속 가능한 환경: 지구 온난화, 재활용, 청정에너지 등의 주제에 대해 연구하고, 해결책을 모색

▷ AI와 로봇 공학의 윤리적 사용: 인공지능과 로봇 공학이 사회에 미치는 영향을 탐구하고, 윤리적 사용에 대한 가이드라인을 개발

▷ 글로벌 건강 문제 해결: 세계 각국이 직면한 건강 문제(예: 전염병, 영양실조, 정신 건강)를 조사하고, 이를 해결하기 위한 혁신적인 방안을 모색

▷ 디지털 미디어와 사회적 책임: 소셜 미디어, 뉴스, 엔터테인먼트가 사회에 미치는 영향을 분석하고, 디지털 미디어를 사용하는 데 있어 개인과 기업의 책임에 대해 탐구

▷ 역사적 사건 재구성: 역사적 사건이나 유명한 역사적 인물에 대해 연구하고, 그들의 관점에서 이야기를 재구성

이처럼 생성형 인공지능을 활용하여 다양한 아이디어를 얻는 것도 정보를 수집하는 방법의 하나다. 하지만 위와 같은 주제들을 제시받은 대로 수용하는 것이 아니라 학생들이 자신만의 관심사에 접목해 발전시킬 수 있도록 지원하는 것이 관건이다.

만약 교과 수행평가에서도 같은 방법을 사용한다면 이때는 좀

더 교육과정에 특화된 질문을 던져야 한다. 영어 교과의 답변 사례를 확인해 보자.

〈챗GPT 답변 사례〉

▷ 언어의 다양성 탐구: 세계 각국의 언어와 그 언어들이 어떻게 서로 영향을 주고받는지 탐구한다. 학생들은 영어와 다른 언어 간의 유사점과 차이점을 연구하고, 언어가 문화와 사회에 어떤 영향을 미치는지 조사한다.

▷ 영어권 문화 탐색: 영국, 미국, 캐나다, 호주 등 영어권 국가들의 문화, 역사, 사회적 특성에 대해 조사한다. 학생들은 각 나라의 고유한 특성을 비교하며, 영어가 어떻게 각기 다른 문화적 맥락에서 사용되는지 학습한다.

▷ 영어의 글로벌 영향력: 영어가 세계화에 어떤 영향을 미치는지, 그리고 세계 각지에서 영어가 어떻게 사용되는지 탐구한다. 학생들은 영어가 글로벌 비즈니스, 교육, 엔터테인먼트 등 다양한 분야에 미치는 영향에 대해 조사하고 토론한다.

입학사정관이 바라보는 PBL의 의의와 가치

지식은 고정되어 있고 변하지 않는 불변의 것이 아니며 누군가로부터 전달받아 학습하는 것이 아니라 학생이 스스로 능동적으로 구성하는 것이다. 교과 지식을 통해 문제해결 방법을 찾아 나가고 아이디어를 고안해 나가는 구성주의(Constructivism) 학습 원리가 PBL로 고스란히 구현될 수 있다.

PBL에 참여하는 학생들은 탐구 과제를 선정한 후에는 자료 조사와 토의, 토론, 독서, 현장 조사를 통해 문제의 원인을 고찰해 보며 심층적으로 탐구하는 과정을 거친다. 이 과정에서 비판적 사고력과 창의적 문제해결역량을 키워낼 수 있다. 해결방안을 제시하기 위해 학생들은 현장의 목소리에 귀 기울이고 다양한 통계기법을 적용해 보며, 학생 수준에서 생각해낼 수 있는 다각도의 해결방안을 제시할 수 있다.

해답이 터무니없어도 좋고, 유치해도 좋다. 스스로 고민해 보고 답을 찾아내고자 노력했다는 점에서 이미 학업역량과 진로역량의 평가 근거가 제공되는 것이다. 학생들은 스스로 자신의 주변에서 일어나는 일들에 대해 고민하고 생각해서 답을 찾아낸 경험이 있어야 한다. 학업 능력이 우수한 학생은 수능 전형, 교과 전형 등으로 선발할 수 있다. 학생부종합전형으로 선발되는 학생들만큼은 학업능력도 우수하지만 단순한 지식의 습득을 넘어 현재와 미래의 도전과제들을 인식하고 기존의 틀에서 벗어나 사회적, 경제적 변화를 이끌어갈 혁신가를 선발하고자 한다. PBL 활동에 열정을 가지고 참여했던 학생들은 면접고사에서도 프로젝트 수립 계기와 과정에 대해 논리적이고 구체적으로 잘 답변하고는 한다. 입학사정관으로 면접고사에 면접관으로 참여하여 눈을 반짝이며 답을 하는 아이들을 보면 우리나라의 장래가 밝다는 생각이 든다.

대표적인 예를 들어 보자. 사회 갈등과 차별을 해소하기 위해서는 어떻게 살아야 하는가에 대한 고민은 화두가 된 지 오래되었지만, 여전히 모범답안이 정립되지 않은 채 현재진행형에 머물러 있다.

이러한 점을 고려하여 주요 대학의 제시문 기반 면접으로도 종종 등장하고 있다. 2022학년도 서울대학교 인문 지문에서는 동양에 대한 서술의 주관성과 타타르인에 대한 서술에 대한 객관적 사실을 다루었고, 2022학년도 연세대학교 특기자전형에서는 유교적 관점과 문화와의 관련성에 대해 다루었다. 2023학년도 고려대학교 학업우수형에 출제되었던 제시문을 살펴보자. 제시문 전문은 각 대학 입학처 홈페이지의 '선행학습 영향평가 보고서'에서 확인하기 바란다.

(가) (전략) 가장 튼튼한 생태계는 가장 다양한 생태계이며 언어의 네트워

크도 생태계와 같다. 언어 생태계의 다양성이 무너지면 인류가 참조할 지적 기반이 점점 줄어들고 결국 인류의 적응력을 감소시키는 결과를 낳을 것이다. 그러나 안타깝게도 수많은 소수 언어들이 사멸하면서 다양성이 약화되고 있다. 소수 언어의 사멸은 그 언어로 표현되던 지식의 소멸로 이어질 수 있다. 소수 언어를 보전하여야 할 결정적 이유는 실제로 엄연히 존재하는 어떤 대상이 그 언어의 사멸로 인해 존재할 수 없게 된다는 점이다. (후략)

(나) 다음은 G. M. 홉킨스(G. M. Hopkins, 1844-1889)의 시(詩) 한 편의 일부를 발췌한 것이다.

얼룩무늬 만물을 지으신 신께 영광을-
얼룩빼기 암소 같은 2가지 색깔의 하늘,
헤엄치는 송어 등에 빼곡히 점각한 장밋빛 점들,
땅에 떨어져 갓 피운 석탄처럼 열매를 드러내는 밤,
피리새의 날개들, 구획되고 결합한 풍경- 방목지와 휴경지와 경작지,
그리고 온갖 교역, 의복과 연장과 배의 장비들에 대해,
만물은 상반되고 색다르고 희귀하고 낯설다.

무엇이든 변하기 쉽고 반점들 생기니(누가 연유를 알리?)
빠르거나 느리고, 달거나 시큼하고, 눈부시거나 흐릿하다.
이 모든 것을 변치 않는 아름다움을 지닌 그가 낳으셨다.

(다) (전략) 프랑스는 2011년에 유럽 국가 중 처음으로 공공장소에서 얼굴을 가리는 복장을 금지하는 '부르카 금지법'을 시행하였다. 이러한 배경에는 프랑스의 엄격한 정교분리 세속주의 원칙인 '라이시테(Laïcité)'가 깔려 있다. 이는 사회 통합을 이루기 위해 공공장소에서

자신의 종교를 드러내는 걸 자제하여야 한다는 취지로 마련된 법안이다. 프랑스 정부는 이 원칙에 따라 공공기관, 공립학교 등에서 종교적 상징물을 착용하는 것도 금지해 왔는데, 부르키니 역시 공공장소에서의 종교적 중립성을 위반할 뿐 아니라 여성의 권리를 억압하는 복장이라고 보고 부정적으로 여기는 것이다. ㉠ 부르키니 규제를 반대하는 쪽에서는 자유를 억압하고 이슬람에 대한 차별을 노골적으로 드러내는 것이라며 반발하고 있다.

위 제시문에 의거하여 주어진 면접 고사 문제는 총 3문항이었다.

문제 1) 제시문 ㈎와 ㈏의 다양성에 관한 관점을 비교하시오.
문제 2) 제시문 ㈎의 관점에서 제시문 ㈐의 ㉠에 대해 평가하시오.
문제 3) 다양성을 존중하기 위한 정책이 다른 가치와 충돌하는 구체적 사례를 들고, 제시문 ㈎와 ㈐의 내용에 기반하여 사례로 든 정책에 대한 찬성 또한 반대의 견해를 밝히시오.

자, 지금부터 책을 잠시 덮고 약 10분 동안 생각을 정리하고 5분 정도 문제에 대한 답변을 한번 해 보자. 평소에 다원사회, 문화의 다양성, 소수자 차별 등에 대해 고민해 보고 해결방안을 모색해 본 학생이라면 좀 더 수월하게 답할 수 있었으리라. 사회 교과 시간이나 영어 교과 시간에 관련된 프로젝트를 수행해 본 학생이라면 어떨까? 한번 다뤄본 주제를 만났다는 자신감에 청산유수로 답변을 해냈을 것이다.

학생부종합전형에 대한 준비가 논술, 제시문 면접에 대한 대비와 맥을 같이 한다는 이유가 여기에 있다. 또 다른 기출 문항을 보면, 2019학년도 학교추천2 인문계열 문제를 예로 들 수 있다. 2일차 오전고사에는 "제시문 ㈎의 밑줄 친 부분 ㉮를 근거로 제시문 ㈑의 주장을 평가하시오."라는 문제가 있었다. 주어진 제시문 (가)와 (라)는 다음과 같다.

(가) (전략) 보편주의 윤리를 바탕으로 한 삶의 자세는 지나치게 다원화된 사회가 주는 혼란을 극복하는 데에 도움을 줄 수 있지만, 다양한 삶의 방식을 획일적으로 평가할 수 있다는 단점이 있다. 반면에 상대주의 윤리는 다양성을 무조건적으로 옹호할 경우 윤리적 회의에 빠질 위험을 갖고 있지만, 현실의 다양한 모습과 가치를 인정하고 수용하는 삶의 자세를 지니도록 돕는다. 이런 관점에서 상대주의 윤리는 서로 다른 문화의 차이를 인정하며 그 의미와 배경을 이해하려는 문화 상대주의적 태도와 연결될 수 있다. 특히 전 세계적으로는 물론, 한 사회 내에서도 다양한 문화 간 교류가 빈번한 현대 사회에서는 다른 문화, 인종, 민족, 계층의 사람을 대할 때 기본적으로 문화 상대주의적 태도를 견지하는 것이 바람직하다. 또한 ㉯ 자신의 관점에서 다른 문화를 비하하는 자문화 중심주의와 다른 문화의 관점에서 자신의 문화를 비하하는 문화 사대주의는 피해야 할 태도이다.

(라) 문화적 차이 때문에 경제 발전에 차이가 생긴다는 견해는 오랫동안 전해져 온 것인데, 그 요지는 분명하다. 문화가 다르면 사람들이 가진 가치관이 달라지고, 가치관이 다르면 행동 양식이 달라진다. 그런데 행동 양식은 경제 발전에 도움이 되는 것도 있고, 그렇지 않은 것도 있다. 어떤 나라의 문화가 경제 발전에 유리한 행동 양식을 낳을 경우 이 나라는 다른 나라들보다 경제적으로 좋은 성과를 올리게 된다. 새무얼 헌팅턴은 이런 견해를 간결하게 설명한다. 1960년대에 경제 발전의 수준이 비슷했던 한국과 가나 두 나라의 경제적인 차이점을 설명하면서, "많은 요소들이 역할을 한 것은 틀림없는 사실이지만 … 문화야말로 이 설명에서 가장 중요한 부분이 되어야 한다. 한국인들은 검약, 투자, 근면, 교육, 조직, 규율을 소중

히 여겼다. 가나 사람들은 다른 가치관을 가지고 있었다. 다시 말해서 문화가 중요한 것이다."라고 했다.

두 제시문은 사회, 국어, 영어 교과에서 한 번쯤은 다루었을 법한 주제에 대해 논하고 있다. ㈎에서는 보편주의 윤리와 상대주의 윤리를 통해 다양한 문화와 가치를 어떻게 바라봐야 하는지에 대해 논하며 문화 상대주의적 태도 즉, 다양한 문화적 배경과 가치를 인정하고 존중하는 것이 바람직하다고 강조한다. ㈐에서는 문화적 차이가 단순히 사회적, 윤리적 영역을 넘어서 경제 격차에도 영향을 미치고 있음을 시사한다. 2023학년도 고려대학교 모의논술에도 문화의 다양성을 소재로 한 제시문이 출제되었다.

다양한 문화가 대등한 자격으로 조화를 이루고 공존해야 한다고 보는 다문화주의가 있다. 다문화주의에는 샐러드 볼(Salad Bowl) 이론이 있는데, 이는 다양한 채소와 과일이 그 특성을 유지하면서 조화롭게 맛을 내듯이, 다양한 문화가 서로 대등하게 조화를 이루어야 한다고 보는 관점이다. 그리고 문화의 다양성은 인정하지만, 주류 문화의 정체성을 유지하면서 비주류 문화가 공존해야 한다고 보는 문화 다원주의가 있다. 문화 다원주의에는 국수 대접 이론이 있는데 이는 국수가 주된 역할을 하고 고명이 부수적인 역할을 하여 맛을 내듯이, 주류 문화와 비주류 문화가 공존해야 한다고 보는 관점이다. 그렇다면, 우리 사회가 바람직한 다문화 사회로 나아가기 위해서는 어떤 자세를 지녀야 할까? 우선, 문화 상대주의와 관용을 바탕으로 수용과 존중의 자세를 가져야 한다. 생물 생태계와 마찬가지로 문화 생태계의 다양성도 존중해야 우리 사회의 위상을 높이고 국제 사회 구성원으로서 공존하고 발전해 나갈 수 있을 것이다.

총 7개 제시문을 바탕으로 출제되었던 문항 2개 중 하나는 "위의 글 ①~⑤ 가운데 셋을 선택하여 그것을 근거로 아래 ⑥의 그림이 공통적으로 나타내는 사회적 문제의 해결방안을 제시하시오."이었고 문항 해설에서는 "문항 1은 나타난 사회 계층의 양극화, 지역 격차에 따른 공간 불평등, 사회적 약자에 대한 차별 등 여러 형태의 사회 불평등에 대한 해결방안을 제시문의 관점에서 다양하게 서술할 수 있는지 평가함."이라고 설명하고 있다.

논술고사, 제시문 기반 면접, 서류 기반 면접을 통해 대학들이 검증하고자 하는 것은 '이 지원자가 학업적 우수성을 바탕으로 우리 대학에 진학하여 교육과정을 통해 사회와 국가 발전에 기여할 수 있는 인재인가?'하는 점이다.

1차 합격 발표 이후, 서류 통과를 확인하고 나서야 면접 준비에 들어가면 이미 기본기가 충실한 학생들에 비해 뒤처지기 십상이다. 답변의 기본 토대는 연습이 가능하지만 날카로운 꼬리 질문에 대한 논리적인 답변은 일상생활에서 미리미리 쌓아나간다고 생각해 주기 바란다.

입학사정관이 들려 주는 면접고사 이야기

학교생활기록부 차별화 방안은 마치 학위논문을 준비하는 과정과도 닮아 있다. 학교생활기록부에 기재된 활동 하나하나가 졸업을 위해 소중히 임해 온 논문이라고 가정한다면, 서류 기반 면접은 논문 심사 방어(Dissertation Defense)라고 빗대어 볼 수 있다.

논문 디펜스는 대학원생이 최대한 피하고 싶은 괴로운 시간이다. 필자의 경우 석사, 박사 두 차례의 논문 디펜스 과정을 매우 혹독하게 치렀던 기억이 있다. 아무리 준비해도 질문은 예상치 못한 내용에서 나오고, 교수님들의 가혹한 꼬리 질문은 끝도 없이 이어져 심사장에서 연구력의 바닥을 보는 느낌이 들었다. 서류 기반 면접도 마찬가지다.

학교생활기록부의 기록 간 편차가 줄어들고 교육과정 이수 현황도 비슷해지는 상황에서 내신 성적대가 비슷비슷한 지원자들 사이에서 해당 대학에 적합한 인재를 변별해내기 위한 마지막 장치가 면접이다 보니 갈수록 면접고사는 압박면접화되어 가고 있다. 일부 대학의 경우 꼬리 질문을 통해 변별력을 강화하겠다는 공식적인 가이드도 제시하고 있다. 논문 디펜스 과정이 스스로 연구주제를 발견하고, 문제를 해결하는 능력을 갖추고 있는지를 증명하는 과정이라면 서류 기반 면접은 학교생활 3년간 충실히 임해왔던 교과와 비교과활동을 통해 어떻게 발전해왔는지를 증명함으로써 대학 진학 후의 발전가능성을 확인시켜주는 과정이다.

서류 기반 면접은 어떻게 준비하면 좋을까? 학교에서 참여했던 모든 활동의 과정과 결과에 대한 철저한 숙지가 필요하다. 어떠한 꼬리 질문에도 정확하고 깊이 있게 답변할 수 있도록 훈련하며, 교내활동에서 조사했던 데이터, 읽었던 문헌을 일관된 내러티브로 종합하는 능력을 갖추어야 한다. 아래의 꼬리 질문 유형들을 보며 일상생활 속에서 스스로 질문을 던지고 답해 보는 훈련을 꾸준히 해 보기 바란다.

《《서류 기반 면접의 꼬리 질문은 어떻게 나오나?》》

"다시 한 번 자세히 설명해 보겠어요?"
"잘 이해가 되지 않는데, 좀 더 쉽게 다른 말로 말해 보겠어요?"
"방금 들었던 예시 말고 다른 예시나 비유로 설명해 주겠어요?"
"방금 이야기한 내용에 대해 또 다른 관점을 제시할 수 있을까요?"
"앞서 이야기한 내용과 논리적으로 상충되는 것 같은데 다시 한 번 분명히 말해줄 수 있나요?"

진로탐색은
왜 필요한가?

진로탐색은 왜 필요한가?

최근 청소년 대상 진로 체험 기회가 확대되고 있다. 아직 목표가 뚜렷하지 않은 학생이라면 학교 차원에서, 지자체 차원에서 제공되는 여러 기회들을 잡고 활용하기를 바란다. 학교생활기록부에 기재되는 내용만 골라서 참여하는 것이 아니라 관심 있는 분야와 새로운 분야에 대한 진로탐색의 시간을 통해 자신이 진정으로 즐기면서 잘할 수 있고, 성취감을 느낄 수 있는 일을 찾아나가야 한다. 많은 대학에서 고교연계 사업으로 학과 체험 프로그램을 제공하고 있다. 세상에는 정말 많은 직업이 존재하고, 창직도 얼마든지 가능한 시대이다.

진로교육의 목표는 첫째, 긍정적 자아개념을 형성하고, 둘째, 구체적 진로방향을 설정하여, 셋째, 직무 역량을 개발하는 것이다. 앞으로의 진로탐색은 사는 동안 평생 진행될 것이다. 생애 진로 로드맵을 수립해야 하는데 중고등학생 때 미리 진로를 정하는 것은 무의미할까? 직업세계의 변동성이 아무리 크다 하더라도 뚜렷한 목표 없이 수동적으로 지식을 받아들이는 학생보다는 입직 후 10년을 채우지 못하고 이직할 예정이라 하더라도 눈앞의 목표를 구체적으로 수립하고 잠재력을 끌어내 최선을 다하는 학생이 선발된다.

진로탐색은 스스로가 주체적이고 적극적으로 자신의 미래를 설계하고, 사회적 역할을 탐색하는 과정이다. 계획을 수립하고 실패하는 경험을 자양분 삼아 다시 도전하고 마침내 성공하는 과정을 통해 인간은 성장하고 발전하며 자신의 삶에서 행복을 찾는다. 학생들의 진로역량에 대한 평가를 입학사정관이 강조하는 이유는 여기에 있다. 충분하고 다양한 진로탐색 경험이 훗날 개인의 삶의 질과 행복을 좌우하며 강한 학습동기로, 대학생활의 원동력으로 작용할 수 있기 때문이다.

진로탐색 프로그램
활용 방법

진로탐색은 어떻게 하나?

학생들은 어떠한 진로교육 프로그램에 참여할 수 있을까? 가장 많이 그리고 가장 쉽게 참여할 수 있는 프로그램은 각급 학교에서 제공하는 다양한 진로 프로그램이다. 다수의 고등학교에서는 지자체에서 교육 경비를 각 학교에 지급하고 학교의 담당 교사의 재량으로 진로, 학습, 상담 등 다양한 분야의 프로그램을 운영하고 있다. 다만 학교에서는 주어지는 프로그램을 학교생활기록부에 의미 있게 담아내기 위해서는 집합교육을 이수하는 것에 그치지 않고 자기만의 진로탐색 기회로 발전시키는 것이 중요하다.

개별 학교 외에도 진로체험지원센터의 각종 프로그램을 활용할 수 있다. 2014년도부터 설립되기 시작한 지자체의 진로체험지원센터는 지역사회 내 체험처 발굴·관리 및 프로그램을 컨설팅하고, 학교에서 체험을 원활히 할 수 있도록 지원하며, 자체 진로체험 프로그램 운영 등을 하는 기관이며 서울 지역에만 25개 전국 230여개 정도가 설립되어 있다. 진로체험지원센터의 각종 프로그램은 '꿈길(https://www.ggoomgil.go.kr/)'에서 검색해볼 수 있다. 해당 사이트에서 지역 인근의 프로그램을 검색하여 참여 신청을 할 수 있다.

진로체험지원센터뿐 아니라 지자체에서 진로진학지원센터를 운영하고 있는 곳도 점차 확대되고 있다. 이처럼 지자체에서 고등학생 대상으로 진로·진학 프로그램을 운영하는 주된 이유는 청소년들이 자신의 장래에 대해 보다 명확한 방향성을 가질 수 있도록 돕고 이 과정에서 발생할 수 있는 정보와 소득의 격차를 완화하기 위함이다. 청소년들은 다양한 진로·진학 정보를 얻고 간접적으로 실제 직업 세계를 경험하고 이해할 수 있는 기회를 제공받고 진학상담과 컨설팅 등을 제공받을 수 있다.

초등학생, 중학생의 경우에는 분당의 한국잡월드, 전남의 순천만잡월드, 대전 청소년위캔센터 등을 방문해 보는 것도 흥미롭게 진로체험을 해 볼 수 있는 방법이다. 온라인 상으로 진로체험을 할 수 있는 방법은 고용노동부와 한국고용정보원이 운영하는 워크넷, 한국직업능력연구원이 운영하는 커리어넷, 국립특수교육원이 운영하는 잡에이블(JOBable), 한국청년기업가정신재단이 운영하는 온라인 창업체험교육 플랫폼 YEEP 등의 공인 홈페이지를 활용하는 것이다. 초등학생은 주니어 커리어넷에서 보다 직관적으로 직업, 진로, 심리 관련 정보를 확인할 수 있으며 학부모는 한국과학창의재단이 운영하는 크레존의 창의적 진로체험 가이드를 보고 한국한의학연구원, 한국전자통신연구원 등의 진로체험 나들이를 계획할 수 있다.

워크넷은 초등학생 진로인식검사, 중학생 진로적성검사, 중학생 진로발달검사(커리어UP), 고등학생 진로발달검사(커리어UP), 고등학생 적성검사, 청소년 인성검사, 청소년 직업흥미검사(개정), 직업흥미탐색검사(간편형), 직업가치관검사(개정) 등의 인적성 검사 뿐 아니라 한국직업전망, 신직업 등의 직업정보와 전공 진로가이드를 비롯한 학과정보를 풍성하게 제시하고 있다.

주니어 커리어넷은 저학년 진로흥미탐색, 고학년 진로흥미탐색, 고학년 진로개발역량, 주니어 진로카드, 진로정보를 찾아봐요, 주니어 진로동영상, 주니어 직업정보, 미래 직업정보, 미래 사회의 직업 등으로 구성되어 있다. 장차 창업과 창직을 희망하는 청소년이라면 YEEP의 GO스타트업 메뉴를 통해 가상으로 창업과정을 체험할 수 있으며, 빅

구분	사이트명	주소
진로	꿈길	http://www.ggoomgil.go.kr/
	에듀넷	http://www.edunet.net/
	워크넷	http://www.work.go.kr/
	잡에이블	https://http://www.nise.go.kr/main.do?s=jobable
	창의인성교육넷(크레존)	http://www.crezone.net/
	청소년창업체험	https://www.yeep.kr/
	청소년활동정보서비스	http://www.youth.go.kr
	커리어넷	http://www.career.go.kr
진학	고입정보포털	http://www.hischool.go.kr/
	하이파이브	http://www.hifive.go.kr
	대입정보포털	http://www.adiga.kr/
	전문대학포털	http://www.procollege.kr

표35 진로탐구를 위한 추천 홈페이지

데이터 활용 시장탐색 프로그램을 통해 통계자료에 기반한 창업아이디어를 탐색해볼 수 있다. 경영, 창업 동아리활동에서 크라우드펀딩을 실시하는 경우가 종종 있는데 YEEP의 가상 크라우드펀딩을 통해 연습을 해 볼 수도 있으니 표35 의 내용을 참고하기 바란다.

이처럼 온라인과 오프라인을 활용한 진로 프로그램의 종류는 굉장히 다양한데, 직업 현장을 직접 방문하거나 실제로 작업을 체험해 볼 수 있는 직업체험 기회는 학교에서 추진하기에는 어려움이 있을 수 있으므로 지자체의 프로그램을 활용하면 좋다. 또한 전문가와의 일대일 멘토링을 통해 진로와 학업에 대한 생생한 조언을 얻을 수도 있으며 각종 강연과 참여 프로그램을 통해 자신의 미래를 좀 더 넓은 시야로 바라보고, 정보에 기반한 의사결정을 할 수 있도록 지원받을 수 있다.

물론 학교와 연관이 없는 외부 기관의 진로체험 프로그램은 참여하더라도 학교생활기록부에 기재가 되지 않을 수는 있다. 하지만 참여 후 본인의 동아리활동에 응용을 해 보거나 주제탐구의 아이디어로 활용하는 등 얼마든지 경험의 폭과 깊이를 담아낼 수 있는 방법은 존재한다.

대학에서 고등학생 대상 진로 프로그램을 운영하는 이유 중 하나는 학생들에게 해당 대학의 이름을 알리고 친숙함을 제공하기 위해서이다. 하지만 단순히 홍보 차원에서만은 아니다. 학생들에게 다양한 학문과 직업에 대한 심층적인 이해를 제공하고, 해당 대학교에 있는 학과를 간접 체험할 수 있도록 돕는다. 캠퍼스 투어, 학과 체험, 모의 전형, 입학설명회 등의 프로그램에 참여하여 대학 캠퍼스를 직접 방문하여 대학 문화를 체험하고, 각 학과와 연구 시설을 둘러볼 수 있다.

전공체험 프로그램을 통해 학생들은 특정 학문 분야에 대한 워크숍이나 실습에 참여하여 진로와 연계된 실제 학업 내용을 경험할 수 있으며 멘토링을 통해 대학의 교수진이나 선배 학생들과 만나 학문적 조언이나 직업적 지도를 받을 수도 있다. 하지만 인기 있는 대학의 프로그램은 오픈과 동시에 마감되기 일쑤다. 프로그램에 참여할 수 있는 기회를 얻지 못하더라도 자신이 진학하고 싶은 대학이 있다면 캠퍼스에 꼭 한번 방문하여 생생한 분위기를 느껴보기 바란다.

진로체험 프로그램 참여 시 유의사항

첫째는 학교생활기록부에 기재가 되지 않더라도 탐색한 정보에 대한 객관적 자료를 통한 검증을 실시하는 것이다. 누군가에 의해 정리된 자료를 읽을 때에는 반드시 해당 자료의 원 데이터와 출처를 확인하는 작업을 몸에 밴 습관처럼 반드시 수행하기 바란다.

둘째는 일회성 프로그램이라 하더라도 한 번의 진로체험에 그치지 않고 장기적인 호흡으로 이끌어가라는 것이다. 일회성 진로체험 프로그램의 한계는 학생들의 자기인식과 진로탐구의 연속적 발달을 유인하지 못한다는 것이다. 청소년기의 진로성숙을 달성하고 청년기의 학

표36 시·도교육청 진로진학지원센터 홈페이지	
시·도 교육청	상세 정보
강원 진로진학지원센터	https://jinhak.gwe.go.kr
경기 진로진학지원센터	https://more.goe.go.kr/jinhak
경남 진로진학지원센터	http://jinhak.gne.go.kr
경북 진로진학지원센터	http://jinhak.gbe.kr
광주 진로진학지원센터	http://jinhak.gen.go.kr
대구 진로진학지원센터	https://www.dge.go.kr/jinhak
대전 진로진학지원센터	https://www.edurang.net/course/main.do
부산 진로진학지원센터	http://dream.pen.go.kr
서울 진로진학정보센터	http://www.jinhak.or.kr
세종 진로진학지원센터	https://jinro.sje.go.kr/home/main.do
울산 진로진학지원센터	https://use.go.kr/jinhak/index.do
인천 진로진학지원센터	https://cyberjinro.ice.go.kr/main
전남 진로진학지원센터	https://www.jne.go.kr/jinro/main.do
전북 진로진학지원센터	https://www.jbe.go.kr/jinro
제주 진로진학지원센터	https://jinhak.jje.go.kr
충남 진로진학지원센터	https://icec.cne.go.kr
충북 진로진학지원센터	https://jinro.cbe.go.kr

력·기술·전공 미스매치*를 완화하기 위해서는 장기적인 자기탐색이 이루어져야 한다. 그러므로 진로체험 프로그램에 참여하는 학생들은 주어진 시간을 어떻게 나만의 진로 탐구 계기로 삼을 것인지, 이 경험을 어떻게 축적해 나가 종내에는 사회적 자기실현으로 도달시킬 수 있을 것인지를 고민해야 한다.

---

* 〈지역별 대졸 청년층의 학력 기술 전공 미스매치와 직장만족도가 노동이동 및 임금에 미치는 효과〉(황광훈 김상호 조용운 정효채/직업능력개발연구 26권 3호)에 따르면 고학력 청년층의 전공미스매치 현상이 크게 나타나고 있으며 초기 노동시장에서 하향취업을 택한 상당수 대졸 고학력 청년층이 지속적인 이직 시도, 실업 상태 전환 가능성이 크다고 분석하였다.

삶과 연계한
진로활동

　삶과 연계하는 진로탐색이란, 학교에서 학습한 내용을 나의 일상생활 속에서 느꼈던 고민과 문제의식들로 발현시키면서 훗날 사회로 진출하였을 때, 내가 속한 조직 혹은 사회, 나아가 국가의 발전에 기여할 수 있는 훈련을 하는 것이다. 이번 장에서는 가상 인물의 활동 계획을 수립해 보고자 한다. 구체적인 진로는 미정이지만 희망 학과는 정해둔 상태라고 가정한다. 먼저 지원하고자 하는 학과에 대한 이해가 필요하다. 어떤 인재를 선호하는지, 대학에서는 어떤 교과목을 이수하게 되는지 자료를 조사한다. 잘 정리되어 있는 기존 자료가 많지만, 학교 홈페이지를 직접 찾아 스스로 읽어 가며 정리하는 시간을 가져보기 바란다. 다음으로 직접 정리한 자료에 기반하여 졸업 후의 구체적인 진로목표를 설계한다는 생각으로 과제를 선정한다.

　　○ 가상 인물 프로필
　　　　일반고 1학년, 공공인재학과 진학 희망, 막연하게 보좌관을 꿈꾸나 구체적 진로 미정
　　○ 학과 정보**:

** 　　중앙대학교 공공인재학부 홈페이지

(1) 교육 목적: 의와 참의 정신을 바탕으로 사회지도자로서 갖추어야 할 교양과 국가사회의 발전에 기여할 수 있는 전문적 지식을 기르고, 민족과 인류공영에 기여할 수 있는 열린 세계관을 지닌 인재 양성

(2) 교육 목표: 행정 및 정책, 법률을 아우르는 교육과정을 통하여 공익과 사회정의를 추구하는 인재상 구현

(3) 학년별 커리큘럼
① 1학년: DISCUSSION IN PUBLIC AFFAIRS, DIS-CUSSION IN SOCIAL PROBLEMS, 행정학개론, 행정통계분석, 법학개론, 정책학개론, 경제학개론, 정치학개론 등
② 2학년: 공공재정관리론, 정책평가론, 공공인력관리론, 정책분석론, 공기업론, 비영리단체와 공공정책과정, 행정과 미시경제분석, 정부마케팅 등
③ 3학년: 행정조사방법론, 근거기반정책론, 정부간관계론, 갈등관리와 협상론, 정보규제론, 민법, 상법 등
④ 4학년: 공직윤리론, 복지정책론, 소송과 실무, 정책시스템이론, 글로벌경제의 법과 정책 등

○ 학교 과제에 임하는 자세: 대학 진학 후 이수하게 될 정책학개론, 정부마케팅, 복지정책론 등의 과목들에서 공부하게 될 내용들을 참고하여 우리 삶에서의 현안을 살펴보고 적용해 보고자 함.

○ 진로탐색을 위한 주제탐구 방법
(1) 자료조사
① 청와대 홈페이지에 들어가 국정과제 확인

② 지자체 매니페스토 홈페이지와 도지사의 공약 실천 상황 점검

(2) 주요 이슈 선정: 콘텐츠기업육성센터 건립, 초·중·고 아침 간편식 제공, 2050 탄소중립 실현 기반구축 및 이행, 친환경 자전거길 조성 및 기반 인프라 확충, 지역산업 특화 전문과학관 건립, 도 공공기관 분산배치, 도 균형발전사업 예산 확대 및 자율성 강화 등 눈에 띄는 이슈들을 따로 정리하고 세부사항 확인

(3) 주의사항: 흥미를 끄는 주제 중에서 다소 쉽게 느껴지는 주제들은 배제하는 것이 좋다. 편할 것 같아서, 쉬울 것 같아서 선택한 주제는 다른 사람 눈에도 똑같이 인식된다. 조금은 어렵고 난해해 보이지만 한 번쯤은 고민해 보고 풀어 보고 싶었던 주제를 선택하는 것을 권한다.

(4) 자료분석: 주제를 선택했다면 이미 정리되거나 보도된 자료가 아니라 원데이터의 출처를 확인하여 자료의 전문을 살펴보며 왜곡이나 오류는 없는지 검토한다.

(5) 개선방안 모색: 관심 있는 주제를 세부화시켜 자신이 살고 있는 지역, 주변사회에 적용하여 개선방안을 찾아본다. 이 과정에서 교과 시간에 학습했던 지식들을 최대한 활용하고 필요하다면 책을 찾아 읽고 선생님께 도움을 요청한다.

이 밖에도 지자체, 지역 대학이나 기술 연구소와 연계하여 전문적인 지식을 얻을 수 있으며, 특정 대학명이나 기업명이 기재되지 못하더라도 배우고 느낀 점을 자신의 진로탐색 기회로 확장함으로써 진로

를 구체화할 수 있는 측면에서는 큰 의미가 있다.

대학과 지자체의 도움을 받아 고등학교의 제한된 자원의 한계를 극복할 수 있다. 지역 공동체와 협력하는 방안도 고민해 볼 수 있다. 리빙랩에 학생 신분으로 참여하여 지역사회의 문제 해결 활동에 임함으로써 사회적 책임감과 공동체 의식을 기를 수 있다. 한 지자체의 리빙랩을 예로 들면, 지역 테마 여행지 개발과 지역 특산품이나 관광 자원을 활용한 창업 아이디어 제안 등의 주제로 학생들이 직접 기획안을 작성하고 시장조사를 하는 과정을 통해 경제적 안목을 키우고 소비자의 심리를 학습해 보는 등 전공에 필요한 역량을 키워나갈 수 있다.

지역 문화유산을 활용한 문화 콘텐츠 창작, 복합공간 아이디어, 홍보 마케팅 전략, 도시재생사업 아이디어, 4차산업혁명 접목 방안, 지역경제 활성화 도모를 위한 신사업 전략 등 여러 가지 다양한 프로젝트에 참여함으로써 창의적 문제해결역량을 키울 수 있다. 특히 산업구조가 변화함에 따라 낙후하게 된 도시에 새로운 기능을 도입하는 도시재생사업은 사회, 경제, 문화, 환경뿐 아니라 공학계열 측면에서도 다양한 방면의 심화탐구로 이어질 수 있다. 표37 의 지원학과별 예시를 살펴보자.

입학사정관의 관점에서, 인터넷 검색만으로 쉽게 찾아볼 수 있는 활동들로 가득 찬 생활기록부에 비해 살아있는 학습을 위해 직접 발로 뛰며 노력했다는 면에서 깊은 인상을 남길 수 있음은 물론이다.

혹여 지원학과를 결정하지 못했다 할지라도 자신의 관심분야를 찾아 교과서에서 배운 학습개념을 현실에 적용하고 분석해 본 경험은 자기주도적 탐구의지 혹은 계열적합성, 진로역량 등의 평가 영역에서 고루 평가될 수 있다.

이처럼 삶과 연계한 진로탐구는 책 속의 세상이 아닌 피부로 느껴지는 실질적인 경험이 되며, 진로뿐 아니라 사회적, 문화적 소양을 넓히고 지역자원을 활용할 수 있는 출발점이 되기도 한다. 학생들 입장에서는 자신의 관심과 열정을 실제 환경에 적용해 보면서 진로에 대한

표37 지원학과별 진로활동 심화탐구 예시	
정책학과	쇠퇴 지역 주민의 삶의 질 향상을 위한 정책
경제학과	도시경제 회복 방안 및 도시재생 정책의 경제적 측면 조사
국제학과	도시재생 정책의 국제 비교
사학과	도시의 역사적 가치 평가 및 현대적 재해석 방안
철학과	주민 이주 과정에서 정의와 평등을 증진할 수 있는 윤리적 가이드라인 개발
어문계열	일본 마을만들기 운동, 영국 근린지역과 재생운동 등 희망학과 언어 사용 국가 정책 조사
도시계획/부동산	원주민의 지속적인 생활 여건 확보 및 사회·문화적 기능회복을 위한 방안 모색
교통공학과	도시 교통 문제를 해결하기 위한 지능형 교통 솔루션 개발
건축/건설	낙후된 기성시가지의 재활성화를 위한 랜드마크 건축물 조성 기획
소프트웨어학과	주민 합의의 절차적 공정성 확보를 위한 주민투표 어플 및 온라인 커뮤니티 구축 방안
신재생에너지학과	태양광, 풍력 등 신재생에너지를 활용하여 탄소배출과 에너지소비를 최소화하는 에너지 자립형 건물 설계
생명공학과	수직농업, 수경재배 등 스마트 도시 농업 솔루션 개발
컴퓨터공학	디지털 트윈 기술을 활용한 환경영향 추적, 재난 리스크 평가 등 잠재적 문제 예측 방안

깊이 있는 통찰력을 얻을 수 있으며, 입학사정관의 입장에서는 해당 학생이 공부만 하는 백면서생이 아니라 사회에 보탬이 되는 인재로 성장할 것이라는 기대감을 품게 된다.

학생부종합전형
·
자기주도학습전형
설계 참고 양식

학생부종합전형·자기주도학습전형
Self Design 설계도

앞으로의 학교생활을 교과와 비교과 차원으로 구분하여 장단기 계획을 수립해 볼 수 있는 설계도입니다. 현재 중3, 혹은 고3이라면 지금까지의 학교생활을 체계적으로 정리하여 각 역량이 어떻게 드러나고 있는지 보완해야 할 부분은 어디인지를 파악할 수 있는 분석도입니다. 학년별로 가장 의미 있었던 활동과 과제 내용을 정리하고 평가 요소별로 스스로 평가해 봅시다.

1. 희망 진로 및 학교생활기록부 방향

직업	희망학과	비전
학교생활기록부 방향		

2. 희망 대학 및 희망 모집단위

구분	대학	모집단위	전형	면접	최저
1지망					
2지망					
3지망					
4지망					
5지망					
6지망					
7지망					
8지망					

3. 창의적체험활동상황

1) 자율·자치활동

구분	세부활동(요약/계획)	평가 요소별 평가
1학년		학업역량(A+ A0 A- B+ B0 B- C D E) 진로역량(A+ A0 A- B+ B0 B- C D E) 공동체역량(A B C D E)
2학년		학업역량(A+ A0 A- B+ B0 B- C D E) 진로역량(A+ A0 A- B+ B0 B- C D E) 공동체역량(A B C D E)
3학년		학업역량(A+ A0 A- B+ B0 B- C D E) 진로역량(A+ A0 A- B+ B0 B- C D E) 공동체역량(A B C D E)

2) 동아리활동

구분	세부활동(요약/계획)	평가 요소별 평가
1학년		학업역량(A+ A0 A- B+ B0 B- C D E) 진로역량(A+ A0 A- B+ B0 B- C D E) 공동체역량(A B C D E)
2학년		학업역량(A+ A0 A- B+ B0 B- C D E) 진로역량(A+ A0 A- B+ B0 B- C D E) 공동체역량(A B C D E)
3학년		학업역량(A+ A0 A- B+ B0 B- C D E) 진로역량(A+ A0 A- B+ B0 B- C D E) 공동체역량(A B C D E)

3) 진로활동

구분	세부활동(요약/계획)	평가 요소별 평가
1학년		학업역량(A+ A0 A- B+ B0 B- C D E) 진로역량(A+ A0 A- B+ B0 B- C D E) 공동체역량(A B C D E)
2학년		학업역량(A+ A0 A- B+ B0 B- C D E) 진로역량(A+ A0 A- B+ B0 B- C D E) 공동체역량(A B C D E)
3학년		학업역량(A+ A0 A- B+ B0 B- C D E) 진로역량(A+ A0 A- B+ B0 B- C D E) 공동체역량(A B C D E)

4) 진학 희망 학과 관련 교과이수

구분	세부활동(요약/계획)	평가 요소별 평가
1학년		학업역량(A+ A0 A- B+ B0 B- C D E) 진로역량(A+ A0 A- B+ B0 B- C D E) 공동체역량(A B C D E)
2학년		학업역량(A+ A0 A- B+ B0 B- C D E) 진로역량(A+ A0 A- B+ B0 B- C D E) 공동체역량(A B C D E)
3학년		학업역량(A+ A0 A- B+ B0 B- C D E) 진로역량(A+ A0 A- B+ B0 B- C D E) 공동체역량(A B C D E)

5) 과목별 세특

구분	세부활동(요약/계획)	평가 요소별 평가
1학년		학업역량(A+ A0 A- B+ B0 B- C D E) 진로역량(A+ A0 A- B+ B0 B- C D E) 공동체역량(A B C D E)
2학년		학업역량(A+ A0 A- B+ B0 B- C D E) 진로역량(A+ A0 A- B+ B0 B- C D E) 공동체역량(A B C D E)
3학년		학업역량(A+ A0 A- B+ B0 B- C D E) 진로역량(A+ A0 A- B+ B0 B- C D E) 공동체역량(A B C D E)

Self Design 주제탐구 보고서(사회탐구)

구분		내용
탐구 주제		
관련 교과 (단원)		
탐구 계기		
참고 도서/관련 고전		
탐구 방법	질적 연구	*통계처리 방법:
	양적 연구	*자료 해석 방법:
보고서 내용 요약	서론	
	본론	
	결론	
역할분담 및 나의 역할		
새롭게 배운 점		
새롭게 발견한 나의 역량		
희망 전공과의 연계성		
한계 및 제언 (후속활동)		

Self Design 주제탐구 보고서(과학탐구)

구분	내용
탐구 주제	
관련 교과 (단원)	
탐구 계기	
참고 도서	
문제 인식	
가설 설정	
탐구 설계	
탐구 수행과정	
자료 분석	
결론 도출	
역할분담 및 나의 역할	
새롭게 배운 점	
새롭게 발견한 나의 역량	
희망 전공과의 연계성	
한계 및 제언 (후속활동)	

부록 학생부종합전형·자기주도학습전형 설계 참고 양식

자기평가서

구분		내용
활동명		
참여 동기		
관련 교과(단원)		
활동 내용		
나의 역할		
학업 향상 노력		
교과내용 적용 사례		
발표 보고서		
참고도서		
도전과 성찰	의문 제기해 보기	
	새롭게 발견한 나의 역량	
	나의 약점과 극복방안	
에피소드	갈등과 해결 경험	
	도전 경험	
전공 적합성	희망 전공과의 연계성	
	새롭게 배운 지식	
연계 노력	후속 활동 목표	

교육의 미래, 미래의 대입

우리 앞에는 2가지 길이 있습니다. 대학에 가는 길과 대학에 가지 않는 길입니다. 대학 가는 공부에 지친 우리 학생들은 대학에 가지 않고도 성공할 수 있는 말에 솔깃하겠죠? 누구나 대학에 가지 않아도 성공할 수 있다면 왜 더 많은 사람들이 대학에 가려고 할까요?

대학에 가지 않는 사람들

대학에 다니지 않는 길도 그리 나쁘지만은 않습니다. 애플의 스티브 잡스는 리드대학을 1학년 때 중퇴했습니다. 스티브 잡스를 본받아 대학에 다니다 말면 앞길이 환히 열릴까요? 애플의 기술 분야를 혼자 다 해결했다는 스티브 워즈니악도 1968년에 대학에 입학한 뒤 다른 대학에 편입했다가 1975년에 중퇴하고 휴렛패커드에 입사했습니다. 학위는 1986년에 캘리포니아대학교에서 받았습니다. 페이스북 창업자 마크 저커버그는 하버드를 중퇴했고, 마이크로소프트 창업자 빌 게이츠도 하버드를 중퇴했습니다. 델 컴퓨터 창업자 마이클 델은 텍사스대학 1학년 때 대학을 중퇴하고 델을 설립했습니다. 트위터를 개발한 에반 윌리엄스는 네브래스카대학을 1년 반 다니고 중퇴했답니다. 최근에 유명해진 샘 올트먼은 챗GPT를 개발한 오픈AI 공동 창업자인데요, 샘도 스탠포드대학교 컴퓨터학과를 중퇴한 학력이 전부입니다. 이 사람들 말고도 대학을 다니지 않고도 세계적인 사업가, 재산가가 된 사람은 꽤 많습니다.

이들의 공통점은 대학을 다닌 것과 무관하게 창의적인 발상을 했고, 창의적 발상을 실현할 실력을 갖추고 있었다는 점입니다. 결국 실력이 있는 사람이 되는 길을 찾은 것인데, 대학 안 가고 성공한 사람은 그 길이 대학에 있지 않다는 것을 아는 사람이었던 겁니다.

피터 틸이 설립한 벤처캐피털 '파운더스펀드'가 운영하는 틸 펠로우십(Thiel Fellowship)이라는 프로그램이 있습니다. 이 프로그램은 전 세계 20세에서 22세 사이의 학생들에게 10만 달러의 창업자금을 지원하는 프로그램입니다. 이 프로그램의 특징은 학생들이 대학을 중퇴하고 창업을 해야 한다는 것입니다. Thiel Fellowship 홈페이지 메인 화면에는 "The Thiel Fellowship gives $100,000 to young people who want to build new things instead of sitting in a classroom."이라는 문장이 쓰여 있습니다. 왜 Thiel Fellowship에서는 교실에 앉아있는 사람보다 무엇인가 새로운 것을 만들어내는 사람에게 10만 달러를 투자하겠다고 했을까요?

핵심은 교실에 앉아있는 사람은 학교를 어떻게 다닌 사람인가에 있습니다. 교실에 앉아있지만 말라고 했으니 교실에 앉아있는 사람을 부정적 상황으로 본 겁니다. 과거 우리 교실은 주어진 교과서 내용을 이해한 뒤 암기해서 주어진 답지 중에 오답을 지우고 정답을 찾는 공부를 했었습니다. 우리나라의 일반 고등학교는 진학을 원하는 학생이 100%인데, 입시가 수능이니 아무리 생각하는 공부, 창의성을 기르는 공부를 해야 한다고 외쳐봐야 발등의 불을 끄는 데 유용한 답 고르는 공부를 했던 것입니다. 이런 상황은 과거엔 다른 나라에서도 별 차이가 없었습니다. 그러니 공부를 해서 현실의 문제 해결에 적용해 보고 문제를 해결하는 공부는 학교에서 할 수가 없었던 겁니다. 이런 뜻에서 Thiel Fellowship 같은 곳에서는 창의적인 젊은이들이 학교에서 썩지 말고 사회에 나와 창업을 하여 업적을 이루라고 외치는 겁니다.

이 정도 주장이라면 학교 무용론에 해당한다고 해도 되겠죠? 그런데 대학을 다니다 만 기업가들을 보면 학교는 다니지 않았어도 실력이 뛰어났었습니다. 교실에서 나와서 창업을 하려면 팔릴 수 있는 상품을 생각해낼 수 있는 아이디어가 있어야 하고, 그 아이디어를 실현할 실력이 있어야 하니까요. 그런데 그 실력은 어디서 얻을 수 있을까요? 실력을 갖춘 사람은 어디선가 공부를 했겠죠?

대학 대신 선택하는 온라인 플랫폼

온라인 교육을 통해 실력을 쌓았을 수도 있습니다. 온라인 학습들이 대학을 대신할 수 있는 교육기관으로 각광받고 있습니다. 코로나 시대를 지나면서 세계적으로 온라인 학습이 원활해졌습니다. 이 영향으로 온라인으로 제공되는 대학, 대학원 수준의 학습은 더 인기를 끌고 확장될 전망입니다. 온라인 시스템이 활성화되고, 스마트폰이 일상화되기 시작한 2010년대 초반부터 온라인 학습이 위력을 발휘하기 시작했습니다.

UDACITY는 2011년에 설립되었는데 취업 목적의 기술 교육과정 특화 온라인 교육과정입니다. 네이버 지식백과에서는 유다시티(udacity)를 '온라인 공개 수업(Massive Open Online Course, MOOC(무크)) 업계에서 '선택과 집중' 마케팅을 가장 잘 펼치고 있는 기업'이라며 '설립 초기에는 경쟁업체인 코세라(coursera)나 에덱스(edx)와 별반 다름없이 대학 강의를 제공하면서 성공했지만, 이후 온라인 환경에 특화된 강의와 인공지능, 자율주행차 같은 독특한 주제에 집중하면서 입지를 넓히고 있다.'고 소개하고 있습니다.

세바스찬 스런을 비롯한 유다시티의 창업자들은 모두 스탠포드 대학 교수 출신입니다. 유다시티는 2014년 6월 '나노디그리(Nanodegree)'라는 프로그램을 출시했습니다. 나노디그리는 취업에 필요한 기술 수업을 제공하는데, 영상 강의를 보고 다른 참가자들과 토론을 하며, 영상 면접도 합니다. 수강생에게 취업 자리를 소개해 주기도 하죠. 2016년에는 '나노디그리 플러스'라는 서비스가 출시되었는데, 나노디그리 플러스 수강생이 6개월 안에 취업을 못 하면 수업료를 100% 환불해 준다고 알려져 있습니다. 학비는 일반 대학 학비의 10분의 1도 안 됩니다.

EDX는 2012년에 MIT와 HAVERD가 공동으로 개발한 온라인 교육과정입니다. 전 세계유명 교수의 강의를 들을 수 있습니다. 강의는 무료로 볼 수 있지만, 교수의 피드백을 받거나 수료증을 받는 과정은 유료입니다. 수료증을 받기까지는 치열하게 공부를 해야 합니다. 수료증을 받으면 실력자로 인정받을 수 있습니다.

Google Career Certificates(GCC)라는 프로그램이 있습니다. Google이 직접 기획한 실무 중심의 IT교육과정입니다. 온라인 교육 플랫폼인 Coursera를 통해 원하는 시간에 자유롭게 수강할 수 있습니다. 6개월 이내에 과정을 마치면 Certificate를 받게 됩니다. 비록 6개월 학습이지만 4년간 대학 다닌 것보다 높은 수준의 기술력을 갖추게 해 준답니다. 그래서 이 증서는 4년제 졸업장 이상의 전문성을 가진 사람이라는 인증서로 통합니다.

학벌보다 실력이 중시되는 사회로 완벽하게 바뀐다면 이런 교육이 더 효과적이고 효율적이어서 선호도가 높을 겁니다. 학비는 싸고 실력은 인정받는 수준까지 길러지니까요. 그래서 모 교수님은 영어를 배워서 그룹스터디로 이런 강좌를 듣고 공부하라고 권합니다. 그러나 아직 우리에게는 일반적인 방식은 아닙니다. 아직은 동료가 어느 대학에서 무엇을 전공했는지 모른다고 해도 대학에서 만난 친구들이 네트워크 자원이 되고 스스로도 어느 대학 출신이라는 사실이 자부심의 자본이 되는 시대이니까요.

인기 높은 미래형 대학

온라인 학습 방식이 아니라도 전통적인 대학과는 모습이 다른 대학도 생겨나고 있습니다. 이 대학은 미래형이지만 동료가 있고 자부심도 가질 만해서 온라인 학습 MOOC와는 상황이 다릅니다.

미네르바대학은 미래형 대학으로 잘 알려진 대학입니다. 이 대학에서는 컴퓨터과학(Computational Sciences), 자연과학(Natural Sciences)뿐 아니라 예술과 인문학(Arts & Humanities), 경영학(Business), 사회과학(Social Sciences)을 전공할 수 있습니다. 학생들은 샌프란시스코에서 1년 동안 기숙사 생활을 하고 나서 한 학기씩 여러 나라에 마련된 기숙사에서 생활하면서 프로젝트를 진행합니다. 온라인 학습은 잘 갖추어진 학습관리시스템을 이용하여 학생의 학습 참여도를 높입니다. 미네르바대학은 이미 미국에서 가장 입학하기 어려운 학교라고 알려져 있습니다. 수업은 온라인으로 교수와 쌍방 소통하면서 이루어지고, 프로젝트를 수행하며 학습 결과로 프로젝트 결과물이나 논문을 제출해야 합니다.

우리나라에는 2023년에 개교한 태재대학이 미네르바와 유사한 방식으로 교육 프로그램을 제공합니다. 한국의 미네르바라고 알려지고 있지만 태재대는 미네르바와는 다른 최고의 대학을 만들겠다는 포부를 갖고 있습니다. 태재대학은 한샘 조창걸 창업주가 3,000억 원을 들여 설립한 대학인데, 우리나라 대학 분류로는 원격대학에 속합니다. 캠퍼스 없는 대학이란 뜻이죠.

태재대학에 입학하게 되면 1학년 때는 기초혁신학부(Innovation Foundation)에서 공부하고 2학년부터는 인문사회학부(School of Humanities and Social Sciences (H&SC)), 자연과학학부(School of Natural Sciences), 데이터과학과 인공지능학부(School of Data Science & Artificial Intelligence), 비즈니스혁신학부(School of Business Innovation)에서 전공 공부를 합니다. 수업은 학습 플랫폼을 활용하여 온라인으로 진행합니다. 학기별로 서울, 도쿄, 뉴욕, 홍콩, 모스크바 등에서 체류하면서 글로벌한 현장 중심의 학습경험을 쌓습니다. 2023년 8월에 선발한 1기 학생은 32명인데 지원자는 410명이었습니다. 정원보다 적은 학생을 선발했는데, 학교 설립취지에 맞는 학생만 선발했다고 합니다.

다니던 대학 또는 직장을 그만두고 다시 이 대학에 진학하려는 사람들이 있지만 아직은 일반화되었다고 말하기는 어렵겠죠? '서울대 갈래, 태재대 갈래?' 하고 묻는 다면 어떤 대답을 할까요?

대학보다 더 강력한 대학 수준 교육기관

대학은 아니지만 대학보다 더 실무중심 학습을 지원하는 교육기관도 있습니다. 취업률이 높아 지원자가 많습니다. 그만큼 들어가기가 쉽지 않습니다.

프랑스의 에꼴42는 프랑스의 이동통신기업인 프리모바일의 자비에르 니엘 회장이 1억 유로를 출자해서 세웠습니다. 입학 경쟁률이 매우 높습니다. 학생들은 AI나 디지털 등에 대하여 학습합니다. 에꼴42에는 가르치고 듣는 수업이 없습니다. 동료들끼리 문제를 해결하며 학습합니다. 그러다 벽에 부딪히면 개발자 커뮤니티 등의 도움을 받습니다. 프로젝트에는 레벨이 있는데, 프로젝트를 마치면 더 높은 레벨에 도전하게 됩니다. 한국인 유학생도 2023년 기준으로 20명 정도라고 합니다. 학습 시스템만 만들어놓고 학생이 스스로, 요즘 말로는 자기주도적으로 협력해서 학습하는 방식으로 학생의 역량을 길러주는 방식입니다.

우리나라 삼성에서 제공하는 삼성청년SW교육(SAMSUNG Software Academy For Youth) SSAFY도 관심을 끌고 있습니다. 대중은 잘 모르지만 소프트웨어 교육을 받으려는 사람들에게는 꿈의 교육 프로그램입니다. 싸피 홈페이지에서는 싸피를 '삼성의 SW 교육 경험과 고용노동부의 취업 지원 노하우를 바탕으로 취업 준비생에게 SW 역량 향상 교육 및 다양한 취업지원 서비스를 제공하여 취업에 성공하도록 돕는 프로그램입니다.'라고 소개하고 있습니다. 교육기간은 1년인데, 5개월의 기본 과정, 1개월의 1차 Job Fair, 5개월의 심화과정, 1개월의 2차 Job Fair로 구성되어 있습니다. 기본과정에서는 SW 필수 지식과 알고리즘을 배웁니다. 1차 Job Fair는 취업역량 향상을 위한 집중 교육을 하고 취업지원 서비스를 제공하는 기간입니다. 심화과정은 실무 환경과 동일한 조건에서 교육생 수준에 맞는 자기주도형 프로젝트를 수행합니다. 2차 Job Fair는 취업활동 및 채용정보를 제공하는 등 취업 지원 서비스를 운영합니다. 싸피는 1년 과정으로 4년제 대학 컴퓨터 전공자보다 수준 높은 인력을 양성하는 교육 프로그램으로 알려져 있습니다.

일반 대학 대신 이런 교육을 택할 수도 있습니다. 내세울 게 학벌보다 실력인 세상이 되다보니 실력을 길러주는 교육을 받기를 원하는 사람은 점점 늘 것입니다.

미래의 입시는 학생부종합전형

온라인 교육은 비용을 지불하고 치열하게 공부해서 이수를 하면 되니까 입학시험이 있는 것은 아닙니다. 그래도 수강하는 내용을 이해하는 기초역량은 있어야겠죠? 미네르바대학이나 태재대학은 입학하기 위해 관문을 통과해야 하는데, 이 관문이 물론 수능 같은 선택형 시험 점수는 아닙니다. 서류평가를 통과하면 면접을 보는 방식으로 학생을 선발합니다. 교육을 잘 받을 수 있기에 경쟁이 치열합니다. 에꼴42든 싸피든 신입생이 되는데 수능 성적 같은 정량 점수가 필요한 것은 아닙니다.

그러고 보면 미래의 입시는 수능 몇 점, 내신 몇 등급 같은 정량 성적으로 치러지는 것은 아닐 겁니다. 그렇다면 남는 전형요소는 논술전형과 학생부전형뿐입니다. 우리 입시는 논술전형과 학생부전형 중에서 어떤 것을 선호하게 될까요? 선호하는 전형이 더 많은 학생을 선발하는 전형이 될 겁니다.

논술전형의 대표는 프랑스의 바칼로레아입니다. 고등학교 졸업시험에 해당하는 바칼로레아를 통과해야 대학에 갈 수 있습니다. 그런데 이 시험은 완벽한 논술형 시험입니다. '철학이 세상을 바꿀 수 있는가?'와 같은 문제입니다. 우리 입시도 이래야 한다고들 말하지만 정작 '채점은 대학에서 하나, 국가에서 하나?'와 같은 문제도 있고요, '모든 학생이 이런 문제에 답을 할 수는 있을까?'라는 의구심도 해소가 안 되는 문제입니다. 일반화하기 어렵다는 이야기입니다.

만약 논술형 시험을 챗GPT-4 같은 생성형AI가 채점하게 한다면 점수를 수긍할 수 있을까요? 인공지능이 질문에 답을 할 때 오류가 있기 때문에 참고는 할 수 있지만 완벽하게 믿지는 말라는 교육을 받은 학생들이라면 인공지능이 채점한 결과를 믿지 못하지 않을까요? 이런 면에서 논술형 시험으로 대학 신입생을 선발하는 것이 보편적 입시로 자리 잡을 가능성은 적습니다.

그렇다면 남은 전형요소는 학생부전형밖에 없습니다. 고등학교에서 공부한 성적으로 대학 가는 방법이 학생부전형입니다. 이 점수가 신뢰도를 가지려면 어떤 수업을 통해서 어떤 역량이 길러졌는지를 평가한 결과가 같아야 합니다. 알파 학교에서 A로 평가한 성적이 베타 학교에서는 C밖에 안 된다면 알파 학교는 성적을 부풀린 거죠? 그래서 성적에 신뢰도를 부여하기 위한 장치가 필요합니다. IB(International Baccalaureate) 교육과정을 운영하는 학교에서는 자체 평가를 실시하지만 IB 본부에서 보는 외부평가도 실시합니다. 외부평가를 통해서 성적의 신뢰도를 높이는 겁니다.

우리나라 같으면 학교 시험문제를 평가할 기구를 만들고 그 기구에서 검증 받을 학교를 신청 받아 인증을 해 주는 방식을 쓸 수 있습니다. 그렇다면 대학은 교과의 세부능력 및 특기사항이나 창의적체험활동에 대한 교사의 관찰 기록을 안 봐도 점수만으로도 사정을 할 수 있습니다. 이런 방식 이외에서 학교가 자체적으로 성적의 공신력을 높이기 위한 방법을 강구할 수도 있겠습니다. 성적의 신뢰도 확보가 관건이지만, 앞으로의 입시는 학생부종합전형이 대세가 될 것으로 보입니다.

대학 이후의 최고급 인재 육성 교육

　고급 인재가 되려면 어떤 방식으로 공부를 하든 깊은 지식을 가지고 있어야 합니다. 또 그 지식을 활용해서 새로운 개념을 만들 줄 알아야 합니다. 이런 점에서 좋은 대학을 가는 일은 더 좋은 여건에서 공부를 한다는 의미입니다. 좋은 시설에서 충분한 투자를 해서 공부할 여건을 조성해 주는 학교에서 공부하는 것이 일반적인 사람들의 교육 경로입니다. 그런데 대학에 진학하는 관문에는 고등학교 성적이 입장권으로 작동하는 거죠.

　2023년 12월 20일에는 '첨단산업 인재혁신 특별법안(이하 첨단인재특별법)'이 국회 본회의를 통과했습니다. 첨단인재특별법은 첨단산업 우수 인재 확보를 위해 사내대학원 등을 설치할 수 있는 근거를 제공하는 법입니다. 첨단산업을 이끌어 갈 인재 양성을 위해 사내대학원, 업종별 아카데미 등 산업계가 주도하는 인재 양성시스템을 기업이 마련하고 정부가 지원하겠다는 의도의 법입니다. 신입 개발자는 넘치고 우수 개발자는 부족한 미스매치를 해소하는 방안이라는데, 인재양성을 산업계가 직접 담당하겠다는 점에서 대학은 긴장하고 있을 겁니다.

　2024년 초, 〈조선일보〉에는 "'박사급은 4년에 262억' AI인재 블랙홀된 빅테크...韓은 뺏길 인재도 없다.'"는 제목의 기사가 실렸습니다. AI 박사는 빅테크에서는 4년에 2000만 달러를 받을 수 있어 대학원에서 연구하는 사람들이 모두 더 우수한 시설을 갖추고 있는 빅테크로 빠져나간다는 내용입니다. 우리나라는 그런 인재도 없어 염려스럽다는 내용도 포함되어 있습니다. 우수한 연구자가 대학에서 길러지지 않으니 첨단인재특별법을 제정해서 기업이 직접 인재를 양성할 수 있게 하는 조치입니다.

---

*　**변희원, "박사급은 4년에 262억" AI인재 블랙홀된 빅테크...韓은 뺏길 인재도 없다, 조선일보, 2024.03.13, https://www.chosun.com/economy/tech_it/2024/03/13/53RABN-FO5NA5ROKLDZ552QPOUU/**

학생 확보를 위한 대학의 생각

대학은 어떤 생각을 가지고 있을까요? 적은 비용으로 공부할 수 있는 온라인 플랫폼보다 더 많은 학비를 내고도 대학을 다니는 것이 가치가 있다는 믿음을 학생에게 주어야 학생이 대학에 오고, 와서도 중도 이탈을 하지 않겠죠? 이런 믿음을 어떻게 주려고 할까요?

학생 수가 점점 줄고 진학률도 떨어지고 이탈률도 늘고 있는 상황을 극복하기 위하여 대학은 대학이 무엇을 해줄 수 있는지 홍보를 합니다. 온라인과 오프라인 홍보를 통해서 학교 이미지를 높이려고 노력합니다. 그다음은 입학전형을 설계합니다. 대학이 수능 전형을 꺼리는 이유는 수능으로 뽑은 학생의 이탈률이 다른 전형에 비해서 높기 때문입니다. 수능 전형에서 교차지원한 학생의 이탈률이 더 높은 경우 교차지원한 학생이 불리하도록 가산점을 주는 방식으로 전형을 설계합니다. 결국 이탈률이 낮은 학생부전형 위주로 입시를 설계합니다. 특히 학생부전형이 가장 비중이 높게 됩니다. 수험생의 진로나 공부 역량을 평가할 수 있기 때문입니다.

입학한 뒤에는 학생이 다니는 학과를 졸업한 뒤에 취업이나 진학을 설계할 수 있게 도와줍니다. 대학에 다니는 동안에도 꿈과 희망을 잃지 않도록 관리를 합니다. '그 대학은 취업률이 높다.'는 소문이 나고 다니는 동안 좋은 지원을 받는다면 학생도 공부할 맛이 날 겁니다.

취업을 잘 시키려면 학생이 실무 능력을 갖추도록 공부시켜야 합니다. 그래서 대학은 기업과 연계해서 프로젝트를 수행하는 학습을 준비합니다. 이런 점은 나노디그리 프로그램이나 태재대, 에꼴24도 마찬가지입니다. 현장 경험을 갖추게 하는 교육을 통해 업무 역량을 길러주는 방식이죠. 모 대학의 사례를 보니 "기후변화에 대한 영향을 감소시키기 위해 관광분야에서는 어떤 노력을 해야 하는지를 이론적 실무적인 관점에서 접근하고, 다양한 정책과 전략 및 대안을 도출하라."와 같은 프로젝트 기반 학습을 한다고 합니다.

미래 경쟁에서의 승자는?

미래에도 학생은 더 좋은 대학에 가는 것이 보편적 현상일 것으로 보입니다. 대학을 다니면서 또는 졸업하고 나서, 유다시티 같은 플랫폼을 활용하여 온라인으로 공부하거나 자격증을 주는 교육기관에서 공부를 병행하는 등 실력을 인정받고, 그 결과로 취업을 하고, 취업한 다음에 또 사내 대학원에서 공부하는 방식이 성공적으로 진로 경로를 확보하는 길입니다. 이 길을 가는 데 필요한 통행증이 고등학교에서 공부한 성적이라는 말이죠.

태어나는 어린이가 20만을 겨우 넘겨서 이 학생들이 대학에 진학할 때도 가고 싶은 대학에 갈 수 있는 학생은 1만여 명이라고 보면, 그때도 경쟁은 여전히 존재하고, 그 경쟁에서의 승자는 고등학교 공부를 잘 해낸 학생일 겁니다. 미래를 준비하는 방법은 다양하며, 성향과 목표에 따라 각자에게 맞는 준비 방법 역시 다릅니다. 이 책을 통해 학생들이 자신의 길을 찾아가길 바랍니다.

정책/연구자료

2024학년도 학교생활기록부 기재요령(교육부)

2022 개정 교육과정 창의적체험활동 해설(교육부)

2022 개정 교육과정 총론(교육부)

2025학년도 대입정보 119(한국대학교육협의회)

고교학점제에서의 2022 개정 교육과정 실행을 위한 교과지도 자료집(한국교육과정평가원)

진로 학업설계 지도 안내서(교육부, 한국교육과정평가원)

2022 개정 교육과정 고등학교 과목 선택 안내 자료(경기도교육청)

대학 공동연구

new 학생부종합전형 공통 평가 요소 및 평가항목(2021년 건국대 경희대 연세대 중앙대 한국외대 공동연구)

학생부종합전형의 학생부평가방안 연구(2021년 건국대학교, 중앙대학교, 한양대학교)

대학별 학생부종합전형 가이드북

건국대, 경북대, 경희대, 국민대, 동국대, 서울여대, 영남대, 중앙대 등

도서 및 논문

김봉환, 《학교진로상담》, 학지사, 2006

배영준 외, 《고교학점제 선택과목 1등급 주제탐구세특》, 예한, 2022

데이비드 크리스천 외, 《빅히스토리》, 이한음 역, 웅진지식하우스, 2022

이언 레슬리, 《큐리어스》, 김승진 역, 을유문화사, 2014

유발 하라리, 《호모데우스》, 김명주 역, 김영사, 2017

켄 로빈슨, 루 애로니카, 《켄 로빈슨 엘리먼트》, 정미나 역, 21세기북스, 2016

강현석(2008), 탐구분야로서 교육과정학 기저 지식의 예비적 개발: 탐구 영역 및 교사임용 시
험 문항의 내용 분석을 중심으로, 교육과정연구, 26(2), 107-142

김동일, 오헌석, 송영숙, 고은영, 박상민, 정은혜(2009), 대학 교수가 바라본 고등교육에서의 대
학생 핵심역량: 서울대학교 사례를 중심으로, 아시아교육연구, 10(2), 195-214

김정아(Kim, Jeong-a)(2012), 창조성의 탐구력 신장을 위한 교수-학습법에 관한 고찰, 창조교육
논총, ⑭, 1-25.

문찬주, 김민경 외(2024), 2023년 초중등 진로교육 현황조사 결과보고서, 교육부, 한국직업능
력연구원

윤지영, 온정덕, 학습에서의 성찰 개념 및 교육과정에의 적용 방안 고찰, 교육과정연구 40.1
(2022): 1-27

주형미 외. (2023). 2022 개정 교육과정에 따른 고교학점제 운영 방안 탐색. 연구보고 RRC
2023 - 7. 한국교육과정평가원.

SKY 직행 학생부, 탐구력을 잡아라

초판 1쇄 발행 2024년 7월 3일

지은이 진동섭 이석록 배선우
펴낸이 박영미
펴낸곳 포르체

책임편집 김다예
마케팅 정은주 신지희
디자인 황규성

출판신고 2020년 7월 20일 제2020-000103호
전화 02-6083-0128 | 팩스 02-6008-0126
이메일 porchetogo@gmail.com
포스트 https://m.post.naver.com/porche_book
인스타그램 www.instagram.com/porche_book

여러분의 소중한 원고를 보내주세요.
porchetogo@gmail.com